ADORAÇÃO EVANGÉLICA

Ou a Maneira Correta de Santificar o Nome de Deus em Geral

Jeremiah Burroughs

EDITORA
OS PURITANOS

ADORAÇÃO EVANGÉLICA

Ou a Maneira Correta de Santificar o Nome de Deus em Geral.
— Jeremiah Burroughs

Traduzido do original em inglês: *Gospel Worship – Or The Right Manner of Sanctifying the Name of God in General.*

© 2021 Editora Os Puritanos.

1.ª Edição em Português — 2015.
1.ª Reimpressão — 2017.
2.ª Reimpressão — 2021.

EDITOR: Manoel Canuto
TRADUTOR: Helio Kirchheim
REVISORES: Waldemir Magalhães e Márcio S. Sobrinho
DESIGNER: Heraldo Almeida

ISBN: 978-85-62828-30-0

SUMÁRIO

A VIDA DE JEREMIAH BURROUGHS

Este bondoso teólogo nasceu em 1599. Estudou no Emmanuel College em Cambridge, mas foi obrigado a deixar a universidade e, mais tarde, a própria Inglaterra, por ser um "não-conformista".[1] Depois de acabar seus estudos na universidade, ele entrou no trabalho ministerial e foi designado assistente de Edmund Calamy na cidade de Bury Saint Edmunds. Em 1631, tornou-se pastor em Tivetshall, no condado de Norfolk, mas depois que o Bispo Wren publicou seus artigos e proibições em 1636, ficou privado do seu sustento. Buscou refúgio, por algum tempo, no hospitaleiro abrigo do Conde de Warwick, mas, por conta do procedimento intolerante e opressivo dos governantes religiosos, o nobre Conde, depois de algum tempo, achou impossível continuar a protegê-lo. Pouco depois, para escapar ao fogo e à perseguição, fugiu para a Holanda e estabeleceu-se em Roterdã, onde foi escolhido como professor da igreja congregacional onde William Bridge era pastor.

---

1 N. do T.: Não-conformistas: esse termo surgiu na história inglesa quando puritanos e separatistas não quiseram aderir à Igreja da Inglaterra (oficial) desde 1660 até o Ato de Tolerância (1689). Não-conformidade é a atitude de não se submeter a uma igreja oficial. — Alderi Souza de Matos (http://www.mackenzie.com.br/7058.html - acessado em 25-10-2014).

Ao chegar, foi bem recebido pela igreja, onde permaneceu como obreiro zeloso e fiel por muitos anos, conquistando muito boa reputação entre o povo. Depois do início da guerra civil, quando se enfraqueceu o poder dos bispos, retornou à Inglaterra "não para pregar a revolta, mas a paz, pela qual fervorosamente orava e trabalhava", segundo o livro Biographical History, de Granger.

Burroughs era pessoa altamente honrada e estimada, e logo se tornou um pregador muito popular e admirado. Depois de retornar, sua facilidade de lidar com as pessoas e suas grandes qualidades logo chamaram a atenção do público, e foi escolhido para ser o pregador das congregações de Stepney e Cripplegate, em Londres, consideradas na época como duas das maiores congregações da Inglaterra. Ele pregava em Stepney às sete horas da manhã, e William Greenhill pregava às três da tarde. Esses dois homens, injustamente tachados por Wood como eminentes provocadores de cismas e independentes, foram chamados por Hugh Peters, no púlpito de Stepney, um como "a estrela da manhã" e o outro "a estrela da noite de Stepney".

Burroughs foi escolhido como um dos teólogos da Assembleia de Westminster, e era um dos irmãos dissidentes, mas um teólogo de grande sabedoria e moderação. Juntamente com seus irmãos Thomas Goodwin, Philip Nye, William Bridge e Sydrach Sympson, publicou o livro Apologetical Narration em defesa das suas opiniões peculiares. Os autores dessa obra, que tiveram de exilar-se por motivos religiosos, afirmaram em suas próprias palavras que:

... estudaram as Escrituras sem nenhum pré-julgamento. Consideraram a Palavra de Deus com a imparcialidade que homens de carne e sangue teriam feito em qualquer época no lugar a que foram, na condição em que se encontraram e com a companhia com que contavam, sem ceder à tentação de qualquer viés.

Eles insistiam que cada igreja ou congregação tem poder suficiente em si mesma para administrar o governo eclesiástico, e não está sujeita a nenhuma autoridade externa. Os princípios sobre os quais fundamentavam o governo eclesiástico se limitavam em tudo ao que as Escrituras prescreveram, sem considerar de forma alguma as opiniões ou práticas humanas, nem se prendendo demais às suas resoluções atuais, de forma a não deixar espaço para alterações à vista de um maior entendimento da verdade de Deus. Eles adotaram um meio-termo entre o presbiterianismo e o brownismo. Consideravam os presbiterianos muito arbitrários, e os brownianos muito rígidos, desviando-se ambos do espírito e da simplicidade do evangelho. Esses são os grandes princípios dos independentes dos nossos dias.

Richard Baxter, que conhecia o grande valor de Burroughs, disse: "Se todos os episcopais fossem como o arcebispo Usher, todos os presbiterianos como Stephen Marshall, e todos os independentes como Jeremiah Burroughs, logo estariam sanadas as discórdias da igreja". O último assunto pregado por Burroughs, que ele também publicou, foi Irenicum, ou seja, uma tentativa de reparar as divisões entre os cristãos. Dizem que seu trabalho incessante e seu sofrimento por causa das confusões daquela época, apressaram o fim da sua vida. Ele morreu de tuberculose em 14 de novembro de 1646, aos quarenta e sete anos. Granger disse a respeito dele: "Era um homem erudito, sincero, humilde e de vida exemplar e irrepreensível". Fuller o classificou entre os escritores eruditos do Emmanuel College, de Cambridge. O livro Christian Preacher, de Williams, diz que a obra Exposition of Hosea de Burroughs é um exemplo encantador de como os pregadores populares do seu tempo, em suas pregações expositivas, aplicavam as Escrituras às variadas situações dos seus ouvintes. Ele publicou vários dos seus escritos ainda em vida, e seus amigos publicaram vários outros depois da sua morte, a maioria dos quais foram muito bem recebidos por todos os cristãos piedosos.

1

Introdução

*E falou Moisés a Arão: Isto é o que o Senhor disse: Mostrarei
a minha santidade naqueles que se cheguem a mim e serei
glorificado diante de todo o povo. Porém Arão se calou.
(Levítico 10.3)*

Moisés dirigiu essas palavras a seu irmão Arão, na tentativa de aquietar e confortar-lhe o coração, que, sem dúvida alguma, estava extremamente atribulado pela grande e lamentável aflição que lhe sobreveio com a morte incomum de seus dois filhos, Nadabe e Abiú. O que aconteceu foi o seguinte: depois que os filhos de Arão foram consagrados à função sacerdotal, vindo eles a exercer sua função no primeiro dia depois da sua consagração para oferecer incenso a Deus, ousaram oferecer incenso com fogo estranho, com fogo diferente daquele que Deus havia indicado. À vista disso, o fogo da ira de Deus desceu sobre eles e os fulminou no próprio santuário diante de todo o povo. Era uma ocasião solene, o início da sagrada consagração do sacerdócio. Diante disso, o espírito de Arão não podia estar senão excessivamente atribulado ao ver seus dois filhos assim fulminados. Nesse momento, Moisés se aproxima dele e diz: "E falou Moisés a Arão: Isto é o que o Senhor disse: Mostrarei a minha santidade naqueles que se cheguem a mim e serei glorificado diante de todo o povo.". Arão, ouvindo isso, guardou silêncio.

Em outra ocasião, lemos que desceu fogo do céu como expressão de misericórdia para consumir os sacrifícios, mas o fogo agora desceu do céu como expressão de juízo para consumir os que sacrificavam, Nadabe e Abiú. Eles eram filhos de Arão, os filhos de um homem piedoso, filhos do sumo sacerdote. Arão tinha também outros filhos, além de Nadabe e Abiú. Eleazar e Itamar eram também seus filhos, porém mais novos. Nadabe e Abiú eram seus filhos mais velhos e foram fulminados na flor da idade. Eles tinham acabado de ser consagrados para a função de sacerdotes, conforme lemos em Levítico 8. Eram famosos entre a nação e diante de todo o povo de Israel, dois homens a quem Deus tinha honrado grandemente até aquele momento, conforme se pode ver no início de Êxodo 24.

Nadabe e Abiú eram homens de alta reputação e renome, a quem Deus havia anteriormente honrado. Quando Deus chamou Moisés e Arão para se chegarem a ele com os anciãos, ele destacou Nadabe e Abiú dentre os restantes, ao mencionar o nome deles. Ele disse: "Sobe ao Senhor, tu, e Arão, e Nadabe, e Abiú, e setenta dos anciãos de Israel". Somente Moisés e Arão, Nadabe e Abiú são designados por nome, e depois Deus faz menção de forma geral aos setenta anciãos. Mas cita Moisés, Arão, Nadabe e Abiú, como se estes fossem os quatro homens eminentes e de renome entre todo o povo de Israel. Ele não designa por nome nenhum dos setenta anciãos, mas menciona os dois, Nadabe e Abiú, lado a lado com Moisés e Arão. Por essa razão, sabemos que esses dois que foram consumidos por causa do fogo estranho eram homens de renome e recém-consagrados para a sua função.

Pergunta: Qual foi o pecado deles?

Resposta: O pecado deles foi oferecer fogo estranho, pois o texto diz que ofereceram fogo estranho, que Deus não lhes havia ordenado. Mas será que Deus alguma vez havia proibido isso? Onde é que se pode achar que Deus alguma vez os proibiu de oferecer fogo estranho, ou tenha indicado que deveriam oferecer unicamente um tipo de fogo? Não existe nenhum texto bíblico, do início do livro de Gênesis até o livro de Números, em que Deus tenha dito isto de forma expressa: "Não oferecereis fogo de nenhum outro tipo que não seja este". E mesmo assim eles foram consumidos pelo fogo vindo de Deus por terem oferecido fogo estranho.

Posso ver que, em Êxodo 30.9, eles foram proibidos de oferecer incenso estranho, mas não vejo ali que tenham sido proibidos de oferecer fogo estranho. Em Levítico 6.13, e em diversos versículos nesse capítulo, vemos que Deus indicou que eles deveriam conservar constantemente o fogo do altar, para que estivesse sempre queimando e nunca se apagasse. Parece que era intenção de Deus que eles usassem daquele fogo, e daquele fogo somente. Deus queria que eles percebessem a sua intenção. Ele enviou do céu fogo sobre o altar. Bem no final do capítulo 9, Deus mandou fogo do céu e lhes ordenou que conservassem constantemente esse fogo no altar para que nunca se apagasse. Parece que Deus queria que eles percebessem a sua intenção, que, pelo fato de ele ter feito descer fogo do céu sobre o altar e ter ordenado que o conservassem constantemente, queria que compreendessem que qualquer incenso ou sacrifício que se fosse oferecer a ele teria de ser oferecido com aquele fogo e nenhum outro. Apesar disso, deve-se notar que, embora Deus jamais tenha lhes dito diretamente nestas palavras: "Deveis usar unicamente este fogo e nenhum outro", ele queria que eles tivessem entendido a sua vontade. Por essa razão, o pecado deles consistiu em oferecer fogo estranho.

Nesse momento, desce fogo do Senhor e os consome. Algumas pessoas pensam que esse fogo saiu do altar, mas é evidente que não podia ser algum fogo comum o que consumiu Nadabe e Abiú naquele momento, pois lemos no versículo seguinte que os corpos de Nadabe e Abiú não foram consumidos pelo fogo. Não, nem mesmo as suas vestes. Eles foram mortos pelo fogo, mas as suas vestes ficaram intactas. Por isso, não foi um fogo comum. Foi um fogo celestial que os fulminou e matou, pois é isso que o texto nos diz nos versículos 4 e 5: "Chegai, tirai vossos irmãos de diante do santuário, para fora do arraial. Chegaram-se, pois, e os levaram nas suas túnicas para fora do arraial, como Moisés tinha dito". De forma que suas vestes e corpos não foram consumidos, mas eles foram mortos pelo fogo. Eles foram surpreendidos por uma morte súbita, e isso na presença do Senhor; um tipo de morte com que Deus nunca antes havia ameaçado na Escritura.

Em momento nenhum, Deus tinha ameaçado os sacerdotes dizendo: "Se oferecerdes fogo estranho, certamente sereis consumidos pelo fogo". Apesar disso, Deus os matou com fogo. Eles não tiveram tempo de buscar a Deus; não, eles não tiveram nem tempo de dizer: "Senhor, tem piedade de mim!". Não tiveram tempo nem de dizer que iriam se corrigir.

Diante desse juízo severo, o coração de Arão não tinha alternativa a não ser a de estar muito atribulado. Sim, e desse modo também o espírito de Moisés, pois era tio deles. Sem dúvida nenhuma, estavam aflitos em extremo. Mas Moisés, sendo irmão de Arão, e vendo seu espírito (sem dúvida nenhuma) extremamente atribulado, debaixo de uma calamidade tão triste, vendo que sobre os filhos de um homem piedoso como Arão sobreviera juízo tão lamentável, vem e fala com o irmão de modo a confortá-lo, e se esforça para sustentar-lhe o espírito.

Como ele faz isso? Ele não o faz como em geral fazemos com nossos irmãos: "Ah, você deve se conformar com isso!". Não; ele vem, aplica a Palavra de Deus e mostra como Deus precisa ser santificado. Fazendo isso, ele consegue aquietar o coração de Arão, seu irmão. Moisés disse: *"Isto é o que o SENHOR disse:"*. Ele procura sustentar o coração do irmão mediante aquilo que Deus disse. Mas onde encontramos o registro de que Deus tenha dito isso?

É difícil encontrar em qualquer texto bíblico essas palavras pronunciadas antes deste acontecimento, e por essa razão Agostinho acredita que foi uma palavra que Deus tinha falado, mas não tinha sido registrada por escrito. Eles a possuíam pela transmissão oral, por tradição, assim como acontecia com muitas outras coisas, como a profecia de Enoque, mencionada pelo apóstolo Judas. Não a encontramos escrita no Livro de Deus, mas mesmo assim o apóstolo a menciona, de modo que, de fato era transmitida de boca em boca. Sim, e também encontramos isso no Novo Testamento. Paulo afirma que Cristo disse: "Mais bem-aventurado é dar que receber". Não encontramos registro dessas palavras nos Evangelhos. É isso que o Senhor disse, embora não o encontremos escrito, se o procurarmos de Gênesis até nosso texto em Levítico. Por outro lado, embora isso não estivesse registrado em termos expressos, alguma coisa foi registrada com o mesmo propósito e efeito. Parece-nos que, em Êxodo 29.43, existe uma referência ao assunto. Temos, ali, um texto bíblico que se aproxima do nosso texto mais que qualquer outro: "Ali, virei aos filhos de Israel, para que, por minha glória, sejam santificados". Isso é o mesmo que dizer: "Serei santificado naqueles que se chegarem a mim. Naqueles que chegarem para me adorar em meu tabernáculo, serei santificado em todas as coisas que dizem respeito à minha adoração. Certamente, serei santificado ali".

"Serei santificado" ou "serei glorificado". É a mesma palavra que encontramos na oração dominical: "Santificado seja teu nome". A única diferença é que aqui, no Antigo Testamento, a palavra está no hebraico, e ali, no Novo Testamento, em grego. Mas, se traduzirmos esta palavra para o grego, teremos de traduzi-la pela mesma palavra que Cristo usou quando ensinou seus discípulos a orar "Santificado seja teu nome". Glorificado e santificado são uma coisa só. "Senhor, que fique evidente que teu nome é santo".

"Serei santificado", ou seja, "Farei com que seja evidente que meu nome é santo. Farei meu povo e todo o mundo saber que eu sou um Deus santo". Esse é o significado de "Serei santificado": "Todo o mundo me conhecerá como um Deus santo".

"Serei glorificado diante de todo o povo." É isso que diz a parte final do versículo. É como se Deus dissesse: "Eu considero como minha glória ser manifesto como santo diante de todo o mundo".

"Serei santificado". Isto é: "Quero que meu povo se comporte e se mostre de tal maneira que fique evidente que conhecem a minha santidade, para que, por meio do seu proceder, eu seja visto como um Deus santo. Serei santificado por eles; caso contrário, se eles não santificarem ativamente meu nome, ou seja, se não se comportarem de modo a manifestar a glória da minha santidade, eu serei santificado sobre eles. Eu me comportarei e me mostrarei para com eles de tal modo que, por meio das minhas ações entre eles, se torne visível o Deus santo que sou".

Assim, Deus é santificado de duas formas. Uma é pela santidade do seu povo na sua conduta para com ele, mostrando a glória da santidade de Deus. Vemos isso em 1Pedro 3.15: "santificai a Cristo, como Senhor, em vosso coração". Os santos santificam a Deus em seu coração quando temem a

Deus como um Deus santo, e o reverenciam e amam como um Deus santo. Eles o santificam em suas vidas quando mostram a glória da santidade de Deus. Aí, então, Deus é santificado.

Mas, se não fizermos isso, Deus santifica a si mesmo com juízos sobre aqueles que não santificam o seu nome mediante comportamento de santidade. Vemos isso em Ezequiel 28.22: "Assim diz o Senhor Deus: Eis-me contra ti, ó Sidom, e serei glorificado no meio de ti; saberão que eu sou o Senhor, quando nela se executar juízos e nela me santificar". Isso é a mesma coisa que dizer: "serei glorificado diante de todo o povo". E, em Ezequiel 38.16, 23, encontramos versículos que têm o mesmo propósito: "e subirás contra o meu povo de Israel, como nuvem, para cobrir a terra. Nos últimos dias, hei de trazer-te contra a minha terra, para que as nações me conheçam a mim, quando eu tiver vindicado a minha santidade em ti, ó Gogue, perante elas... Assim, eu me engrandecerei, vindicarei a minha santidade e me darei a conhecer aos olhos de muitas nações; e saberão que eu sou o Senhor". Deus está dizendo: "É por meio da execução de juízos que me santificarei; dessa forma é que serei santificado naqueles que se chegarem a mim".

"Naqueles que se chegarem a mim". Pode-se dizer aqueles que se aproximam, que chegam perto, ou seja, especialmente os sacerdotes que se aproximam de Deus (Ez 42.13). Eles se aproximam de Deus de maneira especial, mas o texto se refere, no geral, a todos os que lidam com a adoração a Deus. "Todo aquele que vier a mim preste atenção nisso. Eles precisam santificar meu nome; precisam conduzir-se de tal maneira, quando me adoram, que mostrem que meu nome é santo. De outra sorte, eu me manifestarei contra eles em forma de juízo; pois mostrarei que sou um Deus santo. De um modo ou de outro, obterei a glória da minha santidade naqueles que se aproximam de mim."

É como se Deus dissesse: "Entre os homens acontece diferente: eles sempre favorecem aqueles que lhes são chegados; mas comigo não é assim".

Os homens são mais propensos a relevar as transgressões daqueles que lhes são chegados do que as transgressões dos que não são tão chegados. Suponhamos que um estranho cometesse uma ofensa. Seríamos severos com ele. Mas suponhamos que fosse um dos nossos filhos ou parentes, como agiríamos? Será que não vemos que os homens favorecem seus parentes antes que aos estranhos, embora a ofensa seja a mesma? Mas Deus diz: "Não é assim que eu faço".

Suponhamos que seja alguém da nossa própria família. Não estaremos prontos a desculpá-lo? Suponhamos que tenha sido nosso próprio filho que tivesse cometido essa transgressão. Oh! A quantos amigos não recorreríamos para livrá-lo do castigo! Embora os homens façam isso quando a situação diz respeito aos seus, embora sejam amargos e severos para com os estranhos, não é assim que Deus age. "Prestem atenção, todos os que estão próximos de mim. Eu serei santificado por meio deles. Serei santificado naqueles que se achegam a mim."

À vista disso, quando Moisés disse que Deus seria santificado naqueles que se achegam a ele, era como se ele tivesse dito: "Arão, embora eu reconheça que hoje a mão de Deus pesou sobre ti, convém te submeteres a Deus. Convém que Deus seja glorificado, não importa o que aconteça contigo. Tu és precioso a Deus, mas o nome de Deus é mais precioso para ele do que tu. Não importa como tenha sido a vida dos teus filhos, convém que Deus seja honrado e o seu nome santificado, não importa o que aconteça aos teus filhos ou ao teu bem-estar; por isso, aquieta o teu coração. Tiveste uma grande perda e sobre ti veio grande aflição, mas Deus recebeu glória. Deus glorificou a si mesmo".

Pergunta: Como Deus glorificou a si mesmo?

Resposta: Em grande parte, ao exercer juízo, Deus fez algo que levou todo o povo da terra a temê-lo, levou-os a adorá-lo com toda a reverência. Todo o povo da terra, vendo um juízo como este e ouvindo falar dele, aprenderá para sempre a temer e a reverenciar este Deus. Eles dirão: "Como é que nos apresentaremos diante deste Deus santo? Precisamos tomar cuidado na sua presença e adorá-lo de acordo com a forma que ele deseja ser adorado". É como se Moisés dissesse: "A honra que Deus recebe dessa forma no coração do seu povo pode ser considerada como benefício maior do que a vida dos teus filhos, quem quer que sejam eles". Esse é o objetivo das palavras que Moisés dirigiu a Arão.

Com respeito a tudo isso, diz o texto: "Arão se calou". Ele guardou silêncio. Pode ser que antes disso ele estivesse expressando verbalmente seu sofrimento e aflição, mas agora ele ficou quieto e não tinha nada a dizer. Por meio do seu silêncio, ele reconheceu que seus filhos lhe eram caros, mas convinha que Deus fosse glorificado, não importando o que viesse a acontecer a seus filhos. Por isso, Arão se calou.

Mas a expressão traduzida como "se calou" significa mais do que mero silêncio, pois os hebreus têm outra palavra que significa o simples silêncio referente à fala. Esta expressão significa que o coração parou, de maneira que não avançou na tribulação de espírito, um silêncio no próprio coração. Houve uma parada, um refreamento dos impulsos do coração.

Encontramos a mesma palavra sendo usada nas Escrituras quando Josué disse para o sol: "Sol, detém-te em Gibeão" (Js 10.12). É a mesma palavra que foi aqui traduzida: "Arão se calou". Ou seja, ele foi impedido de continuar sendo afligido ou atormentado, de ser perturbado. Apesar do seu coração estar sendo forte e violentamente abalado, agora as palavras de Moisés o refrearam, detendo-lhe o coração, de maneira maravilhosa, do mesmo modo que fez o sol quando Josué ordenou que ficasse parado. É como se o Senhor tivesse dito ao seu coração: "Arão, teu coração encontra-se violentamente comovido, mas leva em conta que eu tenho de ser santificado naqueles que se achegam a mim, e deixa que parem e se aquietem todos esses sentimentos fortes do teu coração".

Dessa maneira, vemos o significado das Escrituras e o seu propósito. Neste texto bíblico, encontramos três pontos especiais e dignos de atenção:

1. Na adoração a Deus, há uma aproximação dele;
2. Quando nos aproximamos de Deus, devemos ter o cuidado de santificar-lhe o nome;
3. Se não santificarmos o nome de Deus quando nos aproximarmos dele, então com certeza Deus santificará seu próprio nome sobre nós.

Estes são os três pontos que pretendo tratar, especialmente o segundo. Sei que em outra ocasião, em um sermão, falei a respeito dessas palavras, mas agora pretendo mostrar não apenas de modo geral como devemos santificar o nome de Deus na adoração, mas também nos atos específicos de adoração: santificar seu nome ao orar, ao receber a Ceia, ao ouvir a Palavra, nos vários aspectos importantes da adoração em que seu nome deve ser santificado. Em tudo isso você se aproxima de Deus. E com esse propósito, concentrei meus pensamentos neste texto bíblico. Mas antes de tratar desses três grandes pontos, que são os pontos principais das palavras dirigidas a você, devo fazer outras observações que se encontram, por assim dizer, aqui e ali, espalhadas, que são de grande utilidade e nos ajudarão a usar melhor esse texto bíblico nos outros pontos, que vou expor mais adiante.

1. Na adoração a Deus, não se deve oferecer nada além daquilo que ele mesmo ordenou.

Qualquer coisa que inserirmos na adoração a Deus precisa ter autorização da Palavra de Deus.

As palavras de Moisés foram proferidas por ocasião do juízo de Deus sobre os filhos de Arão por oferecerem fogo estranho. Eles ofereceram fogo que Deus não havia ordenado. Por isso digo que todas as coisas na adoração a Deus precisam ter autorização da Palavra de Deus. É necessário que seja algo ordenado; não é suficiente que não seja proibido. Eu suplico por sua atenção a isso. Não é suficiente dizer que alguma coisa não é proibida, e qual é o mal que tem isso? Mas é necessário que tenha sido ordenado. Reconheço que, em assuntos civis e naturais, isso pode ser suficiente. Se for apenas de acordo com as regras da prudência e não é proibido na Palavra, podemos fazer uso disso nas coisas civis e naturais. Mas quando se trata de assuntos da religião e da adoração a Deus, precisamos de um mandamento ou algo extraído da Palavra de Deus em que ele manifesta sua vontade, quer seja um mandamento direto, quer seja comparando uma coisa com a outra, ou por meio de inferências claras do que está escrito.

Quando se trata da adoração a Deus, precisamos basear-nos naquilo que ele ordena. Talvez alguém pense: "Que mal havia em esses sacerdotes, ao oferecerem incenso ao Deus verdadeiro, fazerem uso de fogo estranho?". Mas não havia mandamento para o fazerem, e por essa razão não foi aceito. É verdade que existem certas coisas na adoração a Deus que são ajudas naturais e administrativas, e nessas não é necessário que haja um mandamento. Por exemplo, quando vamos adorar a Deus, a congregação se reúne. Ela precisa de um lugar apropriado para se abrigar das intempéries do tempo. Mas isso é apenas um aspecto natural, enquanto eu uso o lugar de adoração como ajuda natural, não preciso de mandamento nenhum. Mas se eu quiser colocar algo em um lugar além do que lhe diz respeito, por sua própria natureza, aí preciso procurar um mandamento; porque, se considero um lugar mais santo do que outro, ou penso que Deus deve aceitar adoração em um lugar e não em outro, isso é fazer com que o lugar da adoração se eleve acima da posição que por natureza possui.

Assim, se qualquer coisa criada é elevada com fins religiosos acima da posição que possui por natureza, se não tenho nenhum texto bíblico que me autorize, estarei sendo supersticioso. Essa é uma regra muito útil para ajudar você. Se você faz uso com fins religiosos de qualquer coisa criada além daquilo que ela é em sua própria natureza, se não tem uma autorização da Palavra de Deus (qualquer que seja a forma em que apareça, desde que seja plausível), esse uso é supersticioso.

Havia um lugar que era considerado santo, mas isso tinha sido determinado por Deus. Também com respeito ao vestuário, para usar o que é decente, basta a luz da razão. Mas se eu atribuir ao vestuário qualquer coisa que estiver além da própria natureza dele, como se faz com a sobrepeliz, ora essa! Será que ela possui alguma propriedade a mais em sua própria natureza? Ou isso não é apenas uma instituição humana? Ora, quando alguém, por iniciativa própria, atribui um aspecto religioso a uma coisa, sem autorização da parte de Deus, isso é superstição! Todos nós precisamos ser adoradores obedientes, de boa vontade, e não adoradores obstinados, voluntariosos.

Temos de vir de bom grado adorar a Deus, mas não devemos adorá-lo de acordo com nossa própria vontade. Por isso, o que quer que façamos na adoração a Deus, se não temos autorização para fazê-lo, teremos de calar a boca quando nos for perguntado: "Quem te mandou trazer isso que tens nas mãos?".

Em Mateus 15.9, lemos o seguinte: "Em vão me adoram, ensinando doutrinas que são preceitos de homens". Em vão! É coisa vã adorar a Deus quando se conta apenas com um mandamento de homem para essa adoração. Se você quer adorar a Deus, é necessário um mandamento de Deus para fazê-lo. Isaías 29.13 mostra como o Senhor se aborrece com todo homem que ensina a temê-lo com seus próprios preceitos: "Este povo se aproxima de mim e com a sua boca e com os seus lábios me honra, mas o seu coração está longe de mim, e o seu temor para comigo consiste só em mandamentos de homens, que maquinalmente aprendeu".

Prestemos atenção! Se essas coisas são assim, que o Senhor tenha misericórdia de nós neste assunto. Há razões para você ser humilhado, acredito que cada um de nós, em maior ou menor grau; esta congregação tem muitos motivos, e a maioria das outras congregações a quem se tem ensinado o temor de Deus por meio de preceitos de homens.

Quanta coisa não tem sido acrescentada na adoração a Deus, coisas para as quais não se pode encontrar base na Palavra! Grande parte das coisas são apenas invenções de homens. Mas agora foram banidas essas coisas, porque as pessoas investidas de autoridade as baniram, e você se submeteu a elas. Mas não é suficiente que você se submeta apenas porque as autoridades querem assim. É preciso que se humilhe diante de Deus por causa de toda a tua adoração arbitrária e obstinada, por causa de tua aquiescência a qualquer coisa que diz respeito à adoração a Deus que foi ensinada por preceitos dos homens.

Veja como Deus foi severo com Nadabe e Abiú, simplesmente porque usaram fogo diferente daquele que Deus tinha indicado, embora não houvesse mandamento direto contra fazerem isso. Se o Senhor tem poupado a você e não manifestou nenhum descontentamento, você tem motivo para reconhecer a misericórdia dele e se humilhar por toda a sua falsa adoração.

É certo que Deus espera que todo este país se humilhe por causa da sua adoração arbitrária, caso contrário, estamos semeando entre espinhos. Toda a reforma que se processa em nosso meio não tem sentido se não existe humilhação por causa de nossa falsa adoração. Não é suficiente que passemos agora a praticar a verdadeira adoração a Deus; precisamos ser humilhados por causa da nossa adoração falsa. E esta é a primeira observação que fazemos: na adoração a Deus, não pode haver nada senão aquilo que Deus ordena.

2. Na questão da adoração, Deus insiste em coisas pequenas. Essas coisas parecem insignificantes e pequenas demais para nós, mas Deus insiste nelas quando o assunto é adoração, pois não há outra coisa em que se manifeste mais a prerrogativa de Deus do que na adoração. Os príncipes insistem muito em suas prerrogativas. Ora, Deus escreveu a lei da adoração natural em nosso coração. Mas existem outras coisas na adoração a Deus que não estão escritas em nosso coração, coisas que dependem unicamente da vontade de Deus revelada em sua Palavra, coisas que não seriam deveres se não tivessem sido reveladas nela. E elas são de natureza tal que não vemos razão nenhuma para existirem a não ser isto: Deus quer que seja assim. Existem muitos tipos de cerimônia para manifestar honra aos príncipes que não têm razão alguma de ser, mas são praticados unicamente por serem instituições civis assim ordenadas. Desse modo, Deus ordena algumas maneiras de honrá-lo que a criatura não entende, para as quais não vê razão de existir, mas são executadas apenas porque a vontade de Deus é que o sejam.

Deus insiste muito em coisas pequenas, mesmo que os homens pensem não fazer diferença entre usar este ou aquele fogo e se perguntem: "E daí? Este fogo não queima tão bem quanto aquele outro?". Mas Deus insiste no assunto. E foi assim também com a arca. Quando Uzá apenas tocou a arca, que estava caindo porque os bois tropeçaram, nós pensamos que não foi uma coisa grande; mas um toque na arca lhe custou a vida. Não existe nada pequeno na adoração a Deus; ele insiste firmemente no assunto.

Quando se trata do sábado, o assunto se refere à adoração a Deus. O que é que tem um pobre homem juntar uns poucos gravetos no sábado? Mas Deus trata o assunto com firmeza. E assim também quando os homens de Bete-Semes só espiaram dentro da arca, isso custou a vida de uns cinquenta mil e setenta homens.[1] Quando se trata de algo santo, referente à sua adoração, ele não permitirá abusos de forma alguma. Aprendamos a prestar atenção às pequenas coisas que se referem à adoração a Deus, e a não pensar: "Puxa! Como essa gente é detalhista e preocupada com esse tipo de coisa sem importância!". Se você ainda não é diligente nesse assunto, é porque ainda não compreende a natureza da adoração ao Criador. Deus é bom e mesmo assim insiste em coisas pequenas quando se trata da sua adoração.

3. Não há privilégios nem posições entre os homens que consigam protegê-los da correção de Deus.
Em primeiro lugar, Moisés, o homem de Deus, era tio deles. Arão, esse grande instrumento da glória de Deus, era pai deles. Eles eram homens recentemente consagrados à função de sacerdotes. Eram homens famosos, sobre quem Deus tinha colocado muita glória, mas, como se arriscaram a ofender a Deus nesse pequeno ponto, a ira de Deus desceu sobre eles e os matou instantaneamente. Tomemos cuidado, então, para não nos arriscarmos, pensando que seremos poupados porque já prestamos algum serviço no passado. Se os maiores não são poupados em considera-

---

1 N. do E.: King James Version e Almeida Corrigida e Revisada (Corrigida Fiel).

ção a todos os seus privilégios, como é que nós, pobres vermes, nos atrevemos a nos arriscar provocando a ira de Deus? Você que é uma criatura sem valor e de nenhuma utilidade neste mundo tem o atrevimento de provocar o Senhor, que irou-se com homens tão úteis e que fizeram grandes trabalhos, ao ponto de derramar, de repente, a sua ira sobre eles?

Se víssemos um príncipe não poupando seu auxiliar favorito ou executando os nobres que estão perto dele, se o víssemos tirando a vida deles por causa de uma ofensa (por menor que parecesse aos nossos olhos), como então isso não faria tremer o pobre povo quando fizesse alguma coisa que merecesse a ira do seu príncipe? Está vendo? Nem todos os privilégios e grandezas exteriores juntos pouparão alguém do golpe da justiça de Deus. Eles não deveriam poupar o homem do golpe da justiça humana. É verdade que, entre os homens, as pessoas pobres vão para a prisão quando cometem alguma transgressão, mas os homens importantes escapam da pena. Mas com Deus não é assim, pois Nadabe e Abiú eram homens importantes e famosos.

4. Quanto maior é a importância ou o cargo das pessoas, maior é o perigo que correm se não agirem corretamente. Vemos isso no fato que Nadabe e Abiú eram os dois filhos mais velhos de Arão, e as Escrituras dizem que Eleazar e Itamar, os outros dois filhos de Arão, escaparam e não foram consumidos. Por quê? Porque os dois filhos mais velhos ocupavam a função e o privilégio de vir e oferecer o incenso e — ocupando cargo mais elevado que os mais novos, mas não agindo com o cuidado que lhes era devido — o Senhor os matou, ao passo que os mais jovens foram poupados.

Dessa maneira, muitas vezes, aqueles que se encontram em condição inferior, escapam, ao passo que os que ocupam condição mais elevada são fulminados. Que as pessoas que estão nalguma condição mais elevada tomem cuidado, pois o perigo que correm é maior. E você, que está em condição inferior, não tenha inveja daqueles que estão em posição mais elevada, pois talvez você esteja mais seguro em sua condição inferior do que aqueles que estão numa posição mais alta.

5. O início de coisas muito importantes às vezes é marcado por grandes dificuldades e perturbações.
Faço esta observação com base no fato de Nadabe e Abiú terem sido fulminados bem no início do seu sacerdócio. Suponha que fosse instituída uma nova função pública na comunidade, função que se ocupasse do bem público da nação, e bem no início da instituição dessa função ocorresse um desastre que repercutisse em todo o país, como se Deus do céu tivesse feito alguma coisa contra os que ocupavam essa função. Imagine que na primeira vez que os juízes se dirigissem à tribuna, Deus os fulminasse do céu ali mesmo. Isso seria uma poderosa razão para ofuscar a glória e a honra dessa função. Assim, qualquer pessoa seria levada a pensar que isso foi uma razão enorme para ofuscar para sempre a glória e a honra do sacerdócio. Mas Deus não se preocupa com isso. Muitas vezes, o início de coisas grandes é ofuscado por acontecimentos tristes; por isso, não nos escandalizemos ao ver algo triste acontecer no princípio de coisas importantes. Pois, embora aconteçam coisas tristes no início, Deus pode fazer prosperar essas coisas importantes assim como o fez com o sacerdócio.

6. Aqueles que assumem posições públicas, especialmente posições relacionadas com a adoração a Deus, precisam ter muito temor de Deus já no início quando começam a exercer essas funções.

Isso seria um bom tema se eu fosse pregar a um grupo de ministros. Vemos que o Senhor matou Nadabe e Abiú por causa dessa pequena falta (pequena aos nossos olhos) logo depois que foram consagrados. Isso é um assunto que diz respeito especialmente aos ministros, e por isso vou deixá--lo de lado.

7. A sétima observação é muito apropriada e útil para todos nós: é propósito de Deus que todos reconheçamos a sua vontade, mesmo nas declarações da sua Palavra que não são muito claras.

Ainda que ele não declare a sua vontade de maneira plena e em termos claros, se existe alguma coisa em sua Palavra por meio da qual podemos entender a vontade de Deus, ele espera que a entendamos por meio da sua Palavra. Se não o fizermos, será por nossa própria conta e risco.

OBJEÇÃO: Você pode argumentar: "Como é que eles podiam saber que a vontade de Deus era que não oferecessem um fogo qualquer, mas apenas o fogo do altar?"

RESPOSTA: Eles deveriam ter raciocinado da seguinte forma: "Não é verdade que Deus fez descer fogo do céu sobre o altar, e não é verdade que ele ordenou que esse fogo fosse preservado no altar para o seu serviço? Então, com certeza, deve ser a vontade de Deus que façamos uso deste fogo, em vez de oferecer outro fogo qualquer".

Deus esperava que eles raciocinassem assim, mas pelo fato de não terem percebido a vontade de Deus raciocinando desse modo, a mão de Deus pesou sobre os dois. Eles pecaram; pode ter sido por ignorância, mas foi por sua própria conta e risco. Se os dois desconheciam a vontade de Deus quando era possível conhecê-la, apesar de estar revelada apenas de modo implícito e ter de ser entendida por meio da comparação de vários textos bíblicos, isso era por conta e risco deles mesmos.

Esse é um ponto muito necessário para nós, pois o vão coração do homem, quando Deus exige alguma coisa que não convém aos seus próprios fins, discorda e se indispõe contra essa exigência. "Onde é que está escrito?" dirá ele. "Você pode me apresentar um texto bíblico específico sobre esse assunto? Só creio se você me apresentar algum texto específico provando isso". E assim ele permanecerá até que sejam apresentados vários textos bíblicos que proíbam tal coisa ou ordenem que se faça outra.

Mas irmãos, se vocês são do tipo de gente que não evita nada nem passa a fazer nada se não tiver por base palavras claras das Escrituras, é possível que, por conta própria, estejam avançando em direção a perigos e a pecados terríveis. Saibam que Deus revelou grande parte da sua vontade de maneira que só é possível conhecê-la juntando as peças aqui e ali. E Deus espera de vocês o seguinte: mediante o exame das Escrituras, se uma coisa mais do que outra parecer a sua vontade, vocês devem seguir o caminho que mais parece ser a vontade de Deus.

Já temos dito que, em matéria de adoração, precisamos de ordem vinda da Palavra, mas isso não significa que em tudo precisamos de uma ordem direta, expressa. Como acontece muitas vezes em certas pinturas, a grande arte consiste na fusão de perspectivas. Vocês não têm como dizer que a beleza se encontra neste ou naquele traço, pois ela reside no conjunto. É a fusão das perspectivas que produz a beleza da tela. Assim também nas Escrituras, não há como dizer que este ou aquele traço prova o todo, mas coloquemos todos juntos e surgirá então uma figura da vontade de Deus. Podemos discernir que a vontade dele é esta e não aquela, e nossa obrigação é seguir este caminho.

É possível que Nadabe e Abiú tenham visto que deveriam usar o fogo do altar em vez de outro fogo qualquer, mas se atreveram a usar fogo estranho porque não tinham uma Palavra expressa. Você pode ver que tudo aconteceu por conta e risco deles mesmos. Oh, tome cuidado para não resistir e lutar contra aquilo que é ordenado simplesmente porque não o vê expresso de maneira clara! O Senhor ordenou as coisas assim, especialmente no Novo Testamento, para a normatização da igreja. Você não encontrará mandamentos explícitos para uma grande quantidade de coisas, e também nem sempre achará um exemplo claro. Mas compare uma coisa com outra, e aquilo que parece mais próximo da mente de Deus deve ser suficiente para nos compelir a andar segundo o que parece mais de acordo com o que está nas Escrituras. Um coração humilde chegará logo a esse entendimento; outro homem, não.

É fácil perceber que, em coisas que ajudam as pessoas a alcançar seus próprios objetivos, não se faz necessário grande esforço para persuadi-los, embora um ou outro possa levantar alguma objeção. Facilmente poderia provar isso, mas não considero o púlpito um lugar apropriado para lidar com coisas desse tipo. As pessoas concordam com coisas que as ajudam a alcançar seus próprios objetivos e caminhos, mas outras coisas, que crucificam a carne, que se opõem à frouxidão e trazem os homens sob o governo de Cristo, contra essas coisas elas se posicionam. Eles precisam de instruções claras e específicas, ordens específicas e claras da Palavra, tim-tim por tim-tim, caso contrário, não se submeterão de maneira alguma. Esse é um ponto que, se Deus fixasse em nosso coração, seria de grande proveito. Um coração gracioso enxergará a verdade por meio de uma pequena fenda. Mas é de surpreender o trabalho que dá a convencer um homem a respeito de algum aspecto da vontade de Deus, antes que seja humilhado, e como é fácil convencer um homem depois que já foi humilhado.

8. Os pecadores podem se deparar com alguns juízos de Deus que nunca foram anunciados em sua Palavra.

Em lugar nenhum, Deus tinha feito a ameaça: "Eu consumirei com fogo do céu todo aquele que oferecer fogo estranho". Eles se depararam com um juízo que não tinha sido prenunciado. Considere isso! Pode ser que você fique com medo, quando apresentamos claramente, por meio da Palavra, como Deus fala contra este e aquele pecado. Mas fique sabendo que, se você se aventura nos caminhos do pecado, talvez se depare com juízos horríveis, que Deus nunca sequer mencionou. Juntamente com todos os juízos que aparecem anunciados no Livro de Deus, você pode dar de encontro com juízos jamais ouvidos, inesperados. Assim como Deus tem misericórdias muito além daquelas que claramente revelou em sua Palavra — "Nem olhos viram, nem ouvidos ouviram, nem jamais penetrou em coração humano o que Deus tem preparado para aqueles que o amam" — assim Deus tem juízos muito além dos que estão pronunciados em sua Palavra.

Às vezes, quando os ministros de Deus expõem as ameaças que se encontram na Palavra de Deus, você pensa que são terríveis; mas fica sabendo que Deus, no tesouro dos seus juízos, tem coisas mais terríveis do que aquilo que ele jamais revelou em sua Palavra. Por isso, aprenda a tremer não apenas diante do que está revelado na Palavra de Deus contra o seu pecado, mas diante do que ainda se pode descobrir, na infinita justiça, poder e sabedoria de Deus, para ser executado contra os pecadores. Pois vocês que são pecadores, e especialmente se são pecadores ousados e arrogantes, podem esperar se deparar com qualquer mal que uma sabedoria infinita é capaz de criar e que um poder infinito é capaz de fazer desabar sobre vocês. Você comete este e aquele pecado. Talvez não saiba de nenhuma ameaça específica de juízo contra esse pecado, mas pensa da seguinte maneira: "Eu, que estou provocando a

Deus com meus pecados, o que é que posso esperar que me aconteça? Por mais que eu pense que não, a infinita sabedoria de Deus vai descobrir o que estou fazendo e trará sobre mim o juízo que me cabe". Leve isso em consideração e tome cuidado com o pecado.

9. Com algumas pessoas, Deus logo aplica o seu juízo.

Pode acontecer de ele poupar a outros por longo tempo, mas com respeito a você, talvez diga: "Você não pecará duas vezes". Se você se arrisca a uma primeira vez, pode ser que Deus puna com a morte. Foi isso que ele fez com Nadabe e Abiú, pois tinham acabado de ser consagrados. Segundo os comentaristas bíblicos, eles estiveram em consagração por sete dias, e esse foi o primeiro dia em que se apresentaram para exercer seu ofício. E em seu primeiro ato, Deus os fulminou. Que isso nos faça tremer. O Senhor age rápido com alguns, ao passo que é paciente com outros, mas não tome liberdades pelo fato de ele ter sido paciente com os outros. Talvez ele remova você ao primeiro pecado, e com prontidão exerça juízo contra você.

10. A santidade de um dever não livrará nunca a pessoa que deixa de exercê-lo de maneira adequada.

O sacerdócio era um dever santo. Eles eram verdadeiros sacerdotes de Deus, e vieram para oferecer incenso ao Deus verdadeiro. O incenso que ofereceram era do tipo certo. Só houve o seguinte desvio: eles não traziam o fogo que Deus queria que trouxessem. Por esse desvio, Deus os atacou, todo o bem que havia naquele dever não os livrou do que aconteceu.

Considerem isso, vocês que executam vários deveres santos. Guardem-se de achar que possuem a liberdade de se desencaminhar de alguma maneira. Não pensem que, pelo fato de os deveres serem realmente bons e santos, e que, pelo fato de executar esses deveres, vocês podem se arriscar a misturar as coisas. Guardem-se de misturar qualquer mal, de cometer qualquer desvio em alguma coisa santa. Mesmo que vocês tenham executado mil tarefas santas, isso não é nenhum salvo-conduto para se conduzir mal na execução dessas mesmas tarefas.

11. O Senhor é terrível em seu santuário.

É o que está no Salmo 68.35: "Ó Deus, tu és tremendo nos teus santuários". Quando temos de lidar com Deus, quem consegue permanecer diante deste Deus santo? "Nosso Deus é um fogo consumidor." O Senhor se manifesta aqui de modo pavoroso, a ponto de fulminar com fogo esses dois sacerdotes, como em Ezequiel 9.6, onde Deus diz: "Começai pelo meu santuário". Deus é terrível para com aqueles que se atrevem a se aproximar dele com más intenções ou são profanos quando o fazem. Ele é terrível para com aqueles que estão perto dele. Deus quer que cada um de nós trema na sua presença.

12. Com muita frequência, os juízos de Deus estão estreitamente relacionados aos pecados dos homens.

Aqui, eles pecaram com fogo e pelo fogo foram consumidos.

Eles transgrediram por meio de fogo estranho, e Deus os fulminou com fogo estranho. Muitas vezes, os juízos de Deus correspondem à maneira como os homens cometem seus pecados. Assim como aqui o juízo ocorreu por meio de fogo, noutra ocasião vemos que ocorreu por meio de água. Faraó peca ao jogar os filhinhos do povo de Israel na água, e Deus o lança no mar. "Se queres afogar os outros na água, providenciarei bastante água para ti", disse Deus. E assim acontece também aqui: "Se vocês querem se envolver com fogo estranho, fogo estranho terão", disse Deus.

Muitas vezes, Deus exerce juízos para com os pecadores para que a sua justiça se torne mais evidente. Deus, com frequência, faz com que as próprias coisas em que pecamos sejam, elas mesmas (ou alguma outra coisa do mesmo tipo), os verdugos da sua ira. Foi isso o que aconteceu com os judeus. Eles venderam Cristo por trinta moedas de prata, e depois trinta deles foram vendidos por um centavo. E assim também a história de Adoni-Bezeque, no primeiro capítulo do livro de Juízes. Ele tinha sido cruel a ponto de cortar os dedos polegares das mãos e dos pés de setenta reis. E assim aconteceu também com ele mesmo. É comum acontecer aos homens de espírito cruel e furioso se deparar também com homens de espírito cruel e furioso.

Vamos aplicar isso de maneira específica. Vocês que são filhos teimosos com seus pais, se Deus permitir que continuem vivendo, é provável que se deparem com a mesma atitude em seus filhos. E quando vocês, que são pais, se deparam com um filho teimoso, devem refletir: "Não é justo que Deus me trate assim?" E vocês que são empregados empedernidos com seus patrões, quando tiverem seus próprios empregados, eles também serão assim com vocês. Talvez vocês tenham sido infiéis com seus líderes. Quando vocês estiverem em posição de liderança, é certo que agirão dessa mesma maneira com vocês. Você deve se humilhar e dizer: "Deus é justo por permitir que isso aconteça, que ele me castigue da mesma maneira como procedi".

13. Eles ofereceram fogo estranho. Tomemos cuidado, todos nós, com esse assunto de trazer fogo estranho em nosso serviço a Deus.

Pergunta: O que significa trazer fogo estranho em nosso serviço a Deus?

Resposta: Conheço vários autores que discorrem sobre o assunto. Ambrósio disse que esse fogo estranho são as paixões e a avareza. Quero que vocês considerem o seguinte: acima de qualquer outro fogo estranho, tomem cuidado com o fogo estranho da paixão e da ira, especialmente na adoração a Deus. Em toda e qualquer ocasião em que perceberem seu coração irritado e inflamado pela ira, quando estiverem para adorar a Deus, lembrem-se dessa passagem bíblica. Nadabe e Abiú foram consumidos por Deus, com fogo vindo da parte dele, por terem ido à presença de Deus com fogo estranho.

Talvez seu coração arda em amor quando você vem à presença de Deus. Ore com fervor, pois é isso que as Escrituras ordenam. Precisamos, de fato, ser inflamados em oração pelo Espírito Santo em nosso coração, mas com certeza não devemos ir com o fogo da paixão ou da ira. "... levantando mãos santas, sem ira e sem contenda" (1 Tm 2.8) . Se vocês têm estado exacerbados e o coração de vocês têm se inflamado desse modo, acalmem o coração antes de orar. E assim também, quando vierem ouvir a Palavra, se o coração estiver inflamado de paixão, certifiquem-se de aquietá-lo antes de virem para ouvir a Palavra. "... acolhei, com mansidão, a palavra em vós implantada, a qual é poderosa para salvar a vossa alma" (Tg 1.21).

Quando vocês vierem participar da Ceia do Senhor, guardem-se de fazê-lo com ira e malícia, pois, se o fizerem dessa maneira, estarão oferecendo fogo estranho. Isso é algo que deve ser levado em consideração, especialmente pelos ministros que vão pregar. Eles devem tomar cuidado para não trazerem fogo estranho ao púlpito, ou seja, ousarem apresentar seus próprios sentimentos e paixões. Fui persuadido com respeito a essa prescrição antes mesmo de saber qualquer coisa sobre pregação. O homem designado para revelar a ira de Deus precisa calar a sua própria ira. Essa é, com certeza, uma prescrição para todos os pregadores, pois o Senhor envia seus pregadores para tornar conhecida a sua ira contra os pecados dos homens; mas quanto mais tornam conhecida a ira divina, mais devem calar a sua própria. E assim, quando eles, da maneira mais clara possível, manifestarem a ira de Deus, mais será aceita a pregação deles.

Agora, é verdade que um coração carnal pode estar sempre pronto a pensar que, quando um pregador fala com zelo verdadeiro por Deus, está se dirigindo especificamente a ele. Acautelem-se contra isso. Acredito que vocês tenham tido pouca ocasião de ser tentados nesse sentido neste lugar, mas uma coisa eu sei: é dever dos ministros de Deus se certificar de não apresentar senão o fogo do Espírito de Deus, o fogo que retiraram do altar, sendo a língua deles tocada por uma dessas brasas. Eles não devem vir com suas próprias paixões para promover a justiça de Deus. Não, a ira do homem não produz a justiça de Deus.

Vamos apresentar, ainda, umas poucas particularidades, e depois chegaremos aos três pontos principais.

2

DEUS SERÁ SANTIFICADO NAQUELES QUE SE CHEGAM A ELE

*"Serei santificado naqueles que se chegarem
a mim" (Levítico 10.3)*

Em nossa última reunião, começamos a examinar essas palavras, mostramos o objetivo delas, esclarecemos seu significado, e falamos de várias coisas que aprendemos dessa história de Nadabe e Abiú, e com a maneira com que Deus tratou com eles. Da apresentação geral dessa história, extraímos muitos pontos importantes. Pretendemos, agora, acrescentar mais algumas observações, e chegar, então, ao ponto doutrinário principal do texto.

14. É muito comum que mesmo homens santos de Deus se deparem com aflições muito grandes e tristes com respeito a seus filhos.

Nem mesmo os maiores santos de Deus estão livres das mais duras aflições, mesmo com os seus filhos. A aflição de Arão, nesta ocasião, foi uma das mais tristes jamais sentida por algum santo de Deus com respeito aos próprios filhos. Esses dois, como já lhes disse anteriormente, homens de renome em Israel, recentemente consagrados ao ofício do sacerdócio, e no primeiro dia que vieram fazer oferendas na sua função, foram fulminados diante do povo com fogo vindo do céu, e foram consumidos. Oh, como foi grande a aflição de Arão, pai deles, quando viu seus filhos destruídos dessa forma pelo próprio Deus!

Considerem isso, vocês que têm filhos e costumam murmurar e reclamar de toda e qualquer pequena aflição que lhes sobrevém por causa deles. Se acontecer de seus filhos ficarem um pouco doentes, ou se algo ruim acontece com eles, vocês pensam que é a mão pesada de Deus. Mas especialmente se Deus remove seus filhos por meio da morte, então vocês se lamentam e não se deixam consolar. Sim, mas ainda que Deus tenha removido seus filhos por meio da morte (sim, talvez por meio de uma morte violenta, como, por exemplo, por afogamento), ainda assim eles não foram fulminados com fogo de Deus vindo do céu, e não foram tão publicamente expostos.

Aqueles eram homens famosos e foram exterminados também no meio do seu pecado. Já os seus filhos talvez tenham morrido enquanto estavam no meio das suas atividades legítimas e Deus lhes tenha tirado a vida. Não existe razão para murmurar aqui. Mas Deus remove esses filhos no meio dos seus pecados, e por meio de fogo vindo do céu. Foi assim que Deus exterminou os filhos de Arão, e ele era tão querido para Deus como vocês o são. Mas é assim que Deus trata com seus santos: com Arão, em relação aos seus filhos, e com seus filhos mais velhos, e com dois deles ao mesmo tempo. Esse exemplo deve ser suficiente para acalmar e aquietar o coração dos homens e mulheres que estão aflitos com respeito a qualquer calamidade que sobrevém aos seus filhos. Vocês estão vendo como a mão de Deus está contra os próprios filhos de Arão.

15. Embora o efeito dos juízos de Deus seja visível, eles mesmos, às vezes, vêm de forma invisível.

Vocês verão, se continuarem a ler essa história, que eles foram fulminados com fogo vindo do céu; mas parecia que não tinha sido por fogo, porque não consumiu nem as vestes nem o corpo deles, mas atravessou tudo e os fulminou, e ninguém conseguia explicar como. Os juízos de Deus, às vezes, vêm de forma que não dá para ver. Se tivesse sido por meio de chama ou fogo visível, todos teriam visto, e ele teria queimado as vestes ou o corpo deles; mas vocês verão no versículo cinco que eles foram removidos do santuário com as túnicas com que estavam vestidos. Elas não tinham sido consumidas.

16. Embora Deus considere a vida dos homens cara e preciosa, ela não é tão preciosa quanto a glória de Deus.

A glória do seu nome é infinitamente mais cara para Deus do que a vida de milhares e milhares de pessoas. A vida de Nadabe e Abiú precisou ser removida para que Deus pudesse ser santificado. Se chegar ao ponto de a vida dos homens entrar em conflito com a santificação do nome de Deus, a glória de Deus deve prosseguir seu curso, deixando a vida dos homens seguir o caminho que eles quiserem.

Pensamos muito no fato de a vida dos homens ter sido tirada, mas se soubéssemos o que significa a glória de Deus, e a infinita razão que existe para Deus ser glorificado, não ficaríamos pensando tanto que a vida de tanta gente precisa ser tirada para a glória de Deus. É por misericórdia que nossa vida não tenha sido tirada em inúmeras ocasiões por causa da glória de Deus. Quantas vezes Deus não poderia ter glorificado a si mesmo ao tirar nossa vida? Devemos ser gratos a ele que nossa vida tenha sido preservada até agora.

17. Quanto mais perto de Deus alguém estiver, mais cuidado deve tomar para que ele seja glorificado, porque deve saber que não será poupado se pecar contra Deus.

Nadabe e Abiú eram sacerdotes de Deus, e se chegaram a Deus, mas por meio de transgressão. Embora eu lhes tenha dito que não encontramos em nenhum lugar das Escrituras alguma menção direta de que esse fogo era proibido, eles deviam ter entendido a mente de Deus por inferência, por dedução. A propósito, esse é o motivo por que chamo sua atenção para isto: não devemos supor que precisamos em todas as coisas fornecer às pessoas mandamentos tim-tim por tim-tim, mas se algo nos é ordenado de forma que possamos concluir por inferência, isso é um mandamento. Neste caso, eles não tinham uma proibição verbal, mas a possuíam por inferência. Assim, embora não tenhamos a ordem expressa em palavras, mas se podemos obtê-la por inferência, ela é tão afirmativa assim como a negativa quando a temos por dedução.

18. Quanto mais perto de Deus alguém chega, se pecar contra ele, não deve esperar que será poupada.

Não penses que Deus te poupará mais pelo fato de seres mestre de religião ou porque o adoras com frequência. Acredito que vocês que estão familiarizados com as Escrituras conhecem o texto de Amós 3.2: "De todas as famílias da terra, somente a vós outros vos escolhi; portanto, eu vos punirei por todas as vossas iniquidades".

19. Quando um juízo tem a finalidade de ser exemplar, devemos voltar-nos à Palavra de Deus para ver como é que Deus aplica a sua Palavra nesse juízo.

Foi isso que Moisés fez: "Isto é o que falou Jeová". Percebes a mão evidente de Deus na execução de um juízo na vida de alguém? Recorre à Palavra de Deus e passa imediatamente a pensar da seguinte forma: "O que se encontra na Palavra de Deus contra o pecado do qual este homem é culpado?" Se vês o juízo de Deus contra um bêbado, lembra-te das ameaças na Palavra de Deus contra a embriaguez, e também os juízos de Deus sobre os impuros, blasfemadores, pessoas que não guardam o Dia de descanso, mentirosos, ou qualquer tipo de pessoa profana e ímpia. Recorre aos juízos de Deus que a Palavra registra contra esse tipo de gente, e bem assim com respeito aos zombadores e os que se opõem à religião. Lembra-te do que está dito na Palavra de Deus contra eles, e aprende a santificar o nome de Deus. Poderíamos mencionar alguns exemplos de tratos de Deus contra pecadores específicos para ajudar-te, de forma que, quando vires algum juízo exemplar, tenhas condições de recorrer à Palavra de Deus, mas vamos deixar isso para outra ocasião.

20. A honra maior que Deus pretende para seu nome é torná-lo santo.

"Serei santificado naqueles que se chegarem a mim e serei glorificado diante de todo o povo." É como se Moisés dissesse em nome de Deus: "Eu tenho de ser e vou ser glorificado por este povo". E como? "Tornando evidente que meu nome é santo. Essa é a glória que eu valorizo mais que qualquer outra coisa, que se torne claro que meu nome é santo, que se torne evidente que eu sou um Deus santo". Rogo-lhes, meus irmãos, que considerem isso. Não há nada em que Deus tanto insista como em tornar evidente a todo o mundo que ele é um Deus santo. Aqui se vê a glória do nome de Deus apresentada de uma forma notável. Deus não insiste tanto em ser visto como um Deus forte, um Deus poderoso, ou um Deus paciente e longânimo. Ele não insiste tanto em ser reconhecido como Deus onisciente, embora esses atributos lhe sejam preciosos; mas insiste, acima de tudo, em ser visto como um Deus santo!

Ele até mesmo tolera que qualquer outra glória do seu nome seja ofuscada no mundo por certo tempo, mas está determinado a fazer com que a glória da sua santidade seja reconhecida acima de todas as coisas. Por essa razão, os anjos, quando estão celebrando a glória de Deus, não dizem: "Senhor todo-poderoso, todo-poderoso, todo-poderoso", ou: "Senhor onisciente, onisciente, onisciente", mas dizem: "Santo, santo, santo" — sempre três vezes. Dessa forma, fica evidente que a santidade de Deus é a sua glória acima de tudo. Deus insiste no fato que ele se mostrará como um Deus santo. Oh, que aqueles que se professam servos de Deus se esforcem de modo especial para mostrar a santidade de Deus! Vocês que estão perto de Deus, vocês que sabem que são filhos de Deus e professam seu nome, esforcem-se para mostrar a glória da santidade dele acima de todas as coisas por meio da sua vida e conversas santas, pois Deus insiste nisso, em ter seu nome santificado. Ele disse: "Eu serei santificado e serei glorifica-do". Assim, ele explica que glorificar seu nome é santificá-lo.

É como se Deus dissesse: "Esta é a glória que eu procuro, que meu nome seja enaltecido como santo". E, por isso, a primeira petição que Cristo nos ensina a fazer na oração dominical é: "Santificado seja o teu nome". Oh, que o nome de Deus seja apresentado no mundo como santo! Este é outro lembrete, que esses dois estão sempre juntos: "Serei santificado naqueles que se chegarem a mim e serei glorificado diante de todo o povo".

21. Faz parte da verdadeira amizade ajudar os amigos que estão sofrendo, confortando-os por meio da Palavra.
Embora nós mesmos estejamos aflitos, devemos tentar confortar nossos amigos que estão em aflições maiores, e con-

fortá-los por meio da Palavra de Deus, pois assim fez Moisés. Ele veio confortar Arão e usou a Palavra: "Isto é o que falou Jeová: Serei santificado". Nota bem, não há dúvida que Moisés estava atribulado com a demonstração da pesada mão de Deus, pois era tio dos dois mortos; mas embora isso fosse pesado para o tio, era mais pesado ainda para o pai, e isso pesava no coração de Moisés. Ele sabia que Arão estava mais atribulado ainda, e por isso foi a ele e tentou confortá-lo, e usou a Palavra para fazer isso.

Aprende, então, e vai confortar teus irmãos, pois Arão era irmão de Moisés. Vai e conforta-os em suas aflições, e não penses que, pelo fato de teres algumas aflições sobre ti, não devas confortar os teus irmãos. A aflição deles é maior que a tua. E quando vais confortar, não deves chegar de forma meramente carnal e dizer: "Irmão, não fiques triste". Mas deves ir e aplicar alguma coisa da Palavra de Deus para confortá-los e dizer: "Isto é o que o Senhor disse". E, com essa finalidade, deves esforçar-te para seres hábil na Palavra de Deus de forma que sejas capaz de ir aos teus irmãos e confortá-los em qualquer aflição. Porque não existe aflição para a qual não haja alguma Palavra de Deus apropriada, e aqueles que estão bem treinados na Palavra de Deus podem aplicar alguma palavra a cada aflição. E, de fato, o amigo que consegue ir até outro que está nalguma aflição e sempre tem algo da Palavra de Deus para aplicar a essa aflição é um bom amigo, e uma pessoa dessas vale seu peso em ouro.

22. A nossa última reflexão é a seguinte: Arão guardou silêncio.

Desse fato podemos observar que não existe caminho melhor para tranquilizar um coração cheio de graça sob qualquer aflição do que dizer que Deus alcançará a sua glória e honra por meio disso. Aplicar a Palavra, e considerar que

Deus tem seu caminho para alcançar sua glória em nossas aflições, é a única maneira de aquietar um coração cheio de graça.

Todos esses pontos tomariam bastante tempo, mas pretendo deixá-los de lado e me dirigir ao ponto mais central de todos: "Serei santificado naqueles que se chegarem a mim". Nestas palavras, encontramos três pontos:

Quando adoram a Deus, homens e mulheres chegam-se a ele. E devemos santificar o nome de Deus quando nos chegamos a ele.

Na adoração, ocorre uma aproximação de Deus.

PERGUNTA: Como assim? Deus não está em todo lugar?

RESPOSTA: Sim, com toda a certeza. Em todo e qualquer lugar que estivermos, sempre estaremos perto de Deus. Deus sempre está perto de nós, cuidando de nós. Não é apenas quando estás adorando a Deus que estás perto dele. Quando pecas contra ele, quando praguejas, quando profanas o seu nome ou o Dia do Senhor, ele ainda está perto de ti e te vê. Tu estás perto dele. E em todo lugar pode-se dizer ou escrever o que se disse da cidade nas palavras finais da profecia de Ezequiel 48.35: "Jeová-Shammah", ou seja: "O Senhor Está Ali". Nele vivemos, e nos movemos, e existimos, por essa razão estamos sempre perto dele. Sim, mas apesar de estarmos sempre perto de Deus com respeito a sua presença essencial, existe uma forma mais peculiar e especial de nos aproximarmos de Deus quando o adoramos, e que as Escrituras te apresentam. Em primeiro lugar, quero te mostrar como as Escrituras apresentam o assunto, e então de que forma se pode dizer que a criatura pode aproximar-se de Deus nos santos deveres da adoração, pois foi para adorar que eles vieram oferecer incenso.

1. Aproximamo-nos de Deus nas atividades santas.

Vejamos Tiago 4.8: "Chegai-vos a Deus", de forma que estejais mais perto de Deus do que estáveis, ou seja, por meio de atividades santas e serviços santos. Também vemos isso no Salmo 95.2: "Saiamos ao seu encontro, com ações de graças, vitoriemo-lo com salmos". De forma que, quando vimos adorar a Deus, existe uma forma mais especial de chegar diante da presença dele do que nas outras ocasiões. E no versículo 6 deste mesmo Salmo: "Vinde, adoremos e prostremo-nos; ajoelhemos diante do Senhor, que nos criou". Assim também no Salmo 100.2: "Servi ao Senhor com alegria, apresentai-vos diante dele com cântico", pois essa é uma parte da adoração a Deus. Mas a Escritura deixa claro que existe uma forma especial de chegar diante de Deus quando vimos para adorá-lo, e, a esse respeito, no Salmo 148.14 lemos que os servos de Deus são um povo chegado a Deus. Essa é uma declaração notável, que mostra bem a honra dos santos de Deus. Ali está a menção favorável da excelente situação dos santos: "Ele exalta o poder do seu povo, o louvor de todos os seus santos, dos filhos de Israel, povo que lhe é chegado". Os santos de Deus, os filhos de Israel, a igreja de Deus — são chamados de povo chegado a Deus. Por que razão chegado a ele? Porque aqueles que adoram a Deus são os mais treinados na adoração a Deus. Esse é um motivo por que se apresentam tanto na presença de Deus em adoração, por essa razão é que estão perto de Deus.

PERGUNTA: Perto de Deus? De que forma se pode dizer que alguém se aproxima de Deus quando o adora?

RESPOSTA: Há três aspectos em que se pode dizer que uma pessoa se aproxima de Deus quando o está adorando.

Em primeiro lugar, quando vimos adorar a Deus, vimos oferecer a ele a reverência e o serviço que nós, como criaturas, devemos ao Criador. Essa é a exata finalidade da adoração. Se queres saber o que é adorar a Deus, é exatamente isso: oferecer a reverência e respeito que a criatura deve ao Criador. Ora, quando um súdito vem oferecer reverência ao seu príncipe, aproxima-se dele quando o faz pessoalmente. Dessa forma, temos unicamente Jesus Cristo por meio de quem podemos oferecer nossa reverência. E quando a oferecemos, precisamos nós mesmos vir também, pois Cristo não toma nosso serviço para oferecê-lo a Deus sem que estejamos presentes, mas precisamos vir juntamente com Cristo; e ele nos toma pela mão e assim oferece nossa adoração ao Pai enquanto estamos em sua presença, de forma que se diz que estamos nos chegando a Deus nessa circunstância, por causa desse oferecimento pessoal da nossa adoração a Deus.

Chamo isso de pessoal em relação a qualquer criatura, mas, com respeito a Cristo, na verdade, ele é um Mediador que o faz, mas de forma espiritual. E nós temos de tratar unicamente com Deus por meio de Cristo para oferecer-lhe nossa adoração. Podemos fazer uso de alguma instituição que Deus indicou, mas não oferecemos nossa adoração a Deus por meio dela, antes, ao usá-la, nos chegamos a Deus, e nossa alma lhe oferece, de forma pessoal, a reverência que lhe é devida. Essa é a razão por que Levítico 21.21 diz a respeito dos sacerdotes que oferecem sacrifícios quando vêm adorar a Deus: "Nenhum homem da descendência de Arão, o sacerdote, em quem houver algum defeito se chegará para oferecer o pão do seu Deus". Assim, quando alguém vem apresentar alguma oferta queimada ao Senhor, significa que essa pessoa está se chegando a Deus. Ela veio trazer um presente a Deus, por isso está se aproximando. Dessa forma, quando vimos oferecer nossos sacrifícios espirituais a Deus, estamos nos aproximando de Deus para fazê-lo. É o oferecimento de um sacrifício a Deus. É porque a criatura vem trazer uma oferta a Deus, que se diz que está se aproximando dele.

Em segundo lugar, diz-se que a alma está se aproximando de Deus nos deveres sagrados porque ela se apresenta diante dele por meio das formas que ele usa para comunicar as suas maravilhosas, preciosas, esplêndidas e gloriosas misericórdias ao seu povo. Volto a repetir: quando vamos adorar a Deus, vamos para nos ver diante de Deus por meio dessas formas que ele usa para comunicar as maravilhosas, esplêndidas e gloriosas misericórdias que ele comunica às suas criaturas.

Quando lidamos com elementos tais como comida e bebida e nossas ocupações exteriores, precisamos lidar com Deus nesses elementos, mas quando chegamos para adorar a Deus, chegamos para nos apresentar diante dele nas coisas que ele usa para revelar-se de forma mais especial e gloriosa à alma do seu povo. Por que razão se diz que o céu é a presença de Deus, e por que razão se diz que aqueles que estão no céu vivem com Deus? Porque ali contemplam a face de Deus e estão diante dele de uma forma especial. Por isso, quando Cristo nos ensina a orar, ele nos ensina a olhar para o céu e dizer: "Pai nosso que estás no céu".

Agora, com certeza, a essência da presença de Deus encontra-se tão verdadeira e realmente na terra como no céu, e com Deus não acontece de estar em parte num lugar e em parte em outro, mas tudo de Deus encontra-se em todo lugar. Porém, a razão por que se diz que Deus está no céu é porque ali o Senhor se faz conhecer de maneira mais gloriosa do que em qualquer outro lugar. Por isso, o céu é a presença de Deus de uma forma mais especial. Agora, se o relacionamento de Deus com um ser criado é suficiente para fazer mais especial a presença dele, se isso é suficiente para fazer a criatura viver com Deus e estar diante da sua face (porque estão onde Deus mais se relaciona), então, com certeza, quando chegamos para adorar a Deus, nos aproximamos para ficar perto de Deus e com ele, porque os deveres da sua adoração são os meios que o Senhor indicou para proclamá-lo na glória da sua bondade e misericórdia para com seu povo. É correto esperar maior demonstração da bondade de Deus através dos deveres da sua adoração do que de qualquer outra maneira. É a respeito desse segundo item que se pode dizer que te aproximas de Deus nos deveres santos.

Em terceiro lugar, podes dizer que te aproximas de Deus porque devemos (e, se adorarmos a Deus como devemos, de fato o fazemos) colocar em prática nossa fé e humildade e todas as virtudes do Espírito. Agimos, então, por assim dizer, para com Deus quando chegamos para adorá-lo. Em todo e qualquer dever referente à adoração requer-se que despertes as faculdades da tua alma e todas as virtudes do Espírito de Deus, e deves colocá-las em prática para com Deus quando o estás adorando. Não basta que venhas com graça quando vens adorar a Deus, é preciso haver uma atuação dessa graça para com Deus.

Vemos, então, na Escritura, que a prática da graça para com Deus é chegar perto de Deus. Por isso, em Isaías 29.13, o Senhor lamenta: "Este povo se aproxima de mim e com a sua boca e com os seus lábios me honra, mas o seu coração está longe de mim". É como se Deus dissesse: "Na verdade, eles vêm falar comigo, e por isso pensam que estão chegando perto de mim, mas minha expectativa é que o coração deles se mova para perto de mim". Esse é o sentido do texto. E em Sofonias 3.2, Deus lamenta que o seu povo não venha para perto dele como deveria fazer. Fica bem claro que a razão é que as virtudes deles não agiram para com Deus como deveriam ter feito. "Ela não obedeceu à voz, não aceitou a correção, não confiou no Senhor, não se aproximou do seu Deus". Assim, exercer fé em Deus é aproximar-se dele, e exercer qualquer virtude para com Deus é aproximar-se dele. Ora, que ocasião melhor de exercer as nossas virtudes para com Deus do que quando nos chegamos para adorá-lo? E, por isso, em Isaías 64.7, o Senhor lamenta que "já ninguém há que invoque o teu nome, que se desperte, e te detenhas". Quando vimos adorar a Deus, devemos despertar-nos para deter a Deus. E dessa forma podes ver em que sentido se diz que a alma se aproxima de Deus quando vem para adorá-lo.

Aplicações

Agora, façamos as aplicações desse ponto, e podemos fazê-lo em diversas áreas. A primeira é a seguinte: Aprende, com isso, o que fazes quando vens adorar a Deus, e leva-o em conta toda vez que vieres exercer qualquer ato de adoração. Isso será de maravilhosa utilidade, e nos ajudará a avançar para o ponto seguinte da santificação do nome de Deus. Vocês estão todos convictos de que é seu dever adorar a Deus. Quando vêm ouvir a sua Palavra, vocês vêm adorá-lo. E quando recebem o sacramento, vocês o adoram.

Agora, se eu fosse de uma ponta a outra da congregação, perguntando a cada um de vocês: "É teu dever adorar a Deus, não é?", vocês todos prontamente responderiam: "Sim, claro que é!". E se a próxima pergunta fosse: "O que é que fazes quando adoras a Deus?" — aí, temo que essa segunda pergunta deixaria muitos sem saber o que responder.

Talvez tu digas: "Devemos orar a Deus e servi-lo, ouvir a sua Palavra e participar da comunhão". Sim, está certo, mas o que é que a tua alma faz nessa obra de adoração a Deus? Essa deve ser a resposta, e assim é que deves pensar, carregando isso em teu próprio coração: "Eu estou agora indo adorar a Deus, quer seja em oração, na Palavra ou no sacramento. Agora estou indo oferecer a reverência que a criatura deve ao Criador infinito, de forma que preciso orar manifestando o elevado respeito que devo a Deus como meu Criador". A esse respeito, falarei mais adiante. Por enquanto, lembra-te apenas que vais oferecer a reverência que deves a Deus, e assim toda vez que vieres ouvir a Palavra, estás professando que vens oferecer o respeito e a reverência que deves ao Deus infinito. E assim também é quando vens receber o sacramento.

Quando queremos oferecer um presente a alguém, devemos saber como nos preparar e a maneira apropriada para fazê-lo, quanto mais quando chegamos para falar ou santificar o nome de Deus!

Em segundo lugar, lembra-te de que, quando vens adorar a Deus, vens diante do Senhor por meio das formas em que ele determinou as suas misericórdias escolhidas para o seu povo. Eu usufruo de várias misericórdias de Deus quando tenho comunhão com os outros, mas, quando venho adorá-lo, minha expectativa é ser objeto da sua misericórdia de forma diferente da que recebo por meio de qualquer outra criatura no mundo. Os deveres da sua adoração são os principais canais por meio dos quais Deus transmite ao coração do seu povo as suas misericórdias escolhidas, e neste momento estou indo adorá-lo. Vou apresentar-me diante de Deus. De fato, recebo um vislumbre da luz de Deus por meio de outras criaturas, mas a gloriosa iluminação da luz de Deus vem por meio dos deveres da sua adoração.

Em terceiro lugar, agora vou dirigir minha alma a Deus, de forma que, se possuo qualquer capacidade de unir minha alma com ele, isso precisa ser feito neste momento. Em todo o tempo preciso esforçar-me para gozar comunhão com Deus. Quando vejo o sol, a lua e as estrelas, devo esforçar-me para erguer o coração a Deus; e quando vejo a glória de Deus no mar, e por minha comida e bebida, devo bendizer a Deus e reconhecê-lo em tudo. Mas, quando venho adorar a Deus, então toda a força da minha alma deve dirigir-se a ele de forma mais especial. Preciso, então, acima de tudo, esforçar-me para despertar tudo o que tenho em minha alma para dirigir-me a Deus. Isso é adorar a Deus.

Se adorar a Deus é aproximar-se dele, pode-se entender a razão por que uma consciência culpada tem pouca disposição para cumprir sua obrigação de adorar a Deus. No momento em que um homem ou uma mulher se mete em qualquer caminho imoral e peca contra a própria consciência, se possuem qualquer luz na consciência, torna-se uma das coisas mais terríveis do mundo vir cumprir as obrigações da adoração a Deus. Preferem fazer qualquer outra coisa a vir para os deveres santos como a oração, e especialmente a oração em secreto. O homem ou a mulher que possui uma consciência iluminada e se encontra sob a culpa do pecado sente que vir a Deus por meio dos deveres santos é um tremendo fardo. Por que isso acontece? Porque adorar a Deus é aproximar-se de Deus, e a culpa que está sobre eles fez com que a presença de Deus lhes seja desagradável; e por isso preferem juntar-se a seus companheiros, divertir-se, comer, beber, jogar, ou qualquer outra coisa em vez de chegar à presença de Deus.

Sabemos como aconteceu com Adão quando Deus apareceu no jardim e o chamou. Ele correu para esconder-se. Por que ele fez isso? Porque sentiu culpa. Oh, a desgraça que a culpa do pecado traz sobre a alma! Ela torna terrível a presença de Deus. A presença de Deus deveria ser para nós mais agradável do que nossa própria vida, mas nosso pecado faz com que a presença dele se torne opressiva e desagradável.

Às vezes, quando uma criança ofendeu a seu pai e está consciente de que o fez, prefere estar na cozinha no meio dos servos a chegar até a sala onde está o pai, porque sabe que o ofendeu. Assim também acontece com a consciência culpada quando se lembra de algum mal a que se entregou. Ela não tem disposição nenhuma para chegar à presença do Pai; fica de longe, vacilante.

Meus irmãos, a presença de Deus na comunhão dos santos é desagradável para uma consciência culpada. Suponha que vocês tenham viajado para o exterior, e tenham se descuidado e pervertido seus caminhos. Pensando em sua consciência, quando vocês chegam à presença de algum homem ou mulher santos que vivem perto de Deus, isso não os perturba? Até mesmo a presença de Deus no rosto dos seus santos é desagradável para uma consciência culpada. Quanto mais, então, é a presença de Deus em suas ordenanças! De fato, os homens e mulheres cuja consciência não está esclarecida, mas são ignorantes e embotados, esses podem pecar contra Deus e chegar à sua presença sem nenhuma inquietação. Há homens que falam palavrões e se embriagam à noite e no próximo dia vêm participar do sacramento. Por que razão fazem isso? Porque não há luz nenhuma na consciência deles; a consciência deles está na escuridão; estão entorpecidos em seus pecados. Mas estou falando agora de alguém que possui uma consciência iluminada: para este, a presença de Deus é desagradável.

Uma terceira aplicação é a seguinte: essa é a razão por que Deus é tão duro com os hipócritas. Vamos tratar disso com mais detalhes mais adiante. Por enquanto, presta atenção nisso. Os hipócritas, mais do que qualquer outra pessoa, devem esperar os mais severos juízos de Deus sobre si, porque chegam muito perto de Deus, já que muitas vezes vêm cumprir as obrigações da adoração. Ora, os que se aproximam tanto da presença de Deus, e o fazem com coração vil e impiedoso para disfarçar sua maldade, entre todas as pessoas do mundo, são as que devem aguardar da parte de Deus a mais severa vingança sobre si. Aqueles que estão mais perto da bala devem contar com o maior impacto dela sobre si. Assim, quando a ira de Deus se manifestar para com os pecadores, os homens perversos que estiverem mais perto dele sofrerão o maior golpe da ira de Deus — mas veremos mais sobre isso quando chegarmos ao terceiro ponto, que Deus será santificado naqueles que se chegam a ele.

A quarta aplicação é a seguinte: se adorar a Deus é aproximar-se dele, então negligenciar a adoração a Deus é afastar-se dele. Essa é a conclusão lógica, e é algo terrível. Essa é a sentença que será pronunciada no último dia do juízo: "Apartai-vos de mim". Considerem isso, vocês que se afastaram de Deus. Vocês que negligenciam a adoração a Deus em família e em secreto em seu quarto, na congregação e na comunhão dos santos; é possível que a vida toda vocês tenham dado pouco valor e considerado a adoração a Deus como coisa de pouca importância. O que vocês têm feito esse tempo todo? Vocês têm se apartado de Deus todo esse tempo; e, quando a sua consciência for iluminada e despertada para ver como estão longe de Deus, isso vai ser algo terrível para vocês!

Lembrem-se disto, vocês que não têm disposição de cumprir suas obrigações quanto à adoração a Deus e, em vez disso, gostam do pecado. Vocês negligenciam a adoração a Deus. Vocês estavam acostumados a adorá-lo o tempo todo em seu quarto em secreto e em família, mas agora se tornaram relaxados, e assim morrem cada dia mais e mais. Vocês se afastam de Deus mais e mais. Fica evidente, então, que negligenciar a adoração a Deus não traz bem nenhum. E aqueles que detestam adorar a Deus porque não conseguem adorá-lo como devem, deixam evidente que não se recebe nada de bom por negligenciar a adoração a Deus, pois isso significa afastar-se dele. Qualquer que seja o apelo da tentação de negligenciar a adoração a Deus, com certeza ele encerra perigo em si. E, por essa razão, não deem jamais ouvidos a nenhuma tentação desse tipo, que afastará seu coração dos deveres da adoração a Deus.

Existe uma geração de pessoas frívolas em nossos dias, que dão pouco valor em manter os deveres da adoração a Deus. Elas eram acostumadas a adorar a Deus e a ouvir a Palavra, mas agora isso não significa mais nada para elas, e estão até prontas a agradecer a Deus por não darem mais tanta importância como costumavam aos deveres da adoração a ele. Talvez com isso queiram dizer que, até ali, uma espécie de terror escravizante as dirigiu nos deveres da adoração a Deus, mais do que o entendimento da liberdade da graça de Deus. Mas será que entender a liberdade da graça de Deus deve nos dirigir menos do que o terror escravizante o fez? Oh, espírito cego e frívolo que não conhece os caminhos de Deus, nem a liberdade da graça de Deus, nem as riquezas dela! Oh, que desonra tu és a Jesus Cristo e à liberdade da sua graça, que podes avançar de dia em dia sem jamais adorar a Deus! Será que Jesus Cristo veio a este mundo para fazer com que te afastes mais de Deus? A Palavra deixa bem claro que os deveres da adoração a Deus são deveres por meio dos quais a alma vem para aproximar-se dele.

Eu lhes imploro, meus irmãos, reparem nessas pessoas, se continua na vida delas aquela santidade, aquela espiritualidade que costumava haver. Não, vocês verão que eles descem, degrau por degrau, e às vezes vão em disparada para pecados grosseiros, se afundam muitas vezes na mentira e no engano, na bebedeira e nas más companhias — sim, avançam para coisas piores cada vez mais.

Talvez, no princípio, estejam prontos a dizer: "Será teu servo um cão morto para que eu faça isso?" Mas pelo fato de se afastarem de Deus, se tornam indiferentes para com os deveres santos. Conhecemos pessoalmente indivíduos que professam a religião, mas que não têm mais essa santidade, sublimidade e espiritualidade que lhes eram características em tempos passados; e não é de admirar, pois não se encontram mais tão perto de Deus como costumavam estar.

Vocês que são marinheiros e viajantes, às vezes estão perto do sol e então sentem calor, mas quanto mais se afastam do sol, mais se intensifica o frio. E assim acontece com quem negligencia a adoração a Deus, eles se afastam do Sol quente. Afastam-se da luz da face de Deus e da presença dele, e assim se esfriam e se tornam indiferentes. Gradualmente, tornam-se profanos, e é de temer que muitos deles desemboquem no próprio ateísmo.

Outra aplicação é uma exortação, que sejamos encorajados para adorar a Deus e nos envolvermos muito na adoração a ele. Hebreus 10.22: "aproximemo-nos". Quem não quererá aproximar-se de Deus? Que coisa boa é estar na presença dele! Não é algo agradável estar em sua presença? Achamos bom estar na presença de homens piedosos. Oh, que possamos sempre viver com esse tipo de gente e nos manter perto deles! O Doutor Taylor, mártir, regozijava-se nisto: ele podia ficar na prisão com um santo anjo de Deus, o santo Mestre Bradford. E lembro-me de alguns pagãos que diziam preferir a prisão juntamente com Calo a estar na maior glória com qualquer outra pessoa. É algo extremamente agradável estar na presença de Deus, estar com aquele que é o Deus da nossa vida e a Fonte de todo bem. Aproximemo-nos de Deus com frequência. Vejamos como misericórdia o fato de nos podermos aproximar de Deus. Na verdade, deveríamos ter sido banidos da presença do Senhor há muito tempo.

Em Apocalipse 22.4, é nisso que consiste a alegria da igreja: "contemplarão a sua face, e na sua fronte está o nome dele". Esse é o privilégio da igreja. E, por meio de Efésios 2.18, pode-se ver a bênção que isso significa: "porque, por ele, ambos temos acesso ao Pai em um Espírito".

"Por meio dele." Por meio de Cristo, temos acesso em um Espírito a Deus o Pai, e, agora, Paulo afirma: "Assim, já não sois estrangeiros e peregrinos, mas concidadãos dos santos, e sois da família de Deus", e no versículo 13: "Mas, agora, em Cristo Jesus, vós, que antes estáveis longe, fostes aproximados pelo sangue de Cristo", e o acesso que temos é por meio de Cristo. A nossa aproximação de Deus é um privilégio que custou o sangue de Cristo; e vocês não querem fazer uso desse privilégio? Vocês estavam longe em sua condição natural, mas agora foram aproximados por meio do seu sangue. Permitam que esse texto aqueça seu coração esta manhã, de forma que vocês que estavam longe sejam aproximados pelo sangue de Cristo, sejam aproximados de Deus. Esse será um meio de sempre dirigir seu coração a todos os caminhos por meio dos quais possam chegar-se mais perto de Deus.

Por meio da constante aproximação de Deus, vocês desenvolverão com abundância as suas virtudes. Como reagirão as suas virtudes? A presença de Deus desenvolverá e revelará as virtudes assim como a presença do fogo gera calor. A presença de Deus, portanto, estimulará nossas virtudes; isso nos levará a viver vida mais santa.

Lemos que Moisés esteve com Deus no monte durante quarenta dias, e, quando desceu de lá, seu rosto brilhava de tal forma que o povo não conseguia olhar para ele. Por que razão isso aconteceu? A razão é que ele estava muito perto de Deus. Será que o seu rosto brilha quando vocês estão em comunhão santa diante dos homens? Convivam muito com Deus, estejam com ele muitas vezes, fiquem perto dele e isso fará com que vocês brilhem como luzeiros no meio de uma geração pervertida e corrupta. Temos visto isso acontecer com algumas pessoas que convivem constantemente com Deus; há um verdadeiro brilho no rosto delas.

Além disso, gostar de estar perto de Deus é um sinal especial de termos sido adotados. O que se espera que uma criança goste mais do que estar na presença do seu pai? Será que é possível saber se recebemos o Espírito de adoção? Um dos sinais mais claros é gostar de chegar-se à presença de Deus. Como disse Davi: "Alegrei-me quando me disseram: Vamos à casa do Senhor". Talvez vocês conheçam muitos que gostam de estar na presença de Deus, eles pensam nisso o tempo todo e querem que chegue logo a hora. Não há lugar melhor do que estar com Deus. Quando entro na presença dele, seja em oração ou em qualquer serviço de adoração, percebo meu coração aquecido e vivificado. Dá vontade de dizer como Pedro: "Mestre, bom é estarmos aqui".

Outra coisa: é isso que nos dará a mesma mentalidade da vida que existe no céu. A única coisa que existe no céu é estar na presença de Deus. Ora, quanto mais perto de Deus te encontras nos deveres da adoração, mais estás no céu. E não é tua oração que a vontade de Deus seja feita na terra assim como é feita no céu? Ora, os santos e os anjos estão sempre diante de Deus adorando-o. Então, coloca-te o quanto puderes na presença de Deus. Se queres estar no céu, faze tudo para estar ali. Há muitos santos que sabem o que é isso.

Com os corações carnais isso não acontece: logo eles se cansam. Quando estão em oração ou ouvindo a Palavra, isso não acontece com eles. Sim, a razão é que não estão na presença de Deus. Em Malaquias capítulo 1, o que é esse cansaço? Vocês aguentam jogar até depois da meia-noite, e, mesmo que percam o jantar ou fiquem longe da sua família, para vocês não é nada difícil nem enfadonho fazer essas coisas que agradam a carne. Mas como vocês se cansam rápido quando vêm adorar a Deus! E então? O que é que vocês vão fazer no céu, onde não existe nada mais para fazer, por toda a eternidade, a não ser adorar a Deus?

Isso significa que chegar perto de Deus precisa tornar-se algo prazeroso para vocês. Não há nada neste mundo que agrade mais a Deus do que os seus santos chegarem à sua presença. O que é que agrada mais a um pai do que ter seus filhos perto de si? Não existe pai ou mãe que goste de ter seus filhos consigo mais do que Deus gosta que seus filhos se acheguem a ele e estejam com ele. Isso é tão verdadeiro que uma das grandes razões por que Deus permite que entres em aflição tantas vezes é que possas correr para ele. A criança vai correndo para o pai ou a mãe quando está amedrontada. A razão por que Deus permite que as pessoas te tratem mal é para que possas correr para ele, para usufruir mais da presença dele. Tu, pobre criatura, ouve, hoje, o seguinte: Não existe nada neste mundo em que Deus mais tenha prazer (depois da presença do seu próprio Filho, Jesus Cristo, e os seus santos e anjos que estão com ele no céu) do que em que seus filhos se aproximem dele, em tê-los sempre debaixo das suas asas. E então, pelo fato de te chegares à presença de Deus em adoração, se desenvolverá uma bendita familiaridade entre Deus e tua alma, pois te verás falando com Deus e ele também falará contigo.

Muitas vezes, acontece que bons amigos, amigos intimamente ligados acabam se afastando por ficarem longe um do outro por muito tempo. Dessa forma, gradualmente, a amizade deles enfraquece. Porém, se estão juntos todos os dias, e existe uma ligação de amor e companheirismo, a amizade deles se conserva viva e ativa. Mas, por exemplo, se ficarem longe por muito tempo, um aqui e o outro num país diferente, de forma que não tenham como ficarem juntos, saberão que o fato de não estarem juntos não provém de nenhuma negligência da parte deles. Isso não estorvará a amizade. Mas, se estão perto um do outro e não se visitam, isso será considerado negligência, e os distanciará um do outro.

Assim acontece também com nossa alma. Se não houvesse possibilidade de chegar à presença de Deus, então deixar de fazê-lo não atrapalharia a doçura do amor de Deus por nós. Mas uma vez que estão ao nosso alcance as atividades de adoração por meio das quais podemos nos aproximar de Deus, se as negligenciarmos, muito rapidamente perderemos nossa relação de proximidade com Deus. "Apega-te, pois, a Deus, e tem paz". Deus deseja que seus servos se apeguem a ele. O Senhor se agrada da relação de proximidade com os mais fracos dos seus santos, e desprezarás tu essa doce familiaridade com Deus?! A familiaridade com Deus te trará dois benefícios:

Em primeiro lugar, aqueles que estão mais próximos de Deus têm maior influência junto dele. Um estranho não consegue ser bem-sucedido nalguma petição da mesma forma que um amigo íntimo consegue. Por isso, meus irmãos, quando algum estranho chega à presença de Deus, Deus não o considera muito, mas quando os seus íntimos chegam à sua presença, os santos de Deus que se mantêm perto de Deus em constante comunhão e atividade nos deveres da sua adoração, Deus os trata como amigos chegados e eles são bem-sucedidos com Deus.

Em segundo lugar, essa é a forma pela qual é afastado o terror da morte. Não existe maneira melhor de remover o terror da ideia da morte do que manter comunhão íntima com Deus. A morte, então, passa a ser alegria para aqueles que comungam com ele. O reverendo Dr. [John] Preston (agora já com Deus) disse o seguinte quando estava prestes a morrer: "Eu só vou mudar de cidade, não vou mudar de companhia". Mas se te afastas de Deus, será bem diferente. Quando vier a morte, ela se apresentará com uma carranca terrível, pois aí terás de tratar com Deus. Terás, então de chegar à presença do Deus eterno e terrível, a cuja presença nunca antes tiveste disposição de ir. Mas a morte diz: "Preciso levar-te agora à presença de Deus". Quando teu corpo retornar ao pó, tua alma retornará a Deus, que a deu, para lhe ser atribuído seu destino eterno.

Mas um santo de Deus pode perguntar, e com razão: "Por que o meu corpo precisa retornar ao pó e minha alma a Deus, que a deu? Era com Deus que eu estava todos os dias. Posso dizer assim como ele disse: 'Alma minha, vai em frente, vai em frente. Por que estás indisposta a te dirigires a ele com quem tiveste comunhão todos os teus dias?'"

E, nessa ocasião, que segurança existe em estar perto de Deus, especialmente nestes nossos dias perigosos! Nestes dias em que vivemos, é seguro ficar perto de Deus. Salmo 22.11: "Não te distancies de mim, porque a tribulação está próxima". Davi estava dizendo: "Senhor, a tribulação está perto de mim; não fiques longe de mim". É muito precioso ter Deus perto de nós quando a tribulação chega. A tribulação está perto de muitos de nós. Talvez não haja nem um fio de cabelo entre nós e a morte. Como é precioso, então, ter Deus perto de nós!

O pobre pintinho se assusta quando vê o gavião chegando para pegá-lo. Mas, se a choca estiver por perto, corre para debaixo da segurança das asas dela. Assim deve ser conosco, pois Cristo disse a respeito de Jerusalém: "Quantas vezes quis eu reunir teus filhos, como a galinha ajunta os do seu ninho debaixo das asas!". Existe uma multidão de gaviões neste mundo, e nós somos criaturas pobres e desajeitadas. Mas como somos felizes, então, se podemos correr para debaixo da sombra das asas de Deus! Há uma espécie de sombra na presença de Deus para a alegria das suas criaturas, mas a sombra de Deus que temos quando o adoramos é como a sombra das suas asas. Existe a sombra da árvore, e ela talvez ajude quando se trata de certo tipo de tribulação, mas existe outra espécie de sombra debaixo da sombra das asas da galinha, porque essa sombra abriga os seus rebentos. Os homens do mundo, por assim dizer, têm à sua disposição a árvore, ou seja, a providência geral de Deus, que se estende a todas as criaturas; mas os santos de Deus que se achegam a ele contam com a sombra das asas de Deus, como a sombra das asas da galinha para o pintinho, que o conforta e protege. Cheguemo-nos a Deus, então, por meio da adoração e permaneçamos perto dele.

DEUS SERÁ SANTIFICADO NAQUELES QUE SE CHEGAM A ELE 59

ele contam com a sombra das asas de Deus, como a sombra das asas da galinha para o pintinho, que o conforta e protege. Cheguemo-nos a Deus, então, por meio da adoração e permaneçamos perto dele.

3

A Importância de Preparar-se para Adorar

*"Serei santificado naqueles que se chegarem
a mim" (Levítico 10.3)*

Antes de prosseguir, quero acrescentar apenas mais um detalhe ao que disse outro dia. Se, nas atividades de adoração, estamos perto de Deus, isso nos mostra a grande honra que Deus concede aos seus servos que o adoram. Indubitavelmente, aos adoradores de Deus é concedida grande honra pelo fato de o Senhor permitir que se aproximem dele. Aos seus olhos, são amados e preciosos. Não pretendo me estender nesse assunto; vou apresentar três passagens bíblicas que mostram a grande honra e consideração que Deus concede aos que ele permite vir e adorá-lo.

O primeiro texto é Deuteronômio 4.7. Ali, Moisés fala do povo de Israel e da grande honra que Deus lhes concedeu mais do que aos outros povos. Ele diz assim: "Pois que grande nação há que tenha deuses tão chegados a si como o Senhor, nosso Deus, todas as vezes que o invocamos?" Como é que ficava patente que a nação de Israel era maior que as outras nações? Pelo fato de Israel ter Iavé perto de si todas as vezes que o invocava.

Daí ser possível dizer que qualquer homem, mulher ou nação é grande, ou seja, grandemente honrada pelo Senhor Deus, pelo fato de terem o Senhor perto de si e estarem perto dele. Nisso consiste a grandeza de uma nação. Talvez penses que, se alguém fosse descrever a grandeza de uma nação, tivesse de referir-se a sua grande riqueza, o intenso comércio praticado por ela, e o solo fértil em que vive. Não, isso não constitui a grandeza de uma nação, mas "qual é a nação que conta com o Senhor Deus tão perto de si?" Nisso, sim, consiste a grandeza de uma nação, e um coração espiritual considerará que uma nação é grande quando conta com Deus perto de si.

O segundo texto bíblico encontra-se em Números 16.9, onde encontramos Moisés falando aos filhos de Coré, repreendendo-os pelo seu pecado. Ele mostra a dimensão do pecado deles ao dizer: "é para vós, porventura, coisa de somenos importância que o Deus de Israel vos tenha separado da congregação de Israel, para vos fazer chegar a si...?" Ou seja, vocês veem como algo insignificante o fato de poderem vir adorá-lo? Isso já não é honra suficiente?! É como se Moisés tivesse dito: "Por que vocês buscam mais honra do que essa? O Senhor os separou para trazê-los para perto de si!"

Objeção: Talvez você diga: "Mas isso foi dito aos sacerdotes!"

Resposta: Mas isso pode ser dito a toda e qualquer alma alcançada pela graça, pois Cristo fez de cada crente um rei, sacerdote e profeta para si mesmo. Ora, não existe crente que Jesus Cristo não tenha separado do resto do mundo para estar perto de Deus. Essa é a distinção com que Deus te destaca, tu és separado pela graça de Deus para ser alguém que está perto dele ao passo que outros deste mundo dele se afastam. Estão continuamente se afastando dele mais e mais. Mas o Senhor, por sua graça, te separou para si mesmo, e diz no Salmo 4.3: "Sabei, porém, que o Senhor distingue para si o piedoso". Tu estás separado do mundo. Com que finalidade? Para que possas estar perto dele. Esse é o teu privilégio, e deves considerá-lo como grande honra. Tu que estás perto dele, não recebes a honra e o respeito deste mundo como outros recebem, mas és um dos separados de Deus para estares perto dele.

Um terceiro texto bíblico encontra-se no Salmo 73.28. Ali podes ver como o profeta Davi tanto prezava a grande honra que Deus lhe havia concedido de estar perto dele: "Quanto a mim, bom é estar junto a Deus". Repare na maneira de Davi falar: "No que me diz respeito, para mim é bom". Por que ele diz isso? Veja o versículo 27: "Os que se afastam de ti, eis que perecem; tu destróis todos os que são infiéis para contigo". É como se ele dissesse: "Existem aqueles que outrora pareciam estar perto de ti, como a mulher está perto de seu marido, mas se prostituíram em relação a ti. Hipócritas desprezíveis, desprezíveis apóstatas, afastaram-se de ti para se prostituírem. O coração deles é carnal; quando te adoram, não acham o contentamento e a satisfação que teus santos encontram. Isso os faz prostituírem-se com relação a ti; quanto a mim, é bom chegar perto de ti".

É um excelente texto. Será que conheces algum jovem ou outra pessoa que, poucos anos atrás, avançava seguro, falava coisas boas e parecia regozijar-se na Palavra, mas agora se prostituiu? Afastaram-se de Deus e dos seus caminhos, e os prazeres da carne se apossaram do seu coração. "... exterminarás a todos os que se desviam de ti", disse Davi. Pensa, então, no teu próprio caso. Oh, como é miserável a condição daqueles que outrora professavam a religião, e agora se prostituíram com relação a Deus. "Mas quanto a mim, bom é aproximar-

-me de Deus. Eles se afastaram de ti, e tu os destruirás; mas quanto a mim, bom é aproximar-me de ti."

Eu me beneficio ao aproximar-me de ti, Senhor, e dou graças por toda ocasião em que me aproximei de ti, e sou grato por todas as maneiras em que minha alma se aproximou de Deus. Aqueles que adoram a Deus corretamente e têm prazer em adorá-lo desfrutam de grande honra. Eles chegam perto de Deus. Quanto ao primeiro ponto do nosso assunto, é isso.

O segundo ponto exigirá mais tempo. Refere-se à santificação do nome de Deus por meio da nossa aproximação dele.

Quando adoramos a Deus, aproximamo-nos dele, mas tomemos cuidado com a maneira como nos aproximamos. Hebreus 10.22: "aproximemo-nos, com coração sincero". E também Eclesiastes 5.1: "Guarda o teu pé, quando entrares na casa de Deus".

Com respeito a santificar o nome de Deus quando nos aproximamos dele, precisamos esclarecer, primeiro, o que é santificar o nome de Deus, ou o que devemos fazer para santificar o nome de Deus quando nos aproximamos dele; depois, em segundo lugar, a razão por que Deus deseja que seu nome seja santificado naqueles que se aproximam dele.

A maneira como devemos santificar o nome de Deus quando nos aproximamos dele diz respeito aos dois tópicos seguintes:

Em primeiro lugar, antes que adoremos a Deus, precisamos preparar-nos adequadamente.

Em segundo lugar, nossa alma deve comportar-se de forma correta quando adoramos. Fazer essas duas coisas é santificar o nome de Deus quando o adoramos. Tudo que eu disser para explicar o que significa santificar o nome de Deus dirá respeito a esses dois tópicos. Na mensagem de hoje, falarei apenas sobre o primeiro.

A correta preparação da alma para adorar a Deus

Essa é uma parte especial da santificação do nome de Deus quando nos aproximamos dele. A prova disso é que as Escrituras chamam a preparação para adorar de santificar-nos a nós mesmos. Encontrar isso nas Escrituras me sugeriu o tópico de falar sobre preparar-se para adorar santificando o nome de Deus, pois descobri nas Escrituras que santificar-nos a nós mesmos para adorar e preparar-nos a nós mesmos para adorar são a mesma coisa. Vou dar-lhes dois textos bíblicos:

Em 1Samuel 16.5, quando Samuel foi enviado por Deus para ungir Davi em Belém, vocês veem o profeta dizendo: "vim sacrificar ao Senhor. Santificai-vos e vinde comigo ao sacrifício". Os anciãos da cidade haviam perguntado: "É de paz a tua vinda?" Samuel respondeu: "Sim". E depois, o que ele disse? "Santificai-vos e vinde comigo ao sacrifício." É como se ele tivesse dito: "Preparem-se e venham comigo ao sacrifício". De forma semelhante, em Jó 1.5, vocês veem que o piedoso Jó, quando seus filhos festejavam, ficava temeroso que de alguma forma eles se desviassem e tivessem pecado contra Deus em suas festanças. Jó, embora não ouvisse de nenhum abuso evidente nas suas festanças, sabendo que é difícil dar-se o direito de agradar a carne sem com isso pecar, sem ultrapassar limites, temia mesmo assim que eles tivessem talvez pecado. Ele sabia como é perigoso agradar a carne dessa forma sem ultrapassar limites. Por essa razão, está escrito: "Decorrido o turno de dias de seus banquetes, chamava Jó a seus filhos e os santificava; levantava-se de madrugada e oferecia holocaustos segundo o número de todos eles, pois dizia: Talvez tenham pecado os meus filhos e blasfemado contra Deus em seu coração. Assim o fazia Jó continuamente".

Jó os enviava, preparando-os para oferecerem sacrifícios, preparando-os para adorarem a Deus. As Escrituras declaram, então, que, preparar-se para adorar é santificar-se para a adoração; de forma que é algo especial que se requer em nossa santificação a Deus, em nossa aproximação dele: fazer uma preparação adequada para a sua santa adoração. Agora, para lidar de forma ordenada com as coisas, devo primeiro mostrar-lhes que precisamos preparar-nos para adorar a Deus. Em segundo lugar, devo mostrar-lhes em que consiste a preparação para adorar a Deus. Em terceiro lugar, devo mostrar-lhes a excelência disso tudo, ou o enorme bem que existe na preparação para adorar a Deus. Em quarto lugar, responderei a um ou dois casos de consciência. Em quinto lugar, vou mostrar-lhes como deve comportar-se a alma quando santifica o nome de Deus. E, em sexto lugar, vou dar-lhes as razões por que Deus quer ser santificado nas atividades em que é adorado.

É preciso haver preparação para adorar a Deus. O Deus a quem vimos adorar é um Deus grande e glorioso. Uma vez que lidamos com Majestade tão infinita, gloriosa e temível, convém preparar-nos quando nos aproximamos dele. Essa é a razão por que, em Êxodo 19.10, quando Deus se aproxima do povo para lhes dar sua Lei, ele requer que se santifiquem hoje e amanhã, e que lavem as roupas e se preparem para o terceiro dia, pois no terceiro dia o Senhor descerá sobre o monte Sinai à vista de todo o povo.

Deus não insiste tanto nas suas vestes, mas era um lavar interior. Agora, meus irmãos, se quando Deus veio para dar a Lei eles tiveram de preparar-se, com certeza quando nós vimos adorar a Deus por meio do evangelho precisamos também nos preparar, porque Deus está vindo. O que é que podemos observar no fato de eles terem de gastar dois dias para fazer essa preparação? A razão era a presença de Deus. O Senhor disse a Moisés: "Vai ter com o povo, e santifica-os hoje e amanhã. Lavem os seus vestidos, e estejam prontos para o terceiro dia". Por que isso? Porque "no terceiro dia descerá Jeová à vista de todo o povo sobre o monte Sinai". O Senhor descerá no terceiro dia; por essa razão, santifica o povo.

Assim também, quando vais adorar a Deus, esperas (ou deverias esperar) que Deus virá até ti e que teu coração se aproximará de Deus — por essa razão, deves fazer algumas preparações. (Quanto ao tempo da preparação, falaremos mais adiante quando chegarmos aos casos de consciência sobre a preparação para adorar.) Em 1Crônicas 22.4-14, Davi faz preparação para a casa de Deus, porque era a casa de Deus que ele se propunha edificar. Embora ele mesmo não tivesse sido autorizado a fazê-lo, pelo fato de ser a casa de Deus, como foi grande a preparação feita por Davi! O que aprendemos desse episódio é que a casa de Deus, como tipo da igreja e a adoração a Deus bem como a Cristo, mostra que deve haver muita preparação quando lidamos com Deus em suas ordenanças.

Assim como Deus, de quem nos aproximamos, é grande, assim também as atividades da adoração a Deus são atividades grandes. Elas são as maiores coisas que nos dizem respeito neste mundo, e é sinal de um coração muito carnal menosprezar as atividades da adoração a Deus, considerando-as como assuntos de pouca importância. Os corações carnais geralmente consideram como assuntos importantes as coisas que dizem respeito aos seus negócios, às suas atividades aqui no mundo. "Ah, não posso negligenciar isto, não devo negligenciar aquilo, não posso tratar de qualquer jeito este negócio, ou não posso deixar de visitar ou agradar tal e tal amigo. Mas quanto a adorar a Deus... é de fato algo bom, mas se consigo fazê-lo ou não, para mim isso não faz muita diferença". Essa é a razão por que eles conseguem deixar de orar. Se tiverem algum negócio por fazer, é o tempo de oração que será sacrificado. Eles conseguem deixar isso de lado por qualquer motivo; não consideram as atividades relacionadas à adoração a Deus como assuntos importantes.

Meus irmãos, eu lhes imploro, aprendam esta lição hoje de manhã. Aprendam a considerar as atividades relacionadas à adoração de Deus como assuntos importantes. Elas são as maiores coisas que lhes dizem respeito aqui neste mundo, pois são a reverência que vocês oferecerão ao Deus Altíssimo, assim como vocês ouviram, e são as coisas por meio das quais Deus se comunica em suas maravilhosas misericórdias.

Sendo assuntos importantes, temos motivo para nos preparar para eles. Lutero disse que esse importante assunto da oração é um trabalho importante e difícil, e por essa razão é necessário que haja preparação. Quando uma profissão é de grande importância, preparamo-nos para exercê-la. Se uma atividade profissional é de somenos importância, de fato, podemos começar a exercê-la imediatamente. Tu não te preparas para entrar numa canoa num rio, mas para uma viagem farias questão de te preparares bem. Se ao menos os homens compreendessem a grandeza das atividades relacionadas à adoração a Deus, veriam a necessidade de se prepararem para elas.

Muita gente perde muito tempo pelo simples fato de não se preparar para suas atividades. Quando vêm cumprir o dever de adorar em oração, desperdiçam metade do tempo que deveria ser gasto em oração antes mesmo de começarem a orar. Assim também, quando ouvem a Palavra, demoram muito tempo para se acalmarem para conseguir prestar atenção nela, ou em qualquer outro tipo de adoração. Grande parte do tempo na adoração geralmente é desperdiçado antes mesmo de conseguirmos trazer nosso coração até a adoração. Esse é um grande e lamentável mal, perder qualquer parte do momento da adoração.

Cristãos, eu lhes imploro que valorizem muito o seu tempo de adoração. Vocês estiveram tanto tempo em oração, sim, mas quanto desse tempo se perdeu pelo fato de vocês não se terem preparado com antecedência para ele? Talvez vocês tenham se ajoelhado, mas ficaram assim um longo tempo antes de conseguir aquecer o coração nesse trabalho. Ora, vocês deveriam estar com o coração ardendo antes de terem vindo orar!

Muitas vezes, isso acontece com pessoas que se reúnem sem preparação para a atividade profissional que vão exercer. Eles se reúnem e demoram bastante tempo até chegar ao negócio em si que os levou àquela reunião, pelo simples fato de não ter havido uma preparação. Mas quando se faz preparação, cada membro sabe antecipadamente qual será sua responsabilidade. Eles podem começar de imediato e acabar em uma hora o que os outros levam duas ou três horas para fazer. Mas sobre isso falaremos mais tarde.

É preciso haver preparação porque, por natureza, nosso coração é extremamente despreparado para toda boa obra. Todos nós, por natureza, somos reprovados para toda boa obra. Os deveres da adoração a Deus são atividades elevadas, espirituais e santas, mas por natureza nosso coração rasteja na sujeira e somos carnais, sensuais, impuros, mortos, fracos, insensíveis e presunçosos, totalmente inadequados para entrar na presença de Deus. Oh, que nos preocupássemos e fôssemos sensíveis quanto ao despreparo do nosso coração para chegar à presença de Deus! Talvez, pelo fato de não conheceres a Deus, consigas correr à sua presença sem mais dificuldades; mas se te conheces a ti mesmo e a Deus, só conseguirás ver-te totalmente inadequado para a sua presença, admirando-te pelo fato de o Senhor não te lançar fora toda vez que te achegas a ele. É preciso haver preparação, então, pelo fato de sermos assim tão inadequados para chegar à sua presença.

É preciso haver preparação por causa dos grandes impedimentos que existem para adorar a Deus. Esta atividade e aquela outra vão atrapalhar. Esta confusão vai atrapalhar, as tentações do diabo vão atrapalhar. Às vezes, algum desconforto físico pode atrapalhar, e a excitação da nossa mente pode nos estorvar. Se alguma coisa estiver fora de ordem na família e qualquer coisa atravessar nosso caminho, como nos atrapalhamos e nos tornamos inadequados para os deveres santos! Por isso é preciso haver preparação, porque no caminho existe muita coisa que atrapalha. Muitos de vocês se queixarão que se sentem estorvados, mas será que estão fazendo o possível para se prepararem com antecedência? Será que os estorvos de que se queixam os ajudam a ser mais cuidadosos ainda para se prepararem de forma adequada para as atividades santas?

Os próprios pagãos, quando adoram seus ídolos, fazem algum tipo de preparação agradável aos deuses que adoram. Por essa razão, tomam banho e se purificam. Mas, embora sua preparação seja tão pobre, eles nos ensinam que sabem muito bem que, quando se vai adorar a Deus, é preciso preparar-se para isso.

Rogo-lhes que considerem este ponto de extrema importância. Vemos que as Escrituras consideram a sinceridade do coração como sendo a preparação para a adoração, e consideram a falsidade do coração como sendo a não preparação por parte da pessoa. Talvez não tenhas pensado muito sobre isso, mas é assunto de extrema importância para ti. As Escrituras consideram a retidão do coração como a preparação para os deveres, e a falsidade do coração do homem como o seguinte: ele não se esforça para preparar o próprio coração para Deus e sua adoração. Vou lhes mostrar isso de forma simples e clara.

Considere os dois exemplos a seguir. O primeiro é Roboão e o segundo é Josafá. Um deles foi um homem ímpio, cujo coração era falso, e o outro, um homem piedoso, cujo coração era correto para com Deus. A falsidade do coração do primeiro encontra-se em 2Crônicas 12.14. Nos versículos anteriores, pode-se ver o que Deus pensava de Roboão, mas neste versículo específico, ele apresenta a razão da sua sentença contra ele. Diz o texto: "Ele fez o mal, porque não preparou o seu coração para buscar a Jeová" (ARC).

Roboão fez várias coisas boas. Posso apresentar-lhes algumas delas. Uma dessas coisas foi que ele obedeceu ao profeta de Deus, quando estava tentando vingar-se daqueles que lhe negaram obediência. O Senhor enviou seu profeta, e Roboão, apesar de já ter preparado um exército para vingar-se dos que se rebelaram contra seu governo, obedeceu à Palavra de Deus; apesar disso, aos olhos do Senhor, mesmo fazendo isso, ele fez o mal. Deus o via como alguém que não era sincero. Por quê? Porque ele não preparou o seu coração para buscar a Jeová. Deus disse: "Eu considero como nada todas as coisas que Roboão fez. Vejo os seus caminhos como caminhos maus, e o considero como um homem ímpio." Por quê? "Porque ele não preparou o seu coração para buscar o Senhor. Se o seu coração tivesse sido sincero para comigo, ele teria preparado o coração para me buscar".

Rogo-lhes agora que guardem no coração esse texto. Vocês preparam o coração para buscar a Deus? Quando vão orar, podem dizer que se esforçam em preparar o coração para fazê-lo? E ao ouvirem a Palavra? E também quando recebem o Sacramento?

Josafá, por sua vez, era um homem piedoso. Em 2Crônicas 19.3, vocês podem ver o que o Senhor disse a respeito de Josafá, que era piedoso: "Boas coisas, contudo, se acharam em ti, porque tiraste os bosques da terra e preparaste o coração, para buscar a Deus" (ARC). Josafá tornou-se culpado de juntar-se a homens perversos. O profeta veio a ele e disse: "Deves tu socorrer aos iníquos e amar os que aborrecem a Jeová? por isso veio sobre ti grande ira da parte de Jeová". Vemos que Josafá, aqui, estava muito errado ao se unir com os ímpios, e foi repreendido pelo profeta da parte do Senhor. "O que é isso? Vais te juntar com os ímpios? A ira de Deus virá sobre ti."

Mas apesar disso tudo, repare no seguinte: No momento em que o Senhor está totalmente desgostoso com Josafá e envia seu profeta em seu nome para anunciar que a ira de Deus vai descer sobre ele; apesar disso tudo, Deus não pode deixar de mencionar que Josafá tinha um coração sincero, embora tivesse falhado naquela situação específica. "Apesar disso, achei algo bom em ti, é que preparaste o coração para buscar a Deus". É como se Deus dissesse: "Na verdade, por causa de algumas tentações súbitas, te desviaste nesta situa-ção específica, sim, mas tens te esforçado para preparar teu coração para me buscar, e, por essa razão, olho para ti como para alguém que tem um coração sincero".

Por esses exemplos, podes ver como as Escrituras dão importância à preparação do coração para buscar a Deus. Em 1Samuel 7.3, vemos o que as Escrituras definem como sinceridade de coração: "Falou Samuel a toda a casa de Israel, dizendo: Se é de todo o vosso coração que voltais ao Senhor, tirai dentre vós os deuses estranhos e os astarotes, e preparai o coração ao Senhor, e servi a ele só, e ele vos livrará das mãos dos filisteus". É como se Samuel tivesse dito: "Se vocês estão de fato voltando ao Senhor, se de fato o seu coração é sincero (se está em harmonia com o que vocês professam voltando-se a Deus), então preparem o coração para buscar o Senhor". Na verdade, vocês não estão voltando de fato a Deus a não ser que se disponham a preparar o coração. Por isso, vocês que não sabem o que é dispor-se a preparar o coração para os santos deveres, saibam que não se voltaram com todo o coração para o Senhor. Ainda não houve um retorno verda-deiro do seu coração para o Senhor. Dessa forma, vocês veem que muita coisa depende da preparação para as atividades de adoração a Deus.

Enquanto tratamos este segundo ponto, posso ouvir alguém dizer: "Muito bem, já que é um assunto de tanta importância, por favor, diga-nos em que consiste a preparação do coração".

A preparação para adorar consiste nas cinco coisas a seguir:

Em primeiro lugar, termos no coração uma correta percepção de quem é o Deus diante do qual vimos oferecer nosso respeito. Quando nos esforçarmos para ter o coração possuído de antemão com uma correta percepção da majestade do Deus a quem estamos indo adorar, e da grandeza e responsabilidade da atividade que estamos para exercer, a sua natureza, a maneira pela qual deve ser executada, o preceito pelo qual devemos nos orientar, e o objetivo que devemos almejar, então nos esforçaremos para preparar nosso coração.

Meditar é uma boa preparação para os deveres santos. E aqui estão os pontos gerais da nossa meditação para preparar-nos para nossos deveres: que Deus é esse ao qual havemos de dar contas. Meditem nos atributos de Deus, o que significam e como dizem respeito a vocês. Encham o coração de meditações dessa natureza; ao fazê-lo de forma específica, estarão se preparando para os deveres santos. Essa é a primeira coisa.

A segunda coisa em que consiste a preparação para o cumprimento de um dever é apartar o coração de todo caminho pecaminoso (pelo menos esforçar-se para fazê-lo). Se existe iniquidade em tua mão ou coração, esforça-te por abandoná-la. Quando vens à presença de Deus, não tragas no coração à presença dele o amor a qualquer pecado, mas esforça-te para expulsá-lo do teu coração. Em 2Crônicas 29.5, constatamos o que se requer para a preparação. Ezequias disse a eles: "Ouvi-me, ó levitas! Santificai-vos, agora, e santificai a Casa do

Senhor, Deus de vossos pais; tirai a imundícia do santuário". Santificar alguma coisa é tirar toda a imundícia daquilo que pretendemos santificar. Assim, a tarefa de santificar nosso coração é feita removendo dele a imundícia, de forma que esteja ajustado para determinada tarefa. Jó 11.13-14: "Se tu preparaste o teu coração, estende as tuas mãos para ele; se há iniquidade na tua mão, lança-a para longe de ti e não deixes habitar a injustiça nas tuas tendas" (ARC). Essas duas coisas precisam andar juntas.

Uma terceira coisa é a seguinte: preparar o coração é desembaraçá-lo do mundo e de toda associação com o mundo. Diz a ti mesmo o seguinte: "Estou para adorar a Deus, mas como será que meu coração está seduzido e emaranhado nesta e naquela atividade? Ora, quando venho adorar a Deus, preciso deixar tudo de lado." Eis como se prepara o coração, separando-o para determinada tarefa. Essa é a natureza da santificação: separar alguma coisa do uso comum. "Estou para adorar a Deus. Preciso esforçar-me para separar meu coração para adorá-lo. Preciso esforçar-me para separar meu coração de um uso comum. Em outras ocasiões, Deus me dá liberdade para usar meu coração em atividades comuns, mas, quando venho adorá-lo, preciso separar meu coração de todo uso comum, de forma que meu coração esteja totalmente disponível para Deus".

Quando Cecil, que era tesoureiro, começava a ler, costumava despir-se da sua toga, e dizer: "Fica aí, nobre Cecil". Assim, quando nos envolvemos nas santas atividades, devemos dizer: "Fica aí, mundo". Quando digo deixar o mundo de lado, refiro-me a deixar de lado todas as atividades domésticas ou responsabilidades de trabalho e assim por diante. Tenho de tornar-me como alguém que não tem nada no mundo para fazer naquele momento. É verdade que não se pode dizer que o tempo se torna santo quando se faz isso, assim como é santo o Dia de Descanso.

Pergunta: Por que razão não se pode dizer que é santo qualquer momento que eu emprego nos deveres santos?

Resposta: Isso não é suficiente para tornar santa a ocasião, pois o tempo que Deus faz santo não é santo por causa dos deveres que executo durante aquele tempo, mas os deveres que executo então são mais aceitáveis porque são desempenhados durante o tempo que ele estabeleceu. De forma que isso faz santo um lugar não porque é usado para atividades santas e deveres santos, mas porque é dessa forma indicado por Deus, e desempenhar um dever nesse lugar é mais aceitável a Deus do que em outro lugar qualquer. Mas agora, embora não possamos tornar santo nosso tempo nesse segundo sentido, mas no primeiro sentido é tempo separado para uso santo, e nesse sentido ele é santo. Devemos, então, cuidar para que nossas atividades exteriores não dissipem esse tempo que nesse sentido é santo. Quando Tobias e Sambalá chamaram Neemias para conferenciar com eles, ele respondeu: "Não, não posso ir, pois tenho uma obra muito importante para fazer". Assim também não devemos nos envolver e enredar com outras coisas quando vimos adorar a Deus, pois temos trabalho importante para fazer.

A quarta coisa para nos prepararmos é vigiar e orar. Precisamos vigiar nosso coração, senão ele se tornará inadequado para aquilo que devemos fazer. Devemos preparar-nos para orar o dia todo neste sentido. Isto é, devemos vigiar nosso coração de forma que não se afaste de tal maneira que acabará nos atrapalhando para orar quando viermos para a oração. Lembro-me que Tertuliano disse que os cristãos ceavam como se estivessem para orar. Assim, quando estás com outros, deves vigiar para orar. Oh, que faças isso! Precisas lembrar que muitas vezes, quando estiveste com outras pessoas, teu coração desafinou e ficou indisposto de tal forma que não tinhas disposição nem estavas preparado para orar. Quando voltas para casa, teu lar e tua família percebem isso. Tu que gostas tanto de estar na companhia dos outros e de ficar acordado até tarde, apelo à tua consciência: será que consegues voltar para casa disposto a abrir o coração tanto em família como em teu quarto a sós?

A propósito, essa é uma forma de saberes se tens agido de forma imoderada em qualquer ocasião em que estás na companhia de outras pessoas. Deus não nos concede liberdade para nos envolvermos em qualquer coisa no mundo que nos desqualifique para o seu serviço. Para te preparares, precisas vigiar o coração de tal forma que não fiques incapacitado para qualquer dever santo quando Deus te chama para exercê-lo, mas que estejas pronto para toda boa obra.

Em quinto lugar, preparar-se é ter prontas as faculdades da alma e as virtudes do Espírito de Deus para exercer um dever santo. Quando um homem ou mulher tem prontas as faculdades da alma e as virtudes que neles estão, para entrarem em ação tão logo comecem a exercer um dever, eles se assemelham a um conjunto de sinos que, no instante em que se começa a puxar a corda, entram todos em harmonia de acordo com o tom de cada um. Assim deve acontecer com nosso coração, com as faculdades da nossa alma e nossas virtudes. Embora no momento não estejamos exercendo nenhum dever, devemos estar prontos para fazê-lo de tal forma que todas as faculdades da nossa alma e virtudes do Espírito de Deus, por assim dizer, trabalhem de forma harmoniosa.

Existem pessoas que mantêm o coração tão preparado que, no instante em que começam a adorar, todas as suas faculdades e virtudes começam a agir e a se movimentar e operam juntas para Deus como um fogo. Quando se dispõe a lenha toda, ela imediatamente começa a queimar até apagar-se — assim deve ser com nosso coração. Dessa forma, vocês podem ver em que consiste a preparação do seu coração para exercer os deveres santos.

A próxima coisa que pretendo tratar é a excelência dessa preparação. Isso vai fazer com que tenhamos em alta consideração a preparação para os deveres santos. Essa preparação é extremamente benéfica.

Em primeiro lugar, é dessa forma que fazemos com que se torne fácil para nós toda atividade de adoração. As coisas são difíceis quando tentamos fazê-las sem preparação. Se um amigo teu chega de repente para almoçar ou jantar, e não tens nada preparado, isso provoca uma grande agitação na casa. Mas se tens tudo preparado, a visita será recebida de forma bem tranquila. A razão por que as pessoas se queixam tanto da dificuldade de executar seus deveres é que seu coração não está preparado. Na verdade, por natureza temos várias coisas que nos afastam de Deus, mas, quando o coração está preparado para um dever santo, ele facilmente se dirige a Deus, lançando-se no oceano infinito de toda misericórdia e bondade. É como um navio que se lança no mar depois de ser preparado para ele; e o coração pode avançar até Deus com uma santa ousadia quando o preparaste para os santos deveres.

Em Jó 11, no lugar que citei anteriormente sobre a obra de preparação, considera mais um ou dois versículos e verás como é grande o bem que provém de conservares preparado o coração nas coisas que são boas. Versículo 13: "Se tu preparaste o teu coração". E depois o versículo 15: "o teu rosto levantarás sem mácula; e estarás firme e não temerás" (ARC). Quando o coração está preparado para o que é bom, quando ele chega à presença de Deus, é capaz de elevar-se sem medo, firme, à vontade, e isso compensará o custo de qualquer esforço feito.

Em segundo lugar, se o coração está preparado, fará grande progresso em pouco tempo. Em 2Crônicas 29.36, lemos o seguinte: "Ezequias e todo o povo se alegraram por causa daquilo que Deus fizera para o povo, porque, subitamente, se fez esta obra...". Quando estavam preparados, tudo aconteceu espontaneamente, de improviso. Ezequias regozijou-se e bendisse a Deus pela grande misericórdia que isso representava. É uma grande misericórdia contar com o coração preparado do povo para uma boa obra. Assim também em 2Crônicas 27.6: "Assim, Jotão se foi tornando mais poderoso, porque dirigia[2] os seus caminhos segundo a vontade do Senhor, seu Deus.". Jotão tornou-se poderoso por causa disso, e com certeza a maneira de tornar-se forte e poderoso, de ser capaz de fazer muito em pouco tempo é preparar-se.

Pode-se fazer o mesmo trabalho em uma hora aquilo que se faria em dez horas sem preparar o coração. Em Esdras 7.10, encontras que a razão pela qual Esdras obteve tanto sucesso em sua viagem é que ele havia preparado o coração. Prepara-te para os santos deveres e serás bem sucedido nesses santos deveres. Há um texto extraordinário sobre esse assunto no Salmo 10.17: "Tu, Jeová, tens ouvido o anelo dos humildes; tu prepararás o seu coração, farás atento o teu ouvido" (ACF). Quando Deus prepara o coração, ele faz atento o seu ouvido para ouvir. Jamais se fez uma oração com o coração preparado para essa ocasião sem que essa oração tenha sido ouvida. As duas coisas andam juntas. "Tu, Jeová, prepararás o seu coração e farás atento o teu ouvido para ouvir". Se Deus já preparou teu coração, podes estar certo que serás ouvido. Não é mais precioso que tudo saber que és aceito por Deus em qualquer atividade de adoração que ofereces a ele? Esse texto bíblico

---

2 N. do T.: O verbo traduzido como dirigir ou ordenar também pode ser traduzido como preparar, assim como fazem a King James Version (inglês) e Reina-Valera (espanhol).

do Salmo 10.17 mostra isso. Oh, como é precioso preparar-se para os santos deveres!

Há mais uma coisa digna de nota: quando o coração está preparado para os deveres, o Senhor desconsidera deficiências e imperfeições na execução desses deveres. Quando vens cumprir os deveres santos, estás atribulado. "Será que o Senhor levará em consideração um dever executado dessa forma?" Podes ficar certo que o Senhor o levará em consideração se tens em teu favor que te preocupaste na preparação para esse dever. Será que podes dizer: "Senhor, esforcei-me e fiz o que pude para ajustar meu coração para este dever. Mas, ó Senhor, descobri que, ao executá-lo, há enormes perturbações, muita indiferença e orgulho. O que devo fazer?".

Consegues sustentar isso e recorrer a Deus dizendo que de fato te esforçaste na preparação? Vou te dar um texto bíblico para aquietar teu coração nesse assunto, que a deficiência na execução do dever é perdoada e pouco levada em conta onde houve preparação prévia. 2Crônicas 30.18-19: "... porém Ezequias orou por eles, dizendo: O Senhor, que é bom, faça reconciliação com aquele...". Com todo aquele que o quê? "... que tem preparado o coração para buscar ao Senhor Deus, o Deus de seus pais, ainda que não esteja purificado segundo a purificação do santuário" (ARC). É como se ele tivesse dito: "Ó Senhor, há muita coisa inadequada neste povo. Em muitos aspectos, eles não estão purificados de acordo com o preceito que tu estabeleceste. Mas, Senhor, se consegues divisar algum coração pronto a te buscar, embora sejam falhos nesses particulares, Senhor, cura-os e perdoa-lhes".

Será que Deus ouviu essa oração? Repare nas seguintes palavras: "Jeová deu ouvidos a Ezequias, e sarou o povo".

Deus disse: "Não, se eles prepararam o coração para me buscar, não vou insistir tanto nesse assunto da purificação do santuário". Considera este texto bíblico, sabe que foi escrito para tua instrução, e podes usá-lo em favor da tua própria alma ainda hoje. Se podes afirmar a Deus que foste cuidadoso no preparar o coração quanto foste capaz de fazer, o Senhor te perdoa e te sara. Sê minucioso na preparação para os santos deveres.

Além disso, ao seres cuidadoso na preparação para os deveres, em pouco tempo trarás teu coração a uma disposição tal que estará sempre pronto para a execução do dever sem muita dificuldade. Na verdade, no princípio isso é um tanto dificultoso.

Pergunta: Tu dirás: "Será que primeiro precisamos gastar algum tempo toda vez que vamos orar ou toda vez que vamos ouvir a Palavra?".

Resposta: Sejam cautelosos na preparação para os deveres, vocês que acabaram de começar, ou vocês que fizeram profissão bastante tempo atrás, mas ainda não têm no espírito o peso desses deveres. Sejam zelosos por um tempo para se prepararem para todo e qualquer dever referente à adoração a Deus, deveres a que ele os convoca, e lhes afirmo que em pouco tempo conseguirão trazer o coração a uma disposição tal que estarão prontos a qualquer tempo para executar os deveres santos porque serão capazes de atingir a disposição mental e espiritual a que o apóstolo nos exorta: "Orai sem cessar".

Na verdade, é assim que deve ser conosco. Devemos sempre estar preparados tanto para orar, ouvir a Palavra, ou receber os sacramentos. Agora, pelo fato de os sacramentos serem administrados com menos frequência, aqueles que têm a consciência iluminada pensam que precisam preparar-se apenas para os sacramentos; mas vocês deveriam sempre estar em preparação para receber os sacramentos assim como os cristãos primitivos estavam. E aqueles que estão familiarizados com o assunto da preparação para os deveres chegaram a tal disposição de espírito que não precisam de muito tempo nem para o sacramento nem para os outros deveres, pois estão constantemente preparados. De forma que, a qualquer hora do dia, se Deus os chama para orar, podem imediatamente cair de joelhos e orar de maneira que o nome de Deus seja santificado em oração.

Será uma excelente disposição de espírito, de fato, se podes andar de forma tão espiritual e santa diante de Deus que não haja nem quinze minutos da manhã até a noite, nem do início ao fim da semana em que, se fores chamado a orar ou a receber o sacramento, tenhas teu coração pronto, de forma que possas vir à presença de Deus com o coração preparado, e seres capaz de santificar o nome dele nesse dever. Familiariza-te com essa obra de preparação, e assim terás coração adequado para vir à presença de Deus a qualquer hora.

4

DUAS QUESTÕES DE CONSCIÊNCIA

*"Serei santificado naqueles que se chegarem
a mim" (Levítico 10.3)*

A esta altura, há dois casos de consciência que precisam ser resolvidos, e então prosseguiremos para outros assuntos:

Primeiro, será que toda vez precisamos separar algum tempo para nos prepararmos para desempenhar nossos deveres referentes à adoração a Deus?

Segundo, na hipótese de não termos o coração preparado como gostaríamos que estivesse, será que é melhor não cumprir nossos deveres, ou devemos mesmo assim cumpri-los?

CASO 1. Será que sempre precisamos dedicar algum tempo para nos prepararmos para o dever que estamos para desempenhar?

RESPOSTA: Precisamos fazer distinção entre pessoa e pessoa. Existem alguns que estão treinados no caminho da piedade e conservam o coração perto de Deus no caminho da santidade. Com respeito a esses, supõe-se que, pelo fato de se exercitarem nos caminhos da piedade e por guardarem o coração em constante comunhão com Deus, andando perto dele, estão a todo tempo "preparados para toda boa obra" e preparados para cumprir o mandamento do apóstolo: "orai sem cessar". Ou seja, na disposição do coração, estão preparados a orar a qualquer hora. Não há dia na semana nem hora no dia em que não estejam prontos (se Deus os chamar a isso) para dedicar-se à oração solene. E o fato que a todo tempo estão preparados para orar e preparados para qualquer ordenança, sim, que estão prontos a receber o sacramento da Ceia do Senhor, é uma situação excelente e uma boa evidência de um coração que anda perto de Deus.

É possível manter o coração tão perto de Deus a ponto de estar preparado para orar, ouvir a Palavra e receber o sacramento todos os dias, ou a qualquer hora do dia — mas isso exige andar bem perto de Deus e manter comunhão com ele, e a verdade é que isso é muito raro. A maioria das pessoas dedica o coração tanto a outras coisas, que a única coisa que sua consciência consegue fazer, se Deus os chamar para orar a qualquer hora do dia, é mostrar que estão totalmente despreparados para esse dever. Mas com aqueles que andam perto de Deus é diferente, apesar de estarem no mundo.

Talvez você replique: "Mas e se uma pessoa tem seus negócios neste mundo, como é que isso pode ser feito?"

Sim, embora tenham seus negócios no mundo, ainda assim carregam consigo o ambiente celestial no coração. "Pois a nossa pátria está nos céus", disse o apóstolo em Filipenses 3. A palavra traduzida como "pátria" significa afazeres ou obrigações civis. Nosso negócio, nossa ocupação diz respeito ao céu. Quando nos dirigimos à cidade ou quando fazemos qualquer negócio, nossa ocupação sempre diz respeito ao céu.

Mas existem tipos diferentes de pessoas que necessitam a todo tempo checar o coração com o fim de se prepararem, como aqueles que estão começando em seus deveres religiosos. Os recém-convertidos que estão começando a voltar o rosto para o céu para adorar a Deus precisam examinar o coração. Eles devem gastar algum tempo preparando-se quando vêm exercer os deveres santos, e a verdade é que, logo que a consciência de um homem ou mulher é iluminada e despertada, eles são muito cuidadosos na preparação para os deveres santos. O temor de Deus está sobre seu espírito no princípio, e não deve ser diferente à medida que avançarem na vida de fé. A constância no temor a Deus deve trazer o coração deles a uma tal disposição que os fará sempre prontos para os deveres santos.

Em segundo lugar, os homens e mulheres que a toda hora pecam contra a própria consciência cometem esses pecados, por assim dizer, arruinando a própria consciência e rompendo a paz entre Deus e sua alma. Eles precisam gastar algum tempo preparando-se para os deveres santos. Não podem vir à presença de Deus para gozar comunhão com ele; precisam primeiro fazer um exame sério do seu coração, esforçando-se para conduzir o coração a lamentar pelo seu pecado, e esforçar-se para dominar sua alma na presença de Deus antes de virem exercer os deveres santos. Esses dois tipos de gente — os que não estão treinados nos caminhos da piedade, e os que romperam sua paz com Deus com alguma conduta má para com Deus em algum mau caminho — desses é requerido que sejam mais sérios e cuidadosos no trabalho de preparação.

Caso 2. O segundo caso é o mais importante. Suponhamos que viemos aos deveres santos, começamos a examinar o coração, começamos a nos perguntar se estamos preparados ou não para esses deveres, e descobrimos que o coração não se encontra preparado da forma que gostaríamos que estivesse. Será que nesse caso devemos deixar de cumprir nossa obrigação, deixando de orar, receber o sacramento ou ouvir a Palavra, ou cumprir qualquer outro dever santo?

A razão dessa pergunta é que, quando algum homem ou mulher é cuidadoso, percebe que precisa santificar o nome de Deus no exercício dos deveres santos. E quando não encontra o próprio coração numa disposição que santifica o nome de Deus nos deveres santos, logo pensa assim: "Será que não seria melhor me omitir deste dever, deixando-o de lado nesta ocasião? Será que Deus aceita o desempenho de um dever quando o exerço sem estar preparado para ele?"

RESPOSTA: Essa tentação às vezes assedia os corações carnais, que estão prontos a ceder a ela, dispondo-se a se omitir do dever quando pensam que não estão preparados. E a verdade é que preferem deixar de exercer seu dever a lamentar-se por não terem preparado o coração para ele. Rogo que penses nisto: será que, às vezes, quando não estás pronto a exercer um dever santo, será que não existe mais uma secreta disposição do coração para se omitir daquele dever do que uma tristeza de coração pelo fato de não estares pronto para executá-lo?

Esse é um péssimo sinal, mostra que o coração está profundamente desordenado. Aqueles que são piedosos descobrem, de fato, que, quando percebem seu próprio coração despreparado para o dever, isso se torna a preocupação da sua alma. Esse é o interesse do seu coração. Ao perceberem que estão prestes a perder um dos deveres relativos à adoração a Deus, que estão prestes a perder a comunhão com Deus no exercício de um dever santo, verificam que se encontram em má situação com respeito ao assunto, e isso os torna alertas no futuro para tomarem cuidado com as coisas que os deixaram tão despreparados como agora. Se isso acontece contigo, é um bom sinal de que o teu coração está certo com Deus, embora, por causa da fraqueza, no momento esteja despreparado para o exercício do dever.

Mas suponhamos que descubro estar despreparado e me entristeço e aflijo por causa disso (porque isso obrigatoriamente precisa ocorrer). Será que é melhor deixar de exercer o dever nesta ocasião do que executá-lo de maneira despreparada?

Em primeiro lugar, respondo que a omissão a um dever, ou deixar de exercer um dever não prepara nunca a alma para exercer esse dever mais tarde. Não há como fazer com que tua alma se torne depois mais ajustada pelo fato de teres deixado de executar um dever no presente. Observa o teu próprio coração e descobrirás isso por experiência própria. Estiveste ocupado nalgum dever deste mundo, e houve ocasiões que te estorvaram de forma que teu coração não se encontrava disposto e adequado para determinado dever e deixaste de executá-lo. E então? Será que no dia seguinte estavas mais preparado? Se negligencias algum dever pela manhã por causa de qualquer negócio, será que estás mais pronto para exercê-lo à noite pelo fato de teres deixado de executá-lo pela manhã? Verás que não é assim que acontece.

Deixar de executar um dever agora não fará com que a alma esteja mais preparada para exercê-lo mais tarde. Por essa razão, não é sábio abster-se de um dever pelo fato de não estar preparado, porque a omissão nunca haverá de ajudar a preparar-se para fazer isso depois, pelo contrário, fará que a alma esteja mais despreparada ainda para aquele dever. Lutero tinha uma forma excelente de expressar o assunto: "Aprendi por experiência própria que, quanto mais deixo de exercer algum dever, mais me torno despreparado para ele, e mais motivo tenho para me detestar". Não te tornas mais preparado quando te omites de algum dever. Por isso, considera isso como nada mais nada menos que uma tentação.

Essa é a segunda coisa que desejo apresentar àqueles que se omitem de algum dever pelo fato de não estarem preparados. Isso não passa de uma tentação para afastá-los desse dever, para dizer-lhes que não estão preparados. E se vocês deixam de exercê-lo porque não estão preparados, acabam fazendo a vontade do diabo, e o diabo alcança seu objetivo, ficando encorajado a tentá-los noutra ocasião, pelo fato de ter alcançado o que queria ao fazer com que vocês deixassem de executar o seu dever.

Primeiro, ele trabalha para deixá-los despreparados para o dever, e então os tenta para deixar de exercê-lo pelo fato de estarem despreparados. Essa é a sutileza do diabo. Que outra razão faz com que vocês estejam despreparados? Isso se deve à tentação do diabo. Lutero foi um homem que tinha mais intimidade com Deus do que qualquer outro da sua época, e era homem que tinha razões bastantes para desviar o coração de Deus, e estava sujeito a tantas tentações e pesava sobre ele a responsabilidade de tantas atividades como em nenhum outro (pois na verdade, abaixo de Deus, a grande causa de Cristo em todo o mundo cristão deve-se, em grande medida, aos seus esforços). Mesmo assim, ele disse: "Se alguém pensa que precisa deixar de orar enquanto a alma não é purificada de pensamentos impuros, nada mais faz do que ajudar o diabo, que é poderoso". Essa pessoa pensa que age com sabedoria ao deixar de exercer o dever pelo fato de não estar preparada e porque tem maus pensamentos e tribulações no espírito, mas conforme Lutero disse, ela nada mais faz do que agradar ao diabo, que já é suficientemente forte sem que façamos isso. Oh, sejamos prudentes para não fazermos a vontade do diabo quando este nos tenta! Por essa razão, lembrem-se de que, quando pensarem deixar de exercer algum dever simplesmente pelo fato de não estarem preparados para ele, isso nada mais é do que uma tentação.

Minha terceira resposta a essa pergunta é a seguinte: se alguém executa algum dever relativo à adoração na sinceridade e força de que é capaz, embora não esteja preparado da forma que deveria, ainda é melhor fazê-lo do que negligenciá-lo. É verdade que algumas pessoas executam os deveres de maneira puramente formal, para satisfazer a própria consciência ou para disfarçar e cobrir seus pecados ou algo parecido. Talvez executem seus deveres de tal forma que seria melhor não executá-los do que executá-los da forma como o fazem; mas se te esforçares o máximo que puderes para fazê-lo, embora não estejas tão preparado como gostarias, ainda é melhor fazê-lo do que te omitires de executá-los. E descobrirás que um dever te prepara para executares o próximo.

Embora ele não seja feito como eu gostaria que fosse, se eu o executar tão bem quanto me é possível fazê-lo naquele momento, isso me ajudará a fazê-lo melhor na próxima vez — com toda a certeza. Assim como um pecado prepara o coração para outro pecado, assim um dever prepara o coração para outro dever. Suponhamos que alguém comete um pecado, mas possui uma consciência iluminada que o impede de cometer seu pecado com toda a força com que gostaria de fazê-lo. Muitas pessoas têm a mente voltada ao pecado, mas pela iluminação da sua consciência, não conseguem pecar com todo o prazer com que gostariam, porque sua consciência os perturba e atrapalha. Mas, apesar disso, pela força da sua corrupção, conseguirão romper as barreiras e cometer esse pecado. Embora de início não consigam cometê-lo com o prazer e a liberdade como o fazem noutras ocasiões, se as suas corrupções são fortes ao ponto de desconsiderarem a luz da consciência, a próxima vez que forem cometer esse pecado, elas o farão com muito mais liberdade e facilidade.

Isso pode ser comprovado pela experiência. Todos vocês que examinam com cuidado o próprio coração verão que as coisas são assim mesmo. Vocês são tentados a pecar. Mas não conseguem fazê-lo com tanta liberdade como gostariam, mas mesmo assim avançam para o pecado. Se esse é o caso, verão que a próxima vez cometerão esse pecado com mais liberdade. E assim um pecado prepara para o seguinte. Pode ser que vocês tenham algum problema de consciência no início, mas a próxima vez terão menos dificuldade, até por fim conseguirem cometer esse pecado livremente sem nenhum problema de consciência.

Da mesma forma que acontece com o pecado, muitas vezes, de certa forma, acontece nos assuntos relativos à piedade. A princípio, vocês têm um impulso para executar algum dever santo, mas por causa dos sinais da sua depravação vocês não estão preparados para esse dever. Se vocês simplesmente abrirem caminho através dessa dificuldade, a próxima vez estarão mais preparados, e a próxima vez depois disso estarão mais preparados ainda, e assim mais e mais preparados, da mesma forma que acontece com o pecado. Se alguém, quando tem algum problema de consciência, apenas der ouvidos à sua consciência e não cometer esse pecado, sua consciência se tornará mais e mais forte nele e o fortalecerá contra esse pecado. Assim, se qualquer homem ou mulher der ouvidos à tentação de deixar de exercer qualquer dever, e não o executar porque não estão preparados, verão que depois disso a tentação se tornará mais forte ainda. Por essa razão, dedica-te ao dever, e o desempenho de um dever vai preparar-te para o dever seguinte.

Em quarto lugar, enquanto homens e mulheres estão lutando com sua alma e a depravação do coração, e não se dedicam a buscar a Deus, nessa mesma luta para se prepararem, muitas vezes, são apanhados numa armadilha. Pode ser que tenhas pensamentos de incredulidade ou alguma outra perversidade. A própria luta com esses pensamentos pode enganar teu coração. O melhor caminho é dedicar-se à oração e clamar a Deus que te ajude contra eles. Porque quando estás lutando e te empenhando contra esses pensamentos, estás lutando sozinho com a corrupção do teu coração e com o diabo; mas, quando te dedicas ao dever, apelas para a ajuda de Deus e de Jesus Cristo, e isso é muito melhor. Enquanto teimas, labutas e afliges o coração dessa forma, estás lutando sozinho; mas, quando te dedicas ao dever, então apelas para a ajuda de Deus, e assim estás mais apto para executar o dever do que estavas anteriormente. Por isso, a melhor maneira é te dedicares ao dever. Embora não encontres teu coração preparado como gostarias que estivesse, a própria dedicação ao dever fará com que estejas preparado para ele. Isso basta para respondermos a esses dois casos de consciência.

Agora, então, vamos avançar na explicação do que é santificar o nome de Deus por meio dos deveres santos. Vamos falar da preparação do coração.

PERGUNTA: Quando nos chegamos para exercer os deveres santos, como deve o dever ser executado de forma que o nome de Deus seja santificado nele? Ou qual deve ser o comportamento da alma para santificar o nome de Deus quando ela está executando o dever?

RESPOSTA: Em primeiro lugar, eu santifico o nome de Deus quando minha alma se esforça para desempenhar os deveres de forma que Deus receba a glória desse dever da maneira que é apropriado que um Deus a receba.

Talvez vocês digam que isso é algo bem difícil, executar um dever de tal maneira que demos a Deus a glória que lhe é devida. Com certeza, isso não se faz de qualquer maneira na execução de um dever relativo à adoração; mas vocês devem ouvir aquilo que lhes está sendo ensinado, e espero conseguir tornar o assunto bem claro e simples.

Em primeiro lugar, por isso, vou mostrar-lhes que, quando estamos para executar algum dever referente à adoração, devemos concentrar-nos em glorificar a Deus como Deus, ou seja, devemos fazê-lo de tal forma que Deus receba a glória que é apropriada que um Deus receba. Na execução do dever do louvor, o Salmo 66.2 diz assim: "dai glória ao seu louvor", ou seja, fazei-o de forma que levanteis o seu nome no louvor, e de forma que Deus seja glorioso em vosso louvor.

Em Romanos 1.21, o apóstolo, falando dos ímpios, repreende-os. Por que razão ele o faz? Pelo seguinte: "porquanto, tendo conhecimento de Deus, não o glorificaram como Deus, nem lhe deram graças". Ora, isso é dito especialmente com respeito à adoração a Deus, pois mais tarde ele diz, no versículo 23: "e mudaram a glória do Deus incorruptível em semelhança da imagem de homem corruptível". O apóstolo diz a respeito da adoração que "eles não glorificaram a Deus como Deus". Assim, então, santificar o nome de Deus é glorificar a Deus como Deus. E por isso nosso Salvador, em João 4, quando falou à mulher samaritana, disse-lhe que Deus é Espírito, e precisa ser adorado em espírito e em verdade. Ou seja, precisamos esforçar-nos para adequar nossa adoração ao que existe em Deus, de forma que nossa adoração seja, em alguma medida, proporcional à própria natureza de Deus. E, por isso, como Deus é Espírito, a sua adoração precisa ser uma adoração sobrenatural.

Li a respeito dos pagãos que adoram o sol como deus, e lhe oferecem coisas apropriadas. Pelo fato de tanto apreciarem a rapidez dos movimentos do sol, eles não se atrevem a lhe oferecer uma lesma, mas sim um cavalo alado, um cavalo com asas. Ora, o cavalo é uma das criaturas mais rápidas, e a que suporta movimentar-se por mais tempo; de forma que eles deram asas ao cavalo, imaginando que isso seria algo apropriado como sacrifício para o sol.

Dessa forma, quando vimos adorar a Deus, ou seja, vimos santificar o seu nome, precisamos comportar-nos de tal forma que lhe demos a glória devida a um Deus. Nesses três detalhes que lhes apresentei, mostrei-lhes como nos aproximamos de Deus. Um deles é que, quando vimos adorar a Deus, precisamos vir para trazer algum presente a Deus. E devemos trazer um presente apropriado à sua excelência.

Se alguém trouxesse um presente a uma pessoa pobre, qualquer coisa seria apropriada, mesmo se não valesse mais que dez centavos. Mas se viesses trazer um presente a um príncipe ou a um monarca, um imperador, então terias de trazer um presente que fosse digno e apropriado ao nível da pessoa. Por essa razão, em Malaquias 1.8, quando o Senhor repreende o povo por causa dos seus sacrifícios, que eram coisas desprezíveis, ele lhes diz: "Ora, apresenta-o ao teu governador; acaso, terá ele agrado em ti e te será favorável?". De forma que, aquilo que talvez fosse aceito por um homem simples, com certeza seria considerado motivo de desdém se o apresentasses a um príncipe ou a um imperador.

Então, quando vimos adorar a Deus, precisamos levar em conta que é a ele, o grande Rei dos reis e Senhor dos senhores, que estamos apresentando nosso serviço.

PERGUNTA: Será que é possível que uma criatura, quando vem oferecer sua adoração a Deus, consegue oferecer algo digno de Deus, algo apropriado a ele? Isso, em vez de ser um encorajamento, talvez se torne um motivo de desânimo para a oração ou para qualquer outro dever de adoração.

RESPOSTA: O fato de sermos bem pobres e simples não nos atrapalha, podemos oferecer isso a Deus; ele o reconhecerá como apropriado à sua infinita excelência. Por exemplo, se oferecemos a Deus tudo o que temos, por mais pobres e miseráveis que sejamos, se nossa alma é inteiramente de Deus, ele a aceita. Porque precisamos saber que Deus não necessita daquilo que temos ou do que fazemos, mas que precisamos demonstrar nosso respeito a ele. Por essa razão, se dermos tudo o que temos, Deus o aceita. Se uma criança emprega toda a força que tem para executar um serviço que o pai lhe dá, quer o trabalho seja concluído de forma apropriada ou não, o pai repara no que de fato foi feito e o aceita como adequado à capacidade do filho, e a coisa feita mostra o respeito que ele tem por seu pai.

Conta-se a história de um imperador que, quando um pobre homem não tinha nada para lhe oferecer além de um pouco d'agua que havia pego com a mão, o imperador a aceitou, porque era só isso que o homem podia oferecer-lhe. Então, é isso o que Deus procura, que a criatura o exalte acima de tudo. Por essa razão, se, ao vires adorar a Deus ele puder contar com teu coração mais do que qualquer outra criatura do mundo, ele o aceita, e é isso que precisas procurar. Quando vais adorar a Deus, será que podes dizer: "Senhor, é verdade que existe muita fraqueza em meu espírito, mas tu, que sabes todas as coisas, sabes que possuis mais do meu coração do que qualquer criatura no mundo"?

Isso é adequado com relação a Deus. Ele o levará em consideração (no pacto da graça) como um presente adequado para si mesmo. Sob a lei, quando o povo trouxe ofertas para edificar o templo, nem todos puderam oferecer ouro e prata e pedras preciosas, mas alguns vieram oferecer peles de texugos, e algumas mulheres fiaram pelos de cabra para a edificação do templo. E Deus aceitou isso como o máximo que podiam ofertar e fazer.

Quando não apenas oferecemos a Deus o mais que podemos, mas quando acrescentamos a isso a aflição da nossa alma pelo fato de não podermos fazer mais; quando a alma se esforça ao máximo que pode e quando já fez tudo o que podia, ela diz: "Sou um servo inútil. Oh, se eu pudesse fazer mais!" — isso é algo apropriado com respeito a Deus.

Embora o povo de Deus seja fraco, ainda assim o mais fraco servo de Deus tem condições de oferecer-lhe alguma coisa apropriada à sua infinita majestade com base no seguinte: pelo fato de haver uma espécie de marca da infinitude de Deus nos serviços que um coração cheio de graça oferece a Deus, essa é a razão por que se torna algo apropriado com respeito a ele.

PERGUNTA: Mas Deus é um Deus infinito, glorioso! Ele é infinito, isso é certo, mas como é possível que o dever da adoração que um coração cheio de graça oferece a Deus tenha em si uma marca da infinitude dele?

Se pudermos desvendar isso, então de fato podemos nos sentir encorajados a adorar a Deus. É no seguinte sentido que o coração cheio da graça de Deus oferece a ele uma marca da sua infinitude: Deus não possui limites em seu ser, assim acontece com um coração cheio de graça, quando vem adorar a Deus, ele não estabelece nenhum limite ou fronteira, mas de bom grado desejaria ser alargado infinitamente se isso fosse possível. Se existisse a possibilidade de uma criatura ser infinitamente alargada com relação a Deus, esse coração cheio de graça gostaria que isso lhe acontecesse.

É nisso que reside, eu creio, a principal diferença entre o mais ilustre hipócrita do mundo e uma pessoa que possui graça verdadeira, sim, que possui apenas um grau mínimo de graça. O mais ilustre hipócrita do mundo que, no tocante ao ato exterior, faz mais que alguém que possui graça verdadeira, mas que se refreia — ou seja, restringe-se ao que coopera para seus próprios fins, para seus objetivos, tanto para aplacar a própria consciência como para conseguir crédito e estima dos outros, para ser bem considerado pelos outros — até esse ponto ele age, mas seu dever sempre se limita, se restringe a essas coisas. E, se tivesse certeza que iria para o céu e obteria tanta consideração e honra da parte dos outros, e tanta paz de consciência fazendo menos do que faz, ele faria menos. Mas aquele que possui graça, mesmo que seja um pouquinho só, embora seja um pinguinho só de graça, esse vai além.

Ele diz: "De fato, mesmo que com a pouca graça que possuo eu não consiga fazer aquilo que os outros fazem, ela alarga meu coração de tal forma que não tenho limites naquilo que faço para Deus, mas gostaria de tê-los alargados ao máximo, se fosse possível, além de qualquer coisa que já tenha sido feita para Deus aqui neste mundo. E, quanto mais eu faço, mais quero fazer."

Ora, essa é uma espécie de infinitude que existe no coração visitado pela graça. Repito: a graça alarga o coração a uma espécie de infinitude que, quanto mais faz, mais deseja fazer. Todo hipócrita no mundo tem períodos em que se eleva a grandes alturas. No geral, constatarás que, se ele vive em companhia de certas pessoas, ele se eleva até as alturas, mas se estiver na companhia de outras, se mostra em outro nível.

Mas não existe nada que limite um coração que possui graça; ele, por toda a eternidade, trabalharia e trabalharia mais e mais para Deus. Aqui está, então, uma adoração que, de certa forma, é apropriada à excelência infinita que existe em Deus. Aqui está uma espécie de proporção (se posso dizer assim) nesse assunto entre a criatura e o próprio Deus; mas isso é a graça de Deus na criatura. Eis a verdadeira imagem de Deus, porque a graça, por assim dizer, alarga o coração de tal forma a tal infinitude em relação a Deus. E assim podes ver, de forma geral, o que é santificar o nome de Deus, oferecer a Deus aquilo que, de certa forma, é apropriado à glória do Deus infinito.

Existe uma segunda coisa, que, se eu a fizer, santificarei o nome de Deus: se eu vier adorar a Deus com meu coração sequioso de Deus como Deus; isso ajusta a alma da criatura para buscar o Criador infinito e ansiar pelo Criador infinito. Assim, Davi, no Salmo 63.8, disse: "A minha alma te segue de perto; [Repara que texto maravilhoso!] a tua destra me ampara" (ARC). Aqueles cujo coração se esforça em direção ao Senhor (que o seguem de perto) têm sobre si a mão direita de Deus sustentando-os. Isso é um poderoso incentivo para empenhar o coração ao máximo, porque, quando fazes o que é correto, a mão direita de Deus te sustém. O teu coração, então, deve buscar a Deus mais do que a qualquer outra criatura.

Quando me aproximo de Deus, venho participar das mais excelentes misericórdias que ele tem para conceder às suas criaturas que têm uma tal disposição de coração, que sua consciência lhes diz que está preparada para receber aquilo que é bom para uma alma que espera obter as mais excelentes misericórdias da parte de Deus. Mas disso já falamos quando tratamos do assunto de nos aproximarmos de Deus.

Vamos tratar, agora, mais especificamente do assunto de santificar o nome de Deus. Vamos examinar, em primeiro lugar, as atitudes apropriadas do coração, agradáveis a Deus com respeito à sua grandeza e glória; em segundo lugar, qual deve ser a atitude apropriada do coração em relação aos diferentes atributos de Deus.

Levaremos algum tempo para explicar as coisas específicas do comportamento do coração com referência à grandeza e majestade de Deus, considerando o assunto de forma geral, conforme os textos a seguir: Salmo 48.1: "Grande é o Senhor e mui digno de louvor". Malaquias 1.14: "Maldito seja o enganador, que, tendo animal no seu rebanho, promete e oferece ao Senhor uma coisa vil". E por quê? "Porque eu sou grande Rei, diz o Senhor dos Exércitos, o meu nome será tremendo entre as nações". E, por essa razão, maldito seja aquele que não oferece sacrifício adequado à grandeza de Deus. Em 2Crônicas 2.5, lemos que Salomão, quando preparava as coisas para o templo, intentava edificar um grande templo. Por quê? Porque o Deus para quem ele estava edificando aquele templo era um grande Deus. De forma que a adoração a Deus precisa ser adequada à sua grandeza.

PERGUNTA: Qual é, então, a conduta da alma adequada de forma geral à grandeza de Deus?

RESPOSTA: Há muitas coisas para considerar nesse assunto.

Em primeiro lugar, precisas ter o cuidado de apresentares um coração santificado. Não há como apresentares adoração adequada à sua grandeza se não trouxeres contigo um coração santificado. É essencial a santidade no coração. Sob a lei, se alguém viesse oferecer um sacrifício de forma impura, tinha de ser eliminado. E é o que acontece aqui. Precisamos tomar cuidado para não fazer ofertas a Deus estando impuros. "Lavai-vos, purificai-vos" (Is 1.16), e, então, "Vinde,... arrazoemos". Não há como vir a Deus sem um lavar e um purificar-se. Salmo 93.5: "À tua casa convém a santidade, Senhor, para todo o sempre". A santidade se transforma na presença do Senhor para sempre. Precisamos esforçar-nos para alcançar um coração santificado.

A santificação consiste em duas coisas: a mortificação e a vivificação. É preciso haver uma mortificação dos desejos, das paixões do coração. Lemos, na lei, que todo sacrifício precisava receber sal. Isso simbolizava a mortificação do nosso coração quando vimos nos oferecer como sacrifício a Deus. O sal acabava com os fluidos orgânicos indigestos e impedia a carne de apodrecer. É isso que faz a graça de Deus quando mortifica nossas paixões. Em Hebreus 9.14, lemos um texto extraordinário com respeito à purificação do nosso coração quando vimos oferecer qualquer sacrifício a Deus: "quanto mais o sangue de Cristo que pelo Espírito eterno se ofereceu sem defeito a Deus". Assim, não podes servir ao Deus vivo a não ser que tua consciência seja purificada de obras mortas. E como é que a tua consciência é purificada de obras mortas? É por meio do sangue de Cristo que, pelo Espírito eterno, se ofereceu sem defeito a Deus. A tua consciência precisa ser purificada por ele.

Aqui temos, então, a maneira de santificar o nome de Deus recorrendo a Jesus Cristo, que foi oferecido a Deus sem mancha, para que nossa consciência pudesse ser purificada de obras mortas, de forma que pudéssemos ser purificados da corrupção natural e da impureza em que todos nos encontrávamos. Porque o mundo todo jaz em corrupção, como um cadáver em decomposição. Se quisermos adorar a Deus de forma que o santifiquemos, precisamos recorrer a Cristo quanto à nossa alma, para termos purificada a consciência de obras mortas, e precisamos do Espírito de Cristo em nós para vivificar nosso coração nos caminhos da santidade. É preciso que Jesus Cristo seja refletido em nós, por meio do qual sejamos santos de acordo com nossa proporção, assim como ele é santo — isso é a santificação do coração.

É preciso haver uma santificação radical e uma santificação verdadeira do coração. Uma santificação radical, ou seja, o coração precisa ser transformado por meio da obra de regeneração. É preciso haver uma regeneração do coração. É preciso haver no coração os princípios divinos das graças do Espírito de Deus.

Pergunta: Será que o homem não regenerado não deve orar?

Resposta: Eu digo que sim, é dever dele orar, sim. "Derrama o teu furor sobre as gentes que não te conhecem, e sobre as famílias que não invocam o teu nome". Mas é igualmente verdade que eles não podem santificar o nome de Deus ao fazê-lo. Mas se desejamos santificar o nome de Deus ao invocar o seu nome, precisa haver uma santidade habitual no coração, pois todas as coisas se conduzem conforme a sua essência. Isso acontece na natureza, e assim faz o coração quando vem adorar a Deus. Ele age de acordo com a sua essência, conforme o que ele de fato é.

E é preciso não apenas santificação habitual, mas precisa haver santificação verdadeira também. Em Êxodo 19.10-11, lemos sobre o que era preciso fazer para deixar os israelitas prontos para ouvirem a Lei, pois "Deus estava para vir para o meio deles". Deus está para vir ao nosso meio, e nós estamos para vir a ele quando nos preparamos para os deveres santos. Por essa razão, não é suficiente possuir graça, é preciso haver um aperfeiçoamento da graça. Precisa haver uma atuação da graça, não apenas quando vens receber o sacramento, mas a cada vez que vais orar e ouvir, precisa haver uma atuação da graça, uma purificação das tuas perversões.

Dessa forma, não é possível santificar o nome de Deus nos deveres santos a não ser que a pessoa chegue ao ponto de conseguir dizer: "Senhor, tu que conheces todas as coisas, vês que em mim não existe nada que tu revelaste como oposto à tua vontade que o meu coração não aborreça". Esse é o mínimo. Não podes gozar paz de consciência ao te aproximares de Deus a não ser que chegues dessa forma: tendo o coração agindo de tal maneira contra o pecado, e acolhendo e se fixando em todo o bem que Deus revela estar de acordo com a sua vontade. Todos sabemos a agitação que ocorre quando alguém importante vem à nossa casa, não só no varrer da casa, mas para deixar tudo limpo e arrumado e brilhante o mais possível. Assim é que deve acontecer contigo quando te aproximas de Deus.

E a razão por que precisa haver essa santificação do coração é, em primeiro lugar, que o Senhor recebe primeiro a pessoa antes de receber as suas obras. Os homens, na verdade, recebem os homens porque estes fazem boas obras, mas Deus recebe as obras dos homens porque eles são bons. Se vemos algum homem fazendo o bem, nós o amamos e recebemos; mas Deus receberá primeiro a pessoa antes da sua obra, assim como o Senhor recebeu Abel antes de ter recebido a sua oferta. Assim, precisas certificar-te de que tua pessoa foi recebida por Deus antes que qualquer dever teu possa ser recebido por ele.

Pensas que, embora sejas perverso e cheio de pecado, se corrigires tua vida, Deus vai receber-te. Segues essa forma de pensar e assim ages, mas com certeza esse é o caminho errado. Precisas antes de tudo procurar os meios para seres aceito, o que acontece por meio da justiça de Jesus Cristo, e por meio da santificação do Espírito, por meio do qual terás a sua imagem e vida, e dessa forma serás aceito. E então tudo o que proceder de ti será aceito.

Nem uma ação sequer que provém de ti é aceita para a vida eterna enquanto não és aceito por Deus, e por isso precisa haver uma santificação do coração antes que seja possível santificar o nome de Deus nos deveres referentes à sua adoração. Por isso, quando vens executar qualquer dever referente à adoração a Deus, precisas considerar o seguinte: "Será que meu coração está santificado? É meu dever santificar o nome de Deus, e como é que posso fazê-lo se meu coração não foi ainda santificado?"

Em segundo lugar, nosso coração precisa ser santificado porque o Senhor dá mais valor à essência de onde as coisas procedem do que às coisas em si. Se nosso coração fosse correto como deveria ser, não daríamos tanto valor às boas coisas que nos são concedidas por Deus como à essência de onde vieram, ou seja, se aquilo que recebemos de Deus provém do amor de Deus em Jesus Cristo ou não, se provém da comum generosidade e paciência de Deus ou se provém do amor especial de Deus em Jesus Cristo. Se fôssemos espirituais, nosso coração levaria mais em consideração estas últimas coisas.

Então, assim como um homem piedoso não se satisfaz apenas em gozar as boas coisas que Deus lhe concede a não ser que saiba que provêm da essência do amor por ele em Jesus Cristo, assim também Deus não se contenta com nada que provém de nós a não ser que saiba que provém de uma essência de amor, graça e santidade no coração.

Em terceiro lugar, conforme está o coração, assim será o serviço. Com certeza, se o coração é impuro, o dever será também impuro. Talvez as palavras sejam agradáveis e boas, mas se o coração é impuro, o dever também será impuro. Suponhamos que um homem infestado de peste faça um belo discurso. O fôlego dele está todo contaminado. Assim acontece em nossos serviços com respeito a Deus. Se nosso coração está contaminado com a peste, com toda a certeza o fôlego que sai de nós, todos os nossos deveres, serão impuros. E, por essa razão, é essa a primeira coisa que precisamos buscar para santificar o nome de Deus nos deveres santos. Cuida para teres teu coração santificado e considera a essência de onde eles provêm. É por nos descuidarmos disso que milhares de nossos deveres não são levados em conta por Deus e ele nunca os aceita. Mas essa é a primeira coisa com respeito a este assunto; há muitas outras para serem consideradas.

5

SANTIFICANDO O NOME DE DEUS NA EXECUÇÃO DOS DEVERES SANTOS

*"Serei santificado naqueles que se chegarem
a mim" (Levítico 10.3)*

A próxima coisa que a alma precisa fazer para santificar o nome de Deus é o seguinte: quando vimos adorar a Deus, se de fato pretendemos santificar-lhe o nome, *precisamos cultivar pensamentos elevados a respeito dele*. Precisamos contemplá-lo em seu trono, em majestade e glória. Em Isaías 6.1-2, lemos que o profeta viu o Senhor em seu trono. É algo esplêndido quando todos os que vêm adorar a Deus, cada vez que vêm adorá-lo, têm os olhos fitos no céu e contemplam o Senhor Deus assentado no seu trono em glória.

É isso que encontramos em Apocalipse 4. Os vinte e quatro anciãos que adoravam a Deus viram-no em seu trono e em sua glória; eles o adoraram. Eles adoraram a Deus com determinação quando viram o Senhor na majestade em que estava. Em todo o tempo, devemos cultivar pensamentos elevados a respeito de Deus. Toma cuidado para não cultivares pensamentos e noções indignos a respeito da infinita majestade de Deus, mas especialmente quando estás para adorar o grande Deus. Nessa ocasião, contempla o Senhor na infinita distância que existe entre ti e ele, sim, a infinita distância que existe entre ele e todas as criaturas.

Contempla o Senhor exaltado em glória, não apenas acima de todas as criaturas, mas acima de todas as excelências e perfeições que todos os anjos e homens no céu e na terra são capazes de imaginar. Contempla o Senhor como aquele que tem todas as excelências em si, todas como se fossem uma só, e isso de forma imutável. Contempla-o como a Fonte de toda a excelência, de todo o bem e glória que todas as criaturas do mundo possuem. E contempla o Senhor toda vez que vens adorá-lo como o Deus a quem os anjos adoram, e diante de quem os demônios são obrigados a tremer. Contempla-o em sua glória, e isso te ajudará a santificar o seu nome quando vens a ele.

A principal razão por que as pessoas vêm adorar a Deus de forma inadequada é que não veem a Deus em sua glória. É expressão de grande misericórdia da parte de Deus quando ele nos permite um vislumbre de si mesmo, uma visão da sua glória aqui neste mundo quando o estamos adorando. A visão da glória de Deus guardará nossos olhos e pensamentos de vaguearem, e nos concederá pensamentos elevados a seu respeito.

Por que razão devaneamos tanto assim? Unicamente porque não vemos a Deus. Imagina que estás em tua própria casa, bem sossegado e à vontade. Se ouvisses que o rei, ou alguma outra pessoa importante estivesse entrando na sala, isso faria mudar a tua atitude, modelando teu comportamento pelo fato de serem elevados os teus pensamentos a respeito desses homens que estão acima de ti. Assim também, contemplemos a Deus em sua excelência e glória e cultivemos pensamentos elevados a seu respeito. E é assim que haveremos de santificar o nome de Deus quando viermos diante dele por meio dos deveres santos. Em primeiro lugar, precisamos de um coração santificado, e então precisamos de pensamentos elevados a respeito de Deus.

Uma terceira coisa é visarmos objetivos nobres e elevados quando adoramos a Deus. Provérbios 15.24: "Para o sábio, o caminho da vida é para cima" (ARC). Ele é para cima no seguinte sentido: quando adora a Deus, seu coração é elevado para cima. Existe um elevar santo do coração que agrada muito a Deus. Nosso coração deve elevar-se com respeito aos objetivos elevados que almejamos ao executar os deveres santos. "Levanta a tua oração", disse Ezequias ao profeta certa vez. Assim também eu digo: levanta a tua alma, quando vens adorar a Deus, com respeito aos objetivos elevados que procuras alcançar.

Quando estamos adorando a Deus, devemos elevar o coração acima de todas as criaturas e acima de nós mesmos. Não deixemos, então, nosso coração rastejar pelo chão, misturando-se com coisas vis, impuras e sem valor, quando vimos adorar ao Senhor. Na verdade, é importante que nosso coração seja humilde, mas não deve conformar-se a nada que diz respeito a um espírito vil que se misture com quaisquer objetivos indignos e baixos. Mas existem objetivos egoístas e ilegítimos com respeito à adoração a Deus.

Precisamos guardar-nos para não sujeitarmos a adoração a Deus aos nossos gostos. Isso é uma verdadeira maldição. Tu que condicionas a adoração a Deus a teus desejos egoístas estás longe de santificar o nome de Deus quando dessa forma o adoras. Verdadeiramente, isso é algo abominável e detestável.

PERGUNTA: Tu dirás: "Mas quem é que faz isso? Qual é a pessoa que faria uma coisa dessas, condicionar a adoração a Deus aos seus desejos egoístas?"

RESPOSTA: Faz isso todo aquele que usa algum dever referente à adoração — como a oração, ouvir a Palavra, ou qualquer outra coisa — para encobrir qualquer tipo de maldade. Faz isso todo aquele que está consciente de alguma maldade secreta e tenta encobri-la executando os deveres raciocinando assim: "Ninguém vai desconfiar que sou culpado de algo tão mau, se eu orar do jeito que oro e ouvir com tanta atenção a Palavra. Espero que eu consiga encobrir os meus pecados dessa forma."

Se há alguém neste lugar cuja consciência lhe diz que está condicionando a adoração a Deus a uma finalidade perversa como essa, o Senhor o repreende neste dia e fala ao seu coração. Se eu soubesse de alguém aqui que está fazendo isso, colocaria meus olhos sobre essa pessoa e diria como o apóstolo disse a Simão, o Mago: "vejo que estás em fel de amargura e laço de iniquidade", e como ele disse ao homem que tentava afastar da fé o procônsul: "Ó filho do Diabo, cheio de todo o engano e de toda a malícia", para condenar e destruir eternamente aquele que tenta ocultar qualquer caminho mau por meio de algum dever de adoração devido a Deus.

Não é pecado um homem ou mulher fazer uso de qualquer elemento criado por Deus para servir aos seus próprios apetites e paixões, como comida e bebida e coisas desse tipo? Quanto mais, então, não é digno de reprovação e condenação fazer uso de qualquer dos deveres referentes à adoração a Deus, algumas vezes coisas excepcionais como jejum e oração, para ser um disfarce para encobrir a sua perversidade! Os que fazem isso estão longe de santificar o nome de Deus, em vez disso, mancham o seu nome! Fazendo isso que está dentro deles, o fazem para lançar imundície na face do próprio Deus.

O segundo propósito desprezível é desempenhar os deveres referentes à adoração a Deus para receber louvor dos homens, de forma a executar os deveres relacionados à adoração de Deus para ser estimado pelos homens e porque dessa forma terão boa impressão a nosso respeito. Tomem cuidado com isso, especialmente os jovens, e os outros que desejam ser estimados por aqueles com quem convivem. É louvável contar com a boa estima daqueles que são piedosos, mas tomem cuidado para não desempenhar os deveres da adoração a Deus com essa finalidade.

Na verdade, isso deve ser um encorajamento para vocês, como Davi disse no Salmo 52.9: "Na presença dos teus fiéis, esperarei no teu nome, porque é bom". Davi se animou a louvar a Deus porque isso era bom na presença dos santos de Deus. E reconheço que isso pode ser um incentivo, porque os deveres santos são algo bom na presença dos santos de Deus, mas cuidem para que isso não seja o objetivo mais elevado que vocês pretendam alcançar e que os conduza a esse tipo de ação, unicamente para obter o louvor dos homens e para que pensem que vocês são dotados de dons e habilidades, e vocês, por essa razão, se inchem com isso.

Tomem cuidado com isso. Saibam que, se agirem assim, não estarão adorando a Deus, mas a homens. O louvor dos homens será o seu deus, pois qualquer coisa que puserem em primeiro lugar, isso é o seu deus, não importa o que seja. Por isso, se derem importância ao louvor dos homens e fizerem disso o seu objetivo, farão disso o seu deus. De forma que serão adoradores de homens, e não adoradores de Deus.

Em terceiro lugar, cuidado para não fazeres de ti mesmo o teu objetivo, o teu alvo. Existem algumas pessoas que não chegam a ser tão desprezíveis e vulgares em seu coração ao ponto de fazer do louvor dos homens o seu alvo, mas o seu propósito e busca se concentra em si mesmas. Ou seja, buscam a própria paz e a pacificação da sua própria consciência quando executam os deveres. Agora, embora seja verdade que, quando executamos os deveres relativos à adoração a Deus, possamos esperar receber algum bem nós mesmos, e possamos ser encorajados aos deveres pela esperança de sermos nós mesmos beneficiados, ainda assim precisamos mirar mais alto. Precisamos buscar a honra e o louvor de Deus, de forma que o nome do Deus bendito seja honrado.

Devemos pensar da seguinte maneira: "Estou, agora, me dirigindo à oração. Oh, que eu possa orar de tal forma que eleve o nome de Deus. Estou indo ouvir a Palavra. Oh, que eu possa ouvir de tal maneira que Deus seja honrado por meio do meu ouvir. É isso que me leva a ouvir a Palavra e me impulsiona com prazer e me faz avançar com alegria. Espero que Deus receba hoje alguma honra por meio do meu ouvir, e Deus sabe que esse é o meu alvo. Não venho aqui em busca de companheirismo, nem para ser visto pelos homens. Também não venho apenas para aplacar minha própria consciência. Os outros vão ouvir essas verdades de Deus que fazem bem à sua alma, e se eu fosse negligenciá-las por pura conveniência, minha consciência não me deixaria em paz".

Mas existe muita gente cuja consciência não vai se manifestar mesmo que percam a oportunidade de adorar a Deus. E existem outros cuja consciência não consegue ficar quieta. A consciência deles lhes dirá quando estiverem deitados, virando na cama: "E se Deus tiver alguma coisa para dizer ao seu coração esta manhã, algo que talvez nunca mais será dito ao seu coração em outra ocasião?" Por isso, não conseguem ficar quietos enquanto não se empenham por Deus nos deveres relacionados à sua adoração. Mas apenas aplacar a consciência ainda não é suficiente.

O teu objetivo deve ser que conheças hoje algo mais da vontade de Deus, que ele possa falar ao teu coração, que dessa forma estejas preparado para honrar o nome de Deus, que estejas mais bem capacitado para viver para a sua honra na próxima semana. Os teus pensamentos devem ser estes: "Senhor, vejo que meu coração é impuro, carnal. Durante a semana, estou atarefado no mundo e vejo que meu coração fica manchado, poluído e emaranhado com os negócios do mundo. Mas, Senhor, tu separaste o teu Dia e a tua Palavra para serem os meios para santificar meu coração e para purificá-lo. Oh, Senhor, transmite a tua graça à minha alma por meio das tuas ordenanças neste dia, para que eu seja capacitado a melhor viver para a tua honra esta próxima semana, Senhor. Venho à tua presença com esta finalidade, que eu possa conhecer algo da tua vontade, e possa receber o teu Espírito para ser conduzido por meio desta tua Palavra ao meu coração". Esse deve ser teu objetivo sempre que vieres, e não apenas teus próprios interesses.

Quero apresentar-lhes dois ou três textos bíblicos para mostrar que Deus pouco recompensa os deveres cujo objetivo principal são os interesses próprios. O primeiro texto encontra-se em Oséias 7.14: "Não clamam a mim de coração, mas dão uivos nas suas camas". Nesse texto, o Senhor reconhece que eles se esforçavam muito em suas orações, mas com que propósito? Elas não passavam de uivos que davam na cama. Como assim? Porque clamavam unicamente em benefício próprio. O Senhor disse: "Eles não clamaram a mim com o coração quando clamaram na cama. Fizeram isso unicamente por trigo e vinho e azeite, mas não clamaram a mim. Eles têm a si mesmos como objetivo e não a mim."

Em Amós 5.22, o Senhor declara que rejeitou a gordura das ofertas pacíficas deles: "Ainda que me ofereçais holocaustos e vossas ofertas de manjares, não me agradarei deles, nem atentarei para as ofertas pacíficas de vossos animais cevados." Eles eram meticulosos quando ofereciam seus animais mais gordos nas ofertas pacíficas, e Deus não considera o que fazem? Era nas suas ofertas pacíficas que ofereciam os seus animais gordos, e nessa ocasião eles mesmos comiam grande parte desses sacrifícios. Na verdade, o *holocausto*[3] era inteiramente oferecido a Deus. Deus recebia tudo desse sacrifício. Mas aqueles que ofereciam sacrifícios pacíficos comiam, eles mesmos, grande parte desses sacrifícios. Eles ofereciam animais gordos, eram muito zelosos nos sacrifícios de que eles mesmos tinham participação. Mas não vemos o Espírito Santo mencionando esses animais gordos nos holocaustos que eles ofereciam.

A advertência que recebemos desse texto é a seguinte: nas coisas em que os homens têm interesse próprio, serão sempre muito zelosos pelas coisas melhores. Mas o Senhor rejeitou os animais gordos das suas ofertas pacíficas. Deus disse: "Vocês foram muito cuidadosos no oferecer animais gordos em suas ofertas pacíficas, nas ofertas de que vocês mesmos podem comer, mas, nas ofertas que são exclusivamente minhas, nessas vocês não são tão cuidadosos, e por essa razão não tenho nenhuma consideração por elas".

O terceiro texto encontra-se em Zacarias 7.5. Eles tinham separado muitos dias para buscar a Deus (esta passagem bíblica é muito pertinente para os nossos dias): "Fala a todo o povo desta terra e aos sacerdotes: Quando jejuastes e pranteastes, no quinto e no sétimo mês, durante estes setenta anos, acaso, foi para mim que jejuastes, com efeito, para mim?"

Repara na frase: "jejuastes e pranteastes no quinto e no sétimo mês, durante estes setenta anos", mas, disse o Senhor: "acaso foi para mim, realmente para mim que jejuastes?" E então observa como ele repete duas vezes: *"para mim?"* Isso significa que, quando jejuamos, ou oramos, ou fazemos qualquer coisa para adorar a Deus, precisamos estar seguros de ter como objetivo mais a Deus do que a nós mesmos, para

---

3 N. do T.: Holocausto significa "totalmente queimado".

que ele não diga depois a nosso respeito: "Fizeste isso *para mim*, realmente *para mim*?"

Pergunta: "Como posso saber se agi com fins egoístas no cumprimento dos deveres santos? Pois é difícil conhecer o próprio coração para saber se estou agindo com base em motivos egoístas ou se tenho a Deus como alvo na execução dos deveres santos."

Resposta: Vou dar-lhes algumas indicações, alguns sinais para cada um verificar se agiu em proveito próprio, com motivos egoístas ou não.

O primeiro é quando a pessoa gosta dos deveres santos, mesmo que no momento não perceba nenhum benefício vindo deles; ela os executa porque são coisas que Deus requer. E, por essa causa, embora eu nada receba quando os executo, ainda assim isso é suficiente para me fazer prosseguir, e prosseguir pronta e voluntariamente na adoração a Deus. Aqueles que conseguem sentir prazer na adoração a Deus, mesmo que não vejam nada proveitoso para si mesmos, têm Deus como objetivo na execução dos deveres santos.

Mas, quando não alcançamos aquilo que desejamos obter e começamos a nos enfadar da adoração e a dizer: "Por que jejuamos e não prestaste atenção a isso?", isso é evidência de que agimos em benefício próprio e não para Deus.

A segunda maneira de saber se agimos com fins egoístas em vez de agir com objetivos elevados para Deus é quando podemos regozijar-nos em outras pessoas que conseguem honrar a Deus nos deveres santos. Os que conseguem isso têm razão mais do que excelente de saber que, quando adoram a Deus, estão agindo movidos por intenções mais elevadas do que motivos egoístas. Mas aqueles que veem outras pessoas mais expansivas na adoração a Deus, e as invejam e com isso sofrem e se perturbam, podem saber que o egoísmo é um forte elemento misturado aos deveres que executam. Se o teu coração estivesse elevado a Deus, embora não consigas tu mesmo alargar-te na execução dos deveres santos, tua alma ficaria grata pelo fato que outros sejam capazes disso. Mesmo que meu coração seja miserável e desprezível, Deus seja louvado porque existem outros que conseguem adorá-lo melhor do que eu.

O terceiro sinal dos motivos egoístas na execução dos deveres santos é quando alguém normalmente os considera pouco, mas muda de ideia em tempos difíceis, tempos de medo, de enfermidade, ou de perigos. Mas aquele que os executa com objetivos elevados faz dos deveres referentes à adoração a Deus a alegria da sua alma em meio à prosperidade, e isso é um sinal evidente de que essa pessoa não age com motivos egoístas, mas é movida por propósitos mais elevados.

Será que, em meio à plena abundância, podes dizer: "Senhor, tu me deste todo conforto neste mundo, e todas as coisas exteriores de que preciso. Mas, Senhor, a alegria da minha alma, o conforto da minha vida é a comunhão contigo na execução dos deveres relacionados à tua adoração, por meio dos quais tenho livre acesso ao trono da tua graça para adorar-te, Senhor, e ali encontrar-te quando executo os deveres santos. Ó Senhor, tu que conheces todas as coisas, sabes que isso é o que torna a minha vida agradável. Não é o fato de ter uma mesa farta com louças variadas, não é porque tenho liberdade e tempo para ir e vir conforme eu queira; mas, Senhor, os benefícios do teu Espírito que recebo na execução dos deveres da adoração a ti são as coisas que fazem com que minha vida seja abençoada"?

O homem que pode dizer isso quando adora a Deus com toda a certeza age motivado por intenções elevadas, e não com fins egoístas. E essa é a terceira coisa necessária para santificar o nome de Deus na execução dos deveres santos: é preciso que tenhamos um coração santificado, pensamentos elevados a respeito de Deus, e propósitos, alvos elevados.

Em quarto lugar, precisas de muita reverência e temor quando vens à presença de Deus para adorá-lo. Tu não glorificas a Deus como Deus a não ser que venhas à sua presença com muito temor e reverência ao seu grande nome. O temor na adoração a Deus é tão necessário, que muitas vezes nas Escrituras lemos que a própria adoração a Deus é chamada de temor a Deus. Ambos são considerados como uma coisa só. Vou apresentar diversos textos bíblicos que tratam disso.

Essa é a razão por que o nome de Deus é chamado "o temor de Isaque". Jacó jurou pelo temor do seu pai, Isaque, visto que Isaque, sendo um grande adorador de Deus, observava constantemente seu tempo de adoração a Deus, e o adorava de forma tão constante que, à exceção de Davi e Daniel, não encontramos menção de ninguém adorando de forma tão constante a Deus como vemos a respeito de Isaque. A respeito de Isaque, lemos que ele andava pelo campo ao cair da tarde para meditar e orar, como fazia costumeiramente, e por essa razão Deus é chamado de "o Temor de Isaque".

O Salmo 89.7 é um texto bíblico notável com respeito a esse aproximar-se de Deus com temor: "Deus é sobremodo tremendo na assembleia dos santos e temível sobre todos os que o rodeiam". Deus deve ser reverenciado por todos os que estão perto dele, mas na assembleia dos seus santos, deve ser *grandemente* temido. Ele é "intimidantemente terrível" na assembleia dos seus santos. Esse é o sentido do texto.

Quando te aproximas de Deus, precisas ter o coração totalmente dominado por esse temor. Tanto que, no Salmo 2.11, os reis e príncipes da terra são convocados para servir ao Senhor com temor. Podem ser grandes o tanto que quiserem, mas, quando vêm à presença de Deus, precisam servi-lo com temor. Assim também no Salmo 5.7: "No temor que te é devido inclinar-me-ei para o teu templo".

Agora, esse temor de Deus não deve ser um temor servil, mas um temor filial e reverente. Porque, meus irmãos, é possível haver muito temor servil onde Deus não é honrado. Pode haver temor vindo de noções distorcidas de Deus, mas que não é reconhecido por ele como o temor produzido pela graça. Vou citar dois textos bíblicos dignos de nota. Deuteronômio 5.23-25, comparado com o versículo 29: "Sucedeu que, ouvindo a voz do meio das trevas, enquanto ardia o monte em fogo, vos achegastes a mim, todos os cabeças das vossas tribos e vossos anciãos, e dissestes: Eis aqui o SENHOR, nosso Deus, nos fez ver a sua glória e a sua grandeza, e ouvimos a sua voz do meio do fogo; hoje, vimos que Deus fala com o homem, e este permanece vivo. Agora, pois, por que morreríamos? Pois este grande fogo nos consumiria; se ainda mais ouvíssemos a voz do SENHOR, nosso Deus, morreríamos".

Vejam com quanto terror foram eles impressionados por causa da percepção de que era Deus que lhes aparecia. Talvez penses que com toda a certeza essas pessoas temiam muito a Deus, mas repara no versículo 29: "Quem dera que eles tivessem tal coração, que me temessem". Mas como? Será que eles não temiam ao Senhor? Não foram eles tocados pelo temor ao ponto de acharem que iam morrer? Consideraram a presença dele tão terrível que temeram morrer; mas mesmo assim lemos: "Quem dera que eles tivessem tal coração, que me temessem"! Isso nos mostra que alguém pode ser tocado com muito terror na percepção da presença de Deus, e mesmo assim não possuir o temor verdadeiro do nome de Deus.

Pode ser que, em momentos de tempestades ou perigos, vocês também fiquem cheios de terror, mas mesmo assim é possível dizer logo depois que tudo passou: "Oh, quem dera houvesse o temor de Deus no coração deste homem ou mulher, deste jovem ou desta jovem! Eles ficam, às vezes, aterrados, mas ainda assim não existe neles um temor filial ou reverente por Deus".

Descubro em 1Reis 19, onde lemos a história de como Deus aparece a Elias na forma terrível de um fogo, tempestade, e um vento fortíssimo. O profeta não ficou tão impressionado com o vento poderoso ou o terremoto ou o fogo, como quando o Senhor apareceu numa voz tranquila e suave. Por isso, no versículo 13: "Ouvindo-a Elias" — isto é, a voz suave depois do fogo e do terremoto, e do vento poderoso — "envolveu o rosto no seu manto e, saindo, pôs-se à entrada da caverna. Eis que lhe veio uma voz e lhe disse: Que fazes aqui, Elias?" O coração dele foi tomado pelo temor muito mais pela presença de Deus (embora ela se manifestasse numa voz tranquila e suave) do que quando apareceram o fogo e o terremoto.

É bom sinal, sinal de temor gerado pela graça, quando a alma é tomada pelo temor mais por meio da Palavra, e pela visão de Deus ao gozar de comunhão com ele na adoração, do que quando Deus se manifesta nos mais terríveis modos em suas obras, ou quando surge o terror na consciência do homem por causa do medo do inferno, quando parece que Deus vai mandá-lo agora mesmo para lá, embora Deus queira que o temamos também nesses momentos. Mas, quando a alma goza de comunhão com Deus na execução dos deveres santos, e quanto mais comunhão tem com Deus, mais é tomada de reverência e temor a Deus, esse é um temor que santifica. E, então, o coração santifica o nome de Deus de verdade quando está assim possuído de temor na execução dos deveres relativos à adoração.

Esse temor de Deus precisa de fato estar na alma, e ser expresso exteriormente quando vocês estão na assembleia em reverente oração, de forma que, se algum ímpio entrasse, veria o nome de Deus sendo santificado e exclamaria: "Como é grande o Deus que este povo adora!"

E, dessa mesma forma, esse temor precisa ser um temor permanente, constante, não apenas quando estás adorando a Deus, ou mencionando algum dos nomes de Deus, mas um temor que precisa permanecer em teu coração mesmo depois de executado o dever. Ou seja, depois de saíres do teu quarto de oração, as pessoas devem perceber o temor de Deus em ti, e deves andar o dia todo no temor de Deus como convém aos que solenemente optaram por adorá-lo. Esse temor e reverência, então, é completamente diferente da displicência, da futilidade, do atrevimento e da insolência que estão no coração dos homens quando adoram a Deus.

Em quinto lugar, os deveres referentes à adoração a Deus precisam ser prestados com muita intensidade, pois de outra forma não agradam a Deus, porque ele mesmo é um Deus infinito em poder e glória. Por isso é que Deus não suporta adoração que não seja prestada de todo o coração. Isaías 1.13: "Não continueis a trazer ofertas vãs". Um espírito fútil na adoração a Deus é algo que ele de fato odeia. Um espírito assim desonra o nome de Deus. Ele é desonrado pela futilidade do espírito das pessoas. Agora, essa intensidade possui três aspectos: a intensidade de propósito, a intensidade de sentimento, e também a força do corpo, tanto quanto somos capazes, devem ser oferecidos a Deus quando o adoramos.

Primeiro, a intensidade de propósito. Precisamos agir como se fosse para salvar nossa própria vida. Se alguma vez agimos de forma diligente e cuidadosa a respeito de alguma coisa, deve ser quando adoramos o nome de Deus. Quando vens orar, sê diligente no fazê-lo. Todos nós conhecemos pessoas que, se estão a caminho resolvendo seus negócios e encontram algum amigo, não param para conversar. Dá para ver que estão intensamente comprometidas com o que fazem. Meus irmãos, encarem cada dever relacionado à adoração como algo importante, que vocês precisam considerar seriamente em seus pensamentos, e não permitam que seus pensamentos fiquem vagueando. Li a respeito de certo mártir a quem, quando estava a ponto de morrer queimado, um soldado perguntou: "Você não vai falar, mesmo vendo que o fogo está ardendo?" O mártir respondeu: "Eu estou falando com Deus". Ou seja, ele estava orando e nem levou em conta aquilo que seus algozes estavam fazendo.

Oh, como as coisas, mesmos as pequenas, afastam nossos pensamentos dos deveres santos! Qualquer coisinha, por menor ou mais insignificante que seja, distrai nossos pensamentos! Será que isso é santificar o nome de Deus? Será que não consideraríamos algo desonroso se estivéssemos falando com alguém sobre algo sério, e, enquanto estivéssemos falando, essa pessoa se voltasse e falasse a qualquer outra que estivesse passando por ali? Se um superior estiver falando contigo, ele espera que prestes atenção ao que diz. Quando Deus está conversando contigo e tu estás conversando com ele, se deres atenção a qualquer pensamento vão que te ocorre, estarás, por assim dizer, mostrando que é mais importante conversar com pensamentos e tentações vãs do que com o grande e glorioso Deus.

Essa é a razão por que a hora de executar os deveres santos é o momento que o diabo escolhe para nos tentar; é que ele sabe que nessa hora ele "mata dois coelhos numa cajadada só". Ele nos perturba na execução dos nossos deveres e desvia nosso coração para aquilo que é pernicioso, agravando em muito o nosso pecado. Pode ser que não te atrevas a cometer o pecado ao qual a tentação faz teus pensamentos se voltarem, mas mesmo assim o diabo corrompeu a execução do dever. O Senhor espera que haja intensidade de propósito quando te empenhas na execução dos deveres, e não é momento de discutir com as tentações nessa hora, quaisquer que sejam os pensamentos que te ocorram. A verdade é que, por mais que sejam bons pensamentos os que te ocorrem no momento em que estás orando, se não são pertinentes ao dever, deves expulsá-los considerando-os tentações do diabo.

Mas tu dirás: "Mas será que alguma coisa boa pode vir da parte do diabo?"

Com toda a certeza. Mesmo aquilo que sem dúvida nenhuma é algo bom, mas que vem fora de hora, pode estar vindo da parte do diabo. O diabo pode aproveitar-se daquilo que em si mesmo é inquestionavelmente bom, e trazer essa coisa num momento inconveniente, e dessa forma ele consegue fazer com que essa mesma coisa seja má. Por exemplo, quando estás ouvindo a Palavra, pode ser que o diabo perceba que não consegue levar teu coração a envolver-se com a impureza. "Mas", diz o diabo, "se eu conseguir inculcar pensamentos bons, colocarei na mente dele alguma citação das Escrituras que não tem ligação nenhuma com o que ele está ouvindo e assim conseguirei distraí-lo".

O diabo consegue muita coisa com isso, portanto, presta atenção! E fica sabendo que Deus espera a intensidade do teu espírito na execução dos deveres, ou seja, intenção firme. Estás adorando a Deus, e por isso precisas dedicar-te ao que fazes. Na verdade, antes que o percebas, surgirão maus pensamentos em tua mente.

Talvez alguém esteja vigiando uma porta por onde uma multidão deseja entrar. Talvez esse homem abra a porta para deixar entrar um cavalheiro que percebe estar ali na entrada, mas quando abre a porta para esse "um" entrar, "quarenta" outros haverão de entrar. E assim acontece muitas vezes com a alma. Quando ela abre a porta para algum pensamento bom, entra uma turba de pensamentos maus. Essas pessoas podem entrar se apenas esperarem o momento certo, mas agora elas não devem entrar. Assim também a respeito de atividades que em si mesmas não são pecaminosas; se esperarem o momento certo, terão espaço, mas neste momento elas precisam ser barradas. Para isso se requer intensidade de propósito.

Outra coisa que se requer, também, é intensidade de sentimento. Ou seja, os sentimentos precisam ocupar-se vigorosamente com Deus, esforçando-se com ele em oração. O teu coração deve inflamar-se quando estás orando ou prestando atenção à Palavra como com nenhuma outra coisa, assim como os pagãos que adoram o sol. Eu já lhes disse que eles não ofereciam um caracol, mas um cavalo alado. Eles ofereciam aquilo que era ligeiro. Assim, quando vimos ao Deus vivo, é preciso que nossos sentimentos sejam vivos, que nossos sentimentos estejam em ebulição, e isso será a maneira de curar os pensamentos vãos.

Assim como as moscas não pousarão no mel se ele estiver fervendo, mas apenas quando estiver frio, se o coração estiver fervendo e os sentimentos em atividade, isso conservará do lado de fora os pensamentos e as tentações vãs. Um hálito quente é sinal de vida; hálito artificial, como se sabe, é frio. Por exemplo, o hálito que sai do corpo é quente, mas o vento que sai do fole é frio. Dessa mesma forma, o fôlego que sai da oração de muita gente revela-se artificial porque é frio. Mas se houvesse vida espiritual, esse fôlego seria quente. Precisa haver intensidade de sentimento.

Precisa haver, também, o empenho de todas as nossas capacidades. Devemos incitar tudo o que somos, tudo o que temos e tudo o que podemos fazer para trabalhar em oração. Também a disposição mental, da consciência, da vontade e dos sentimentos, sim, até mesmo o corpo deve empenhar-se nisso também. E aqueles que adoram a Deus com resolução exaurem o corpo na adoração a Deus como em nenhuma outra atividade. Será algo triste, se fores acusado da seguinte forma: "Tu desperdiçaste o vigor do teu corpo na libertinagem; quando foi que gastaste o teu vigor no exercício de algum dever santo?"

Que dificuldade é para a maioria das pessoas quando lhes dizemos que gastem o vigor do seu corpo em oração, em ouvir a Palavra, ou em santificar o Dia de Descanso. Elas acham que o Dia de Descanso é um tempo para mero repouso. Eu lhes digo que é um tempo para descansar das atividades exteriores, mas é tempo para gastar o vigor de forma espiritual, e aqueles que adoram a Deus de forma correta no Dia de Descanso haverão de descobrir que dessa forma gastam muito vigor — e bendito seja esse vigor gasto na adoração a Deus em vez de ser gasto nos caminhos do pecado, como a maioria das pessoas faz. Se Deus te concede um coração para gastar teu vigor para adorá-lo, podes pensar assim: "Senhor, tu poderias ter-me deixado gastar meu vigor no pecado. Mas é muito melhor gastá-lo adorando o teu nome!"

Há um texto bíblico notável, em Jeremias 8.2, que mostra quanto vigor os idólatras apresentam quando adoram seus ídolos. Eles não o fazem de forma frívola e descuidada, mas o coração deles se empenha muito nessa adoração falsa. "Espalhá-los-ão ao sol, e à lua, e a todo o exército do céu, [Presta atenção!] a quem tinham amado, e a quem serviram, e após quem tinham ido, e a quem procuraram, e diante de quem se tinham prostrado".

Isso tudo é colocado junto com referência aos ídolos. Oh, que fosse possível dizer isso a nosso respeito com referência a Deus quando vimos adorá-lo: "a quem amamos, e a quem servimos, e após quem andamos, e a quem buscamos, e a quem adoramos"! Todas essas expressões aparecem aí para mostrar a intensidade do seu espírito em seguir os seus ídolos.

Em sexto lugar, se tu queres santificar o nome de Deus na adoração, é preciso que tenhas uma disposição humilde de espírito.

Adora-o com alma muito humilde. Abraão prostrou-se no chão diante do Senhor e disse: "Eis que tomei a liberdade de falar ao Senhor, ainda que sou pó e cinza". Sim, lemos que Jesus Cristo se humilhou na terra, e que os anjos cobrem a face na presença de Deus. E é com essa humildade que precisamos nos achegar à presença do Senhor.

Não existe nada que humilhe tanto a alma do homem do que a visão de Deus; e a grande explicação do orgulho do coração de um homem é que ele jamais conheceu a Deus. Se tu apenas visses a Deus, teu coração forçosamente seria humilhado. E quando é que a alma vê a Deus? É quando vem adorá-lo. Jó 42.5,6: "Eu te conhecia só de ouvir, mas agora os meus olhos te veem. Por isso, me abomino e me arrependo no pó e na cinza". Essa humildade precisa vir da percepção da nossa própria miséria e vileza. Salmo 34.6: "Clamou este pobre [miserável], e o Senhor o ouviu" (ARC).

São as almas pobres que vêm à presença de Deus e mais santificam o nome dele, exatamente as almas que percebem e são conscientes da sua própria miséria e vileza diante de Deus. Este pobre clamou a Deus. Costumamos dizer: "Dá alguma coisa a este pobre homem". Deus se comove no coração quando vê alguém muito pobre em espírito. Quando vimos à sua presença, precisamos estar conscientes da nossa infinita dependência dele. Acheguemo-nos como o fez a mulher cananeia: "Ó Senhor, até os cachorrinhos recebem as migalhas; apesar de eu ser uma cadela, permite-me ganhar umas migalhas". Isso é um espírito humilde.

Essa humildade de espírito se manifesta nas seguintes coisas:

Primeiro, apreciando a bondade de Deus por vivermos nesta época, e termos a liberdade de vir à sua presença. Bem poderíamos ter ficado sem oportunidade de orar e adorar a Deus. Pense nisto: "Que tremenda misericórdia é que não fomos banidos da presença de Deus, que o Senhor não nos tenha expulsado a pontapés da sua presença como lixo e não nos tenha lançado fora como uma abominação eterna. Enquanto outras pessoas estivessem orando, bem poderíamos estar urrando sob a ira do Deus eterno". Achega-te com essa compreensão de ti mesmo, e adora a bondade de Deus, que estás vivo para orar e ouvir a Palavra de Deus, e que não é apenas um dever, mas um rico privilégio e misericórdia que Deus te admita na presença dele. Além disso, é a bondade de Deus que ele condescenda em olhar as coisas que são feitas no céu. Então, se o Senhor se humilha para contemplar as coisas que são feitas no céu, quanto mais não se humilha para me contemplar, eu, um pobre e vil cativo como sou em mim mesmo? E não só isso, Deus não apenas me contempla na sua presença, mas me convida a entrar na sua presença — como é grande essa misericórdia e essa bondade!

Segundo, nosso coração precisa desfazer-se dos pensamentos e noções de todo e qualquer mérito nosso. Não devemos vir no orgulho do nosso coração pelo fato de possuirmos mais aptidões do que outros. Como é que essas qualidades te recomendam a Deus? Tens facilidade para te expressares em oração, mas por que isso te recomendaria a ele? Qualquer coisa natural que apresentamos a Deus na execução dos nossos deveres não é nada para ele; só aquilo que vem do seu próprio Espírito. E, por isso, deves vir considerando-te como vil, como se não tivesses qualidades nem aptidões de forma alguma. Deixa de lado toda essa boa impressão que tens a respeito de ti mesmo, pois a verdade é que qualquer pecador pobre, de coração quebrantado que consegue apenas exprimir alguns poucos gemidos diante de Deus, e que não consegue nem pronunciar duas ou três frases corretamente, mas simplesmente suspira diante de Deus, pode ser milhares de vezes mais aceitável a Deus do que tu, que és capaz de grande oratória quando vens diante dele.

Terceiro, precisas vir sem nenhuma justiça própria. Não deves nunca vir à presença de Deus a não ser como um pobre verme; e se for preciso fazer qualquer diferença entre ti e os outros quanto ao que é exterior, que isso não signifique nada para ti. Quando estás na presença de Deus, és como um verme miserável e vil, mesmo que sejas um príncipe ou um imperador.

Quarto, teu coração precisa despir-se daquilo que fazes. Se possuis alguma qualidade concedida pela graça, ainda assim teu coração precisa desprender-se disso. O orgulho pode existir não apenas com respeito às qualidades que temos, mas pode ser que Deus tenha te concedido facilidade quanto à oração — e o diabo se apresentará e tentará inflar teu coração por causa disso. Mas o teu coração precisa despir-se dessas coisas e precisas em tudo negar-te a ti mesmo. Quando tiveres feito o melhor serviço possível, ainda precisas chegar à conclusão de que és um servo inútil. Quando tiveres orado da melhor forma possível, ainda assim ergue-te com vergonha e acautela-te para não teres o coração inflado justamente por teres recebido o auxílio das graças do Espírito de Deus na execução dos deveres santos.

Por último, precisas vir com humilde submissão de ti mesmo a Deus, disposto a esperar em Deus o tempo que ele achar por bem, esperar em Deus com respeito ao tempo, aos meios, e à forma em que ele quiser se comunicar contigo; respeitando os meios pelos quais ele queira comungar contigo. Espera nele. "Permite-me obter misericórdia, mesmo que seja no último minuto." Assim suspira um coração humilde em oração, e, quando nos achegamos com tal pobreza de espírito, podemos estar certos de que o Senhor nos aceita. Deus dirá: "Dai alguma coisa a este pobre sujeito". "Clamou este pobre [miserável], e o SENHOR o ouviu".

Em sétimo lugar, quando santificamos o nome de Deus, precisamos trazer aquilo que é do próprio Deus. Já falei disso antes, no quesito da preparação, que, quando adoramos a Deus, precisamos dar-lhe aquilo que é dele mesmo. Vou apenas mencioná-lo aqui na santificação do nome de Deus com respeito a duas coisas: primeira, dar a Deus aquilo que é dele mesmo, pela importância da coisa; segunda, dar a Deus aquilo que é dele mesmo, ou seja, aquilo que procede da obra do seu próprio Espírito. Se não for assim, não santificaremos o nome de Deus.

Apresentarei mais outro texto bíblico a respeito da importância do assunto. Se lermos o capítulo 39 de Êxodo, veremos que dez vezes se menciona que "eles fizeram como Deus tinha ordenado a Moisés". E, então, perto do final do capítulo, quando tinham feito conforme Deus havia ordenado na sua adoração, diz o texto que "Moisés os abençoou". As pessoas que adoram a Deus da maneira como Deus lhes ordenou são pessoas abençoadas. Mas a coisa principal é que tudo aquilo que fazemos deve ser feito pelo Espírito de Deus. Não é suficiente possuir prata e ouro verdadeiros, é preciso que tenhamos a estampa correta, de outra forma não poderemos usá-los como moeda corrente.

Assim também não é suficiente que as coisas que oferecemos a Deus, quando o adoramos, sejam dele mesmo, coisa a respeito da qual podemos nos assegurar pela Palavra de Deus, mas é preciso termos sobre essas coisas o selo do Espírito de Deus. No assunto da adoração a Deus há duas coisas que ele nos perguntará. Primeira: "Quem requereu isto das tuas mãos?" Mas, se tu conseguires responder da seguinte forma: "Ó Senhor, tu o requereste", tudo está bem. Mas em seguida Deus fará outra pergunta: "De quem é esta imagem e inscrição?" Se tu não consegues responder a isso, ela será também rejeitada. Em tudo o que fazes, precisas agir com base nos princípios de Deus. É preciso haver o selo do Espírito naquilo que é apresentado a Deus, de outra forma tudo isso é nada.

Tratar deste assunto levará algum tempo. Por isso, quero primeiro mostrar-lhes como saber se nossos deveres são executados como expressão das nossas qualidades naturais e não pelo Espírito de Deus. Em segundo lugar, pretendo mostrar como saber se nossos deveres são executados pelo nosso senso moral natural ou pelo Espírito de Deus.

Se fores movido por tuas qualidades naturais, os deveres santos não mudarão teu coração. As pessoas que desempenham os deveres com a força das suas qualidades naturais podem executar esses deveres tão bem quanto os outros, e falar para a edificação dos outros, mas esses deveres nunca lhes mudam o coração. Agora, se ages pelo Espírito de Deus, serás conformado à própria imagem do seu Espírito.

Se as pessoas agirem movidas por suas capacidades naturais, essas qualidades não as ajudarão a atravessar as dificuldades e o desânimo. Mas, se ages movido pelo Espírito de Deus, mesmo que te depares com essas dificuldades e desânimo, serás ajudado a passar por todas elas.

Como podes saber a origem da execução de um dever, tanto quando tu mesmo que o executas assim como quando outrem o faz? Cumpres um dever, e talvez tuas qualidades atuem intensamente e em teu favor; mas mesmo assim tua consciência te diz que teu coração se fortaleceu. Agora, será que consegues te alegrar por teres atingido o fim que desejavas? Talvez, em outra ocasião, o teu coração esteja mais atribulado e quebrantado. Mas não te expressas tanto, e então te sentes desanimado. E, quando vês outra pessoa executando um dever, se percebes qualquer defeito naquilo que ela faz, te atiras contra aquilo e o consideras como um desempenho muito pobre. Não há como divisares alguma virtude nos deveres santos a não ser que vejas alguma virtude nas qualidades naturais. Mas aqueles que têm o Espírito de Deus conseguem ver o Espírito de Deus operando nos outros, mesmo que não possuam essas qualidades naturais.

Por dentro, aqueles que agem movidos pelas qualidades naturais são bem menos do que aquilo que aparentam diante dos outros. É grande a atuação que as suas qualidades fazem diante dos outros, mas o que é que existe de real entre Deus e a alma deles?

Aqueles que agem dessa forma não são muito constantes. Talvez conheças jovens que começam a se interessar pela religião. As suas qualidades são fortes, e eles se empenham intensamente nos deveres santos, e gostam de colocar em prática essas qualidades. Mas como é frequente que, depois de alguns anos, esses mesmos jovens estão mais mortos e entorpecidos do que estavam antes, e se interessam menos pelos deveres referentes à adoração a Deus do que se interessavam antes! Se tivesse sido obra do Espírito de Deus, encontrarias neles tanta graça e sabor depois como havia no princípio.

A consciência natural, às vezes, leva as pessoas a executar os deveres, e na verdade isso é melhor do que simples qualidades naturais.

Se ages movido apenas pela consciência natural, ela te incita a executar os deveres, mas não te concede força para executá-los. Mas quando o Espírito de Deus te incita a executar algum dever, ele te concede força para executá-lo, força por meio da qual alcanças comunhão com Deus.

Se ages movido apenas pela consciência natural, ela te apresenta o dever, mas não torna o teu coração grato pelo dever cumprido, nem faz com que ames esse dever. Mas se é o Espírito de Deus, ele faz com que tenhas prazer no dever e gostes dele.

Se ages movido apenas pela consciência natural, não consegues intensificar, por meio da execução dos deveres, a tua comunhão com Deus; tu os executas como que numa sequência contínua apenas. Mas quando o Espírito de Deus te incita aos deveres santos, eles não são apenas uma tarefa cumprida; pelo contrário, és capaz de perceber que tua comunhão com Deus se intensifica mais e mais. O teu coração se eleva mais a Deus e se aproxima mais dele, e assim mais e mais no decurso de toda a tua vida.

Terás condições de dizer: "Quando, no início, ele começou a instruir minha alma em seus caminhos, era pouca a minha amizade com Deus, mas pela sua misericórdia agora tenho mais comunhão com ele". E assim podes te alegrar em Deus pela amizade que tens em comunhão com ele. Por nada neste mundo perderias essa comunhão que tens com Deus na execução dos deveres santos. As outras pessoas têm seus companheiros com quem mantêm comunhão (talvez isso lhes faça muito bem), mas o Senhor me mostrou outro tipo de comunhão que minha alma mantém com ele mesmo, e na qual ela tem doce satisfação.

Da mesma forma que a consciência natural não concede força para executar os deveres, ela também não faz com que o dever fortaleça a alma. Ou seja, o dever mesmo não concede força nenhuma; não se consegue força nenhuma do dever em si. A execução de um dever não prepara para a execução do seguinte, mas: "O caminho do SENHOR é fortaleza para os íntegros" (Pv 10.29). Ou seja, quando um coração alcançado pela graça se encontra em adoração a Deus, ele descobre que o próprio dever de adorar a Deus é que lhe concede vigor para executá-lo, e dessa forma o prepara para executar outro dever.

Além disso, uma consciência natural limitada a si mesma e em si mesma está confinada. Ou seja, ela fará apenas aquilo que vai fazê-la voltar à sua paz e quietude; isso ela fará, mas nada mais além disso. Mas quando alguém é movido pelo Espírito de Deus, a pessoa não está limitada a nenhuma fronteira, não está confinada à própria paz, pois quanto mais paz um coração alcançado pela graça conseguir na execução de um dever, mais ele se amplia na execução desse dever. Ora, uma consciência natural chama ao dever e fará com que te empenhes quando te falta a paz, quando estás atribulado e tens medo. Mas quando não estás atribulado nem sentes medo, ela não constrange o coração para que executes qualquer dever. Porém, o Espírito de Deus convoca a alma ao dever quando reina a maior paz e o maior bem-estar.

Não é preciso muita coisa para apaziguar uma consciência natural, de forma que, se a pessoa executar o dever, isso já é suficiente. Mas a pessoa que é movida pelo Espírito de Deus na execução de um dever, essa tem necessidade de receber muita coisa da parte de Deus, do contrário não ficará satisfeita. Se, de manhã, na execução do dever, a pessoa não tiver encontrado a Deus, o dia inteiro ela se lamentará por isso. Dessa forma, podes ver que existe muita diferença entre o desempenho das qualidades naturais e da consciência na execução dos deveres, e as operações do Espírito de Deus.

A oitava coisa é a seguinte: quando vens executar os deveres santos, se pretendes santificar o nome de Deus, precisas consagrar-te a ti mesmo a Deus. É preciso entregar a Deus alma e corpo, propriedades, liberdade, nome e tudo o que és, tens ou podes fazer. Isto é santificar o nome de Deus: consagrar-te a ti mesmo a Deus. E professar isso na execução dos deveres, quando vais orar, será algo muito bom outra vez professares que és de Deus, professar que abriste mão para Deus de tudo o que és, tens ou podes fazer: "Senhor, eu sou teu servo. Toma todas as capacidades da minha alma e todos os membros do meu corpo e usa-os. Dispõe deles para teu próprio louvor, para a máxima glória do teu grande nome". Se a cada vez vieres a Deus em oração dessa forma, estarás santificando a ti mesmo a Deus.

Já anteriormente falei de um coração santificado, mas agora isto é uma dedicação de ti mesmo a Deus. Faze isso em secreto, em teu próprio pensamento. Se não o expressas a todo tempo em palavras, faze-o em teus próprios pensamentos. Consagra-te a Deus todos os dias. Será de grande proveito se, a cada dia, quando homens e mulheres adoram a Deus, quer seja em seu quarto de oração ou em família, abertamente se consagrarem a Deus, e, da mesma forma, a cada vez que vierem ouvir a Palavra ou receber os sacramentos, Deus possa contar que o seu nome seja santificado dessa forma.

Por último, aquilo que deve caracterizar tudo, e cuja ausência fará com que nada tenha valor, é que precisas apresentar toda a tua adoração em nome de Jesus Cristo. Por melhor que um homem ou uma mulher adorem a Deus, mesmo que o tenham feito como nunca antes, se não apresentarem essa adoração em nome de Jesus Cristo, Deus não considerará que o seu nome foi santificado. É preciso que, pela fé, contemples a Jesus Cristo como o glorioso Mediador que veio ao mundo, por meio do qual tens acesso ao Pai. Coloca a tua fé em Cristo, e coloca os teus deveres nas mãos dele como nas mãos de um Mediador, para que ele os apresente ao Pai.

Tu te esforçaste o máximo possível para executar os deveres, mas não deves pensar em apresentá-los a Deus com tua própria mão; precisas apresentá-los ao Pai por intermédio da mão de Jesus Cristo, o Mediador, e assim poderás santificar o nome de Deus na execução dos deveres santos. Lemos em Levítico 16.3 que, quando Arão ia oferecer o incenso, ele precisava colocá-lo no fogo diante do Senhor, para que a nuvem de incenso cobrisse o propiciatório que estava sobre o testemunho, de forma que ele não morresse.

Nota bem isso. A vida dele dependia disso. Ora, o incenso, no Novo Testamento, é chamado de oração, e assim também acontece no Antigo Testamento. Era uma espécie de símbolo da oração. O oferecimento das nossas orações é o oferecimento do incenso a Deus, e o propiciatório era um tipo de Cristo. Assim como o incenso deveria cobrir o propiciatório, assim nossas orações precisam subir a Jesus Cristo, devem ser dirigidas a ele, e assim serão aceitas pelo Pai. E, como lemos em Juízes 13.20, quando Manoá ofereceu um sacrifício, diz o texto, "sucedeu que, subindo para o céu a chama que saiu do altar, o Anjo do SENHOR subiu nela". Esse anjo de Deus aqui era Jesus Cristo, como facilmente podemos deduzir do texto, e ele subiu na chama do altar.

Embora hoje não ofereçamos mais esse tipo de sacrifícios com fogo e incenso como eles faziam no tempo da lei, quando estamos oferecendo nosso incenso, precisa haver uma chama de fervor e zelo. Mas isso não é suficiente. Juntamente com a chama do altar, o anjo de Deus, Jesus Cristo, o grande anjo da Nova Aliança (porque anjo significa mensageiro), o grande Mensageiro que veio ao mundo para cumprir sua grande missão, reconciliar o mundo consigo mesmo, precisa subir na chama, e dessa forma Deus considerará que seu nome foi santificado. O nome de Deus não é santificado senão por meio de Jesus Cristo.

Colocar nossa fé em Jesus Cristo como Mediador é um ingrediente especial para a santificação do nome de Deus na execução dos deveres santos. Como todos sabem, a Escritura diz que o altar santifica a oferta que se faz sobre o altar. Jesus Cristo é o Altar sobre o qual devemos oferecer todos os nossos sacrifícios espirituais, e esse Altar santifica a dádiva que se oferece sobre ele. Por maior que seja a dádiva oferecida sobre qualquer outro altar, ela não será considerada santa nem será aceita.

Que os homens, então, pela força ou poder naturais que possuem, ofereçam o mais glorioso e encantador serviço a Deus; ele não será aceitável a não ser que seja oferecido sobre o Altar, Jesus Cristo. Temos, agora, um altar (não a mesa da comunhão), mas o próprio Jesus Cristo é nosso Altar, sobre o qual devemos oferecer todos os nossos sacrifícios, e esse Altar é que precisa santificar a oferta. Não existe maneira de santificar nossa oferta — não, nem o nome de Deus pode ser santificado nessa oferta, a não ser que seja oferecida sobre este Altar, e nossa fé seja colocada em Jesus Cristo.

As pessoas pensam pouco nisso, pensam noutras coisas. Quando adoramos a Deus, devemos adorá-lo com temor e reverência, com humildade e com intensidade de propósito. Todo aquele que, de alguma forma, teve a consciência iluminada vai pensar nesse tipo de coisa, mas mesmo assim as pessoas pensam pouco no assunto, nesse que é o maior ingrediente de todos os requeridos na santificação do nome de Deus na execução dos deveres santos, ou seja, aproximar-se e oferecer tudo ao Pai em nome de Jesus Cristo. Quantos homens e mulheres professam a religião por vinte ou trinta anos, mas ainda não entendem esse grande mistério da piedade: oferecer tudo a Deus em nome de seu Filho!

É a respeito disso que já em várias ocasiões tenho falado, e estou disposto a voltar ao assunto e dele falar sempre, porque é uma parte principal do grande mistério do evangelho, sem o qual a execução de todos os nossos deveres é rejeitada por Deus e jogada fora. Portanto, junte agora todas essas nove coisas e veja por meio delas o que devemos fazer para santificar o nome de Deus na execução dos deveres santos.

6

PRECISAMOS AJUSTAR A PRÁTICA DOS NOSSOS DEVERES AO DEUS QUE ADORAMOS

*"Serei santificado naqueles que se chegarem
a mim" (Levítico 10.3)*

Precisamos falar a respeito de mais uma coisa para nos ajudar a santificar o nome de Deus na prática dos deveres santos. Trata-se das diversas atitudes do coração adequadas aos diferentes atributos de Deus, pois isto é santificar o nome de Deus: fazer com que a execução do dever seja feita de maneira apropriada ao Deus que estamos adorando. Vamos, então, considerar o que a Escritura diz a respeito de Deus, e então vejamos quais são as disposições adequadas que devemos ter em nós com respeito às coisas que a Escritura diz a respeito de Deus.

Em primeiro lugar, a Escritura diz que Deus é Espírito (Jo 4.24). E então Cristo diz que aquele que adora a Deus deve adorá-lo em Espírito. Ou seja, em nossa adoração, precisa haver uma adequação ao que Deus é. Deus é Espírito? Então todo aquele que o adora precisa adorá-lo em Espírito e em verdade. Em outras palavras, quando vou adorar a Deus, preciso considerá-lo como ele é, um Espírito infinito e glorioso. Muito bem. Então, é evidente que não basta que eu adore com meu corpo. Embora eu me ajoelhe em oração, ou me faça fisicamente presente para ouvir a Palavra ou para receber o sacramento, isso não é adorar a Deus como um Espírito.

Se nosso Deus fosse como os deuses pagãos, ou seja, material, a coisa seria diferente. Nesse caso, a adoração com o corpo seria plenamente suficiente. Mas Deus, sendo Espírito, exige adoração em espírito. Essa é a razão por que Davi diz: "Bendize, minha alma, a Jeová, e tudo o que há em mim, bendiga o seu santo nome" (Sl 103.1).

O apóstolo diz em 1Timóteo 4.8: "... o exercício físico para pouco é proveitoso". Não é um assunto importante para o corpo. Deus se preocupa muito pouco com o exercício físico, mas é a piedade que é proveitosa. É a obra do Espírito. Quando chegamos para orar, precisamos orar no Espírito, ou seja, precisamos orar com nossa alma. Precisamos derramar nossa alma diante de Deus. E, quando chegamos para ouvir, nosso coração não deve ser avarento. Devemos colocar o coração naquilo que ouvimos. Precisamos ouvir com nosso coração tanto quanto ouvimos com nossos ouvidos.

Quando ouvimos a Palavra, precisamos ativar nossa alma, colocá-la para trabalhar. Quando estás ouvindo, não é suficiente vir e sentar no banco e escutar o som das palavras; a tua alma precisa trabalhar. E assim também quando vens receber o sacramento, tua alma precisa alimentar-se de Jesus Cristo. Adorar com o corpo sem adorar com a alma não é nada; mas a adoração da alma pode ser bem aceita sem a adoração do corpo. Por isso, é principalmente a alma que Deus olha quando executamos os deveres santos.

Se não tens condições de adorar a Deus com teu corpo, podes adorá-lo em tua alma; e Deus considera de pouco valor o exercício físico na execução dos deveres santos. Reconheço que às vezes o exercício físico pode ajudar a alma como uma reverente carruagem do corpo e assim por diante, mas ele não é nada em comparação com ela. A grande obra é a obra da alma, pois Deus é Espírito e deve ser adorado em espírito. E, quando se diz que Deus é Espírito, não é apenas que ele não possui um corpo físico, mas refere-se à simplicidade de Deus. Ele não é composto de partes. Tudo o que existe em Deus é o próprio Deus. Ele é essencialmente um. Não existem coisas diversas nele.

Em segundo lugar, então, aqueles que vêm adorá-lo precisam adorá-lo em espírito e em verdade. Ou seja, não pode haver coração e coração, não pode haver um coração misturado, mas é preciso que tragas um coração simples diante de Deus, sem nenhuma mistura de sujeira em ti ou qualquer tipo de falsidade. Precisas vir adorar a Deus na simplicidade do teu coração. E assim adorarás a Deus com tal adoração que de alguma forma é adequada a ele, ele que é Espírito.

Além disso, considera a Deus como Deus eterno. Que tipo de disposições isso requer de mim, quando busco a Deus como um ser eterno? Requer de mim apenas isto: que, por essa razão, meu coração precisa desviar-se de todas as boas coisas temporais e ser colocado nesse bem eterno. Preciso, na verdade, desejar essas coisas exteriores apenas como meios para meu bem-estar eterno.

Além disso, ainda, estás adorando um Deus eterno. Por isso, então, qualquer que seja o pecado que confesses, mesmo que tenha sido cometido vinte ou quarenta anos atrás, precisas considerá-lo como se o tivesses cometido agora há pouco, e humilhar-te diante do Senhor como se tivesses acabado de cometê-lo.

Talvez me perguntes: "Mas por que isso? Só porque Deus é um Deus eterno?" Isso mesmo, porque, se entendo a eternidade de Deus, se venho confessar os pecados que cometi na minha juventude, eles, considerando o tempo, estão diante de Deus como se tivessem sido cometidos agora mesmo. Por isso, preciso (tanto quanto me é possível) encará-los e me humilhar por causa deles como se fossem pecados cometidos na presente época da minha vida.

Muita gente se perturba pelos pecados no dia em que os comete, mas o transcorrer de um tempinho diminui a sua perturbação. Porém, se considerares que precisas lidar com um Deus eterno, então vais encarar teus pecados como se eles tivessem vindo à luz agora há pouco, mesmo que faça bastante tempo que os tenhas cometido.

Dessa mesma forma, considerar a eternidade de Deus exigirá também o seguinte: é preciso que venhas com uma disposição de coração que não te perturbes mesmo que a coisa que desejas não te seja dada ou não a recebas no tempo em que desejavas recebê-la. Porque, se para Deus o tempo não muda, mas para ele mil anos são como um dia, então aquilo que consideramos demorado para acontecer, para Deus não é nada. Por essa razão, precisamos que nosso coração aja para com Deus como para um Deus eterno, como alguém para quem não existe mudança de tempo de forma alguma, para quem não existe sucessão de tempo.

Se nos chegamos a um homem em busca de ajuda, se ele não nos responde de imediato, pensamos que se esqueceu de nosso pedido e que outras coisas ocuparam a sua mente. Mas quando vimos adorar a Deus, temos de contemplá-lo como um ser eterno, e saber que o tempo não faz diferença nenhuma para ele. Compreender Deus de forma correta nos ajudará imensamente em nosso esforço de adorar e santificar o seu nome. Não temos condições de santificar o nome de Deus se não dedicarmos pensamentos sérios a respeito do seu nome e não fizermos nosso coração agir de acordo com eles.

Em terceiro lugar, quando vieres adorar a Deus, contempla-o em seu ser misterioso, ou seja, contempla-o como um Deus que enche todos os lugares. Ele está presente no quarto onde estamos orando, o lugar em que estamos reunidos, da mesma forma que está no céu. Quando, então, vimos adorá-lo, precisamos considerar que esse ser infinito e glorioso está em nossa presença, nos vê, está bem perto e, por isso, especialmente quando estás adorando em secreto, leva isso em consideração. É bom que consideres isso quando estás com os outros, mas repito: considera-o especialmente quando estás em secreto; e sabe que, quando estás totalmente sozinho existe um que te vê e que te observa mais do que se houvesse dez mil testemunhas perto de ti a te observar. Pois é o Senhor que está perto de ti e vê o teu comportamento, vê o que fazes quando o adoras. Toma cuidado, então, para não fazeres nada que seja impróprio na presença de um Deus como é o Senhor.

Imaginemos que estejas orando e perto de ti se encontra um ministro piedoso e experiente. Isso seria uma forma de ajudar teu coração a prestar atenção naquilo que estás fazendo. Mas a realidade é que o Senhor não se encontra apenas no quarto ao lado, mas está no mesmo quarto e perto de ti. Por isso, não faças nada inadequado na presença desse Deus infinito e santo que está bem junto de ti. Tem sempre diante de ti esta verdade: o Senhor está presente comigo. Eu o reconheço e confesso, e por essa razão me comporto dessa maneira, e tudo porque desejo testemunhar a anjos e homens que reconheço que o Senhor está presente comigo na execução deste dever.

Em quarto lugar, considera que Deus é um Deus imutável. Esse é outro dos atributos de Deus: Ele não muda. Essa é a razão por que nosso coração precisa ser tirado dessas coisas mutáveis e colocado em Deus como o Bem imutável. Temos de ser humilhados por causa da nossa volubilidade e inconstância. Não existe em Deus nenhuma sombra de mudança, ao passo que em nós não existe nem sombra de constância. Quando nos chegamos à presença do Deus que é imutável, precisamos olhar para Deus como sendo o mesmo agora como sempre foi antes do dia de hoje. Ele se desagrada do pecado hoje da mesma forma que sempre se desagradou, e esse Deus que fez tão grandes coisas em favor da sua igreja antigamente é o mesmo Deus pronto a fazer o bem para o seu povo hoje, como sempre o fez. Faze uso disso. Quando lês a Palavra de Deus, descobres como Deus se manifestou de forma gloriosa em favor do seu povo. Então, toda vez que vou adorar a Deus, devo lembrar que vou lidar com o Deus que é o mesmo como sempre foi, e dessa forma o meu coração deve comportar-se para com ele.

Em quinto lugar, quando vou adorar a Deus, preciso contemplá-lo como o Deus vivo, como o Deus que tem vida em si mesmo e que concede vida às suas criaturas.

E então? Qual deve ser meu comportamento? O que é adequado fazer? Preciso chegar diante da sua presença com temor. Terrível coisa é cair nas mãos do Deus vivo, do Deus sob cujos pés está a minha vida. Minha condição, tanto a presente como a eterna, está inteiramente nas mãos dele. A vida que tenho, ele a deu a mim, ele a tem preservado, e também a tomará de volta quando quiser trazer a morte, a morte eterna sobre mim. Essas coisas podem ajudar de forma tremenda a tua meditação quando estás para chegar à presença dele. Vocês que acham enfadonho meditar, comecem a meditar nos atributos de Deus e procurem extrair deles o máximo que puderem.

Deus é o Deus vivo. Que tipo de comportamento, então, me é apropriado para me apresentar a este Deus vivo? Oh, que eu tema deixar minha alma afastar-se do Deus vivo! Que eu lhe traga uma adoração viva. Não posso trazer um coração apático; tomarei cuidado na maneira como chego diante do Deus vivo para não vir com um coração apático e com adoração desanimada para sacrificar aquilo que já está morto antes mesmo de ser apresentado. É como um cadáver numa tumba.

Oh, que nos humilhemos por causa do nosso coração apático e dos sacrifícios mortos! É a um Deus vivo que estou adorando, e por isso é que preciso orar: "Desvia os meus olhos de verem a vaidade, e vivifica-me nos teus caminhos" (Sl 119.37). Lembra-te de que, quando vens adorar, deves vir com um coração vivificado, pois tens de lidar com um Deus vivo. Um homem ou mulher de espírito ativo não consegue aguentar um empregado vagaroso e preguiçoso trabalhando na família. Mas o Senhor é pura ação, e nada mais do que ação, e por isso ele espera que todo o seu povo tenha espírito despertado, ativo e vivo.

Em sexto lugar, quando vens adorar a Deus, precisas contemplá-lo como Todo-Poderoso, e dessa forma temer o seu grande poder quando vens à sua presença, e então não serás desencorajado por nenhuma dificuldade. Estou vindo em busca de algo muito grande, e venho procurar um Deus grande, que tem todo o poder no céu e na terra, e que possui infinitamente mais poder do que existe em todas as criaturas no céu e na terra. Estou orando a um Deus que pode criar a paz, socorrer. A condição em que me encontro não é tão desesperadora ao ponto de este Deus Todo-Poderoso não poder ajudar-me. Farei dele o objeto da minha fé, uma vez que ele é tão infinitamente Todo-Poderoso. Que objeto satisfatório para a fé é esse Deus que possui todo o poder! Por essa razão, venho a ele como a uma torre forte. "Torre forte é o nome do Senhor" (Pv 18.10), que pode socorrer em todo e qualquer aperto, em toda e qualquer dificuldade.

Obteríamos muito mais proveito da nossa fé se conseguíssemos ver o Senhor como um Deus infinito, todo-poderoso. Quando percebemos ajudas e meios exteriores perto de nós, conseguimos crer que vamos receber algum socorro da parte dele, mas quando falham todas as ajudas e meios exteriores, ficamos desanimados. Não santificamos o nome de Deus; em vez disso, tomamos o nome de Deus em vão quando nosso coração se desanima com qualquer dificuldade. Ora, o Senhor requer que todos os seus filhos que vêm adorá-lo o adorem como o Deus Todo-Poderoso, e assim tenham o coração inclinado para ele. Experimentaríamos poderosas operações do Espírito em direção a Deus se o contemplássemos com os olhos da fé e também da razão.

Em sétimo lugar, contempla a Deus como um Deus onisciente, como um Deus que conhece, entende, compreende infinitamente todas as coisas. Muito bem, e quais são as implicações dessa verdade? Se Deus é um Deus de conhecimento infinito, que eu não traga, então, nenhum sacrifício cego para ele. Então, que eu não apresente um coração ignorante. A qualidade que distingue uma criatura inteligente é que ela conhece os limites e objetivos de suas próprias ações. E agora vens adorar um Deus infinito, um Deus cujo conhecimento é infinito. Conhece, então, o que deves fazer, e conhece os objetivos daquilo que fazes, e vem com entendimento à sua presença.

Se ele tem todo esse conhecimento, vem com um coração livre, disposto a abrir diante de Deus tudo o que tens no coração. Guarda-te de esconder no coração qualquer decisão secreta. Deus te conhece, e sabe como te descobrir. Ele conhece tudo o que está em teu coração; toda maldade secreta que está em teu coração o Senhor conhece. Os olhos do Senhor são penetrantes. Sem esforço nenhum, ele vê o que está no teu coração. É inútil tentar esconder qualquer coisa da presença dele.

PERGUNTA: Talvez você diga: "Se Deus conhece o que está no coração do homem, então por que é preciso que ele venha e confesse?"

RESPOSTA: Sim, ele exige que venhas à presença dele nos teus maiores apertos; nega a tua própria sabedoria. Vem com a resolução de seres guiado pela sabedoria de Deus da seguinte maneira: "Senhor, eu não sei como ordenar os meus passos. Existe muita estupidez e orgulho em meu coração, mas tu és um Deus de sabedoria infinita. Venho a ti à procura de direção, e declaro aqui que estou disposto a entregar toda a minha alma para ser dirigida por tua sabedoria".

Se toda vez que viermos adorar a Deus, viermos da seguinte forma: "Oh, Senhor, quaisquer que tenham sido os nossos pensamentos até aqui, se apenas nos revelares a tua mente, iremos te escutar. Senhor, cremos que a tua sabedoria és tu mesmo, e por isso declaramos que nos entregamos à tua sabedoria" — isso é santificar o nome de Deus.

Em oitavo lugar, considera a santidade de Deus. Deus é um Deus infinitamente limpo de todo pecado, e, por isso, quando vimos adorar a Deus, precisamos envergonhar-nos da nossa falta de santidade, assim como fez o profeta em Isaías 6, quando ouviu o clamor do serafim: "Santo, santo, santo é o Senhor dos Exércitos". Ele prostrou-se e disse: "ai de mim! Estou perdido! Porque sou homem de lábios impuros". É Deus um Deus santo? Então que eu tenha cuidado quando vier diante dele, que eu não traga comigo o amor por algum pecado, pois o Senhor o odeia. E que eu tenha cuidado para não jogar sujeira no rosto da santidade de Deus, mas que eu entregue minha alma para ser totalmente controlada por ele.

Esforça-te para haver harmonia entre a santidade do teu coração e o Deus infinito. Isso é santificar o nome de Deus, quando a consideração desse atributo de Deus provoca tal efeito em meu coração que eu me esforço para chegar diante de Deus com um coração adequado.

Em nono lugar, quando vens diante de Deus, considera que te achegas a um Deus misericordioso. E quais são as implicações dessa verdade? Isso deve encher-me de alegria para chegar à sua presença como um Deus que está desejoso de fazer o bem às suas pobres criaturas que estão na miséria. Isso deve fazer-me vir com um coração sensível à necessidade dessa misericórdia: "Oh, Senhor, meu coração tem se ocupado com outras coisas até aqui, mas agora, Senhor, a tua misericórdia é o que minha alma deseja como o meu bem maior". Isso deve me fazer vir com expectativa de receber grandes coisas da parte de Deus. Não venhas a Deus como a uma videira vazia, mas como a uma videira cheia e carregada. Quanto mais a tua fé é despertada para esperar grandes coisas da parte de Deus, mais aceitável te tornas a ele. Com toda a certeza, quanto mais alto se eleva a fé de uma pessoa, quando ela chega à sua presença para esperar coisas grandes, mais aceitável essa fé se torna.

Com Deus é diferente do que com os homens. Se te chegas aos homens para suplicar uma coisa pequena, és bem-vindo. Mas se chegas para pedir algo grande, eles olham torto para ti. Mas a verdade é que, quanto maiores as coisas que vimos buscar de Deus, mais bem-vindos somos à sua presença. E aqueles que estão familiarizados com Deus sabem disso, e por essa razão eles vêm mais plenamente. Quando vêm pedir ao próprio Senhor Jesus Cristo e ao seu Espírito, isso vale mais do que cem mil mundos. Eles vêm com maior liberdade de espírito do que quando vêm pedir em favor da sua saúde e coisas do gênero.

Da mesma forma, outra maneira de santificar esse atributo de Deus é aproximar-se dele com um coração misericordioso para com teus irmãos. Toma cuidado para que, sempre que vieres adorar a Deus, não venhas com um coração duro e cruel para com qualquer dos teus irmãos. Essa é a razão por que Cristo exige isto de ti ao ensinar-te a orar. Precisas dizer: "perdoa-nos as nossas dívidas, assim como nós perdoamos aos nossos devedores". E o vês repetido mais uma vez: se tu perdoares, então teu Pai celeste também perdoará, caso contrário não te perdoará. É como se Cristo dissesse: "Quando vens suplicar misericórdia, certifica-te de trazeres contigo um coração cheio de misericórdia".

Uma boa maneira de santificar o nome de Deus neste atributo é a alma cuidar bem de si mesma. O que é que me impede de provar a misericórdia de Deus e a invalida para comigo? Estarei tomando o nome de Deus em vão se eu disser que preciso da misericórdia de Deus sem ao mesmo tempo me esforçar para fugir das coisas que atrapalham a obra da sua graça em mim.

Em décimo lugar, considera a justiça de Deus; este é outro dos seus atributos. Considera que tens de prestar contas a um Deus infinito, reto e justo. Não penses que, se és um crente, nada mais precisas fazer com respeito à justiça de Deus, pois com certeza precisas santificar a justiça dele.

Pergunta: "Como um crente deve santificar a justiça de Deus?"

Resposta: Em primeiro lugar, ele deve perceber e ter uma noção clara de como, por meio do pecado, ele se tornou devedor à justiça e merece a condenação da justiça por toda a eternidade. O crente deve considerar como ele é em si mesmo. É verdade, sim, que Jesus Cristo se interpôs entre a alma crente e a justiça do Pai; mas ainda que ele o tenha feito, isso não desfaz a necessidade que tu tens de ter uma noção bem clara daquilo que merecias receber.

Em segundo lugar, existe algo peculiar na santificação da justiça de Deus. Quando vimos à sua presença, precisamos considerar que temos de lidar com um Deus infinito, justo, e, por essa razão, não devemos atrever-nos a vir senão por meio de um Mediador. Esta é a razão por que devemos apresentar tudo em nome de Cristo, porque, quando nos chegamos diante de Deus, precisamos santificar o nome da sua justiça.

Será que é suficiente pensares da seguinte forma: "Eu pequei e Deus é misericordioso. Irei e orarei a ele, suplicando que seja misericordioso"? Ah, não! Deus exige a santificação da sua justiça, e não existe nada que santifique tanto a sua justiça como quando uma pobre criatura enxerga a infinita distância que o pecado criou entre si e o Deus infinito. O pecador enxerga que, por meio do pecado, se tornou um endividado para com a justiça, e que, quando vê que existe uma necessidade absoluta de que a justiça infinita seja satisfeita, aí o pecador pensa: "Se eu preciso satisfazer a justiça de Deus, nunca serei capaz de fazê-lo. Mas existe um Mediador, e por essa razão vou correr para ele, e, pela fé, apresentar ao Pai todos os méritos do seu Filho como a plena satisfação da sua justiça infinita".

Quando vens dessa maneira diante do Senhor, santificas de fato o seu nome. Muita gente pensa que, quando vêm para orar, precisa contemplar a graça e a misericórdia de Deus, e que não precisa contemplar a sua justiça. Mas é preciso contemplar tanto aquelas quanto esta.

Outro atributo de Deus é a sua fidelidade. Considera que tens de lidar com um Deus de verdade e fidelidade infinitas, e por essa razão olha para ele como o objeto sobre o qual podes descansar tua fé. Da mesma forma, precisas trazer um coração sincero, de alguma forma adequado a essa fidelidade de Deus, ou seja, um coração fiel a ele, para permanecer na aliança da qual passaste a fazer parte e para cumprir todos os votos que fizeste a Deus.

Lembra-te de que tens de lidar com um Deus fiel. Assim como o Senhor se agrada em manifestar a sua justiça às pobres criaturas que buscam a sua face, assim esse mesmo Deus espera que tu sejas fiel em todos os pactos que fizeste com ele — e isso é santificar o nome de Deus.

Agora, então, junta todos esses atributos de Deus, e aí terás a sua glória, a infinitude da sua glória. O brilho e resplendor de todos os atributos juntos é a glória de Deus. Preciso, então, lidar com um Deus glorioso, e vou me esforçar para desempenhar serviços tais que tenham sobre si uma glória espiritual, para que alguma coisa do brilho divino que existe em Deus possa estar sobre esses serviços. Que eu me empenhe por coisas gloriosas, já que tenho de lidar com um Deus assim glorioso.

Dirijo-me a todo coração já alcançado pela graça. O que é que podes omitir disso tudo, ou o que é que omitirias por escolha tua? Será que dizes: "Isso é uma tarefa grande demais!"? Será que é difícil demais fazer-te feliz? Essas coisas não são apenas o teu dever, mas são tua felicidade. A glória e a excelência são feitas dessas coisas.

Se alguém te trouxesse uma grande quantidade de joias e pérolas, será que dirias: "Isso é coisa demais!"? Ah, não, tu com certeza dirias: "Quanto mais, melhor!" Por isso eu digo que esse exemplo acaba com os pensamentos de "tarefa grande demais", porque a minha felicidade é feita de todas essas coisas, e quanto mais tenho disso, mais me deleito em Deus; mais feliz serei tanto aqui como na eternidade. Não há motivo, por menor que seja, para que qualquer de nós descanse e se acomode em qualquer dos nossos deveres. Se nos é requerido santificar o nome de Deus na execução dos deveres, afirmo que não temos razão para nos acomodar a qualquer dever que executamos.

Existem muitas pobres criaturas que não têm outros salvadores em que descansar a não ser suas orações, vir à igreja e participar da comunhão. Agora, se em todas essas coisas o Senhor espera que santifiques por meio delas o seu nome, não há razão para descansar em nada daquilo que fazes. Tens razão, antes, de ir sozinho e lamentar porque tomas o nome de Deus em vão quando executas os deveres referentes à sua adoração. Não descanses nem te acomodes em nenhuma das coisas que realizas. Esforça-te para desempenhar os deveres o melhor que puderes, mas, depois de teres feito tudo, sabe que ainda és servo inútil, e renuncia a tudo, no que diz respeito à justificação, e descansa em outra coisa. Senão estarás perdido para sempre.

7

POR QUE DEUS SERÁ SANTIFICADO AO EXECUTARMOS OS DEVERES REFERENTES À SUA ADORAÇÃO?

"Serei santificado naqueles que se chegarem a mim" (Levítico 10.3)

Vamos, agora, concluir essa grande discussão referente a santificar o nome de Deus na execução dos deveres santos. Deus quer que todos nós santifiquemos o seu nome quando nos achegamos a ele. Vamos, agora, considerar diversas razões por que Deus deseja ser santificado no cumprimento dos deveres referentes à sua adoração.

1.ª RAZÃO: Faz parte da própria natureza de Deus querer que ele mesmo seja o fim último, e que todas as outras coisas operem juntamente para exaltálo ao máximo. Afirmo que essa é a coisa mais importante para ele, como nada mais o é, que tudo e todos se empenhem e desejem que ele seja o fim mais elevado, e que todas as coisas se ajustem à sua glória, para que ela seja promovida. Deus deixaria de ser Deus se não desejasse ser o fim mais elevado, e não desejasse que todas as coisas existentes de alguma forma trabalhem para si mesmo.

Essa é a própria natureza de Deus. Compreendo que é nisso que consiste a própria natureza da santidade de Deus, querendo que ele mesmo seja o fim último, e assim que todas as coisas se ajustem para operar em favor da sua própria excelência infinita. Ora, assim como isso é a santidade de Deus, assim é a santidade que Deus requer das suas criaturas (que são capazes de serem santas), que elas o desejem como fim principal, e todas as coisas se ajustem àquela excelência infinita.

Agora, se essa é a natureza de Deus, e se isso é a sua santidade, então com certeza é algo necessário em todos os que pretendem manter comunhão com ele, e querem honrá-lo, que têm sua vontade ajustada ao que Deus mesmo quer. Ou seja, que todas as coisas sejam adaptadas e adequadas à infinita excelência de Deus, de forma que ele obtenha a glória da sua excelência infinita. Isso faz com que santificar o seu nome seja um dever necessário quando vimos adorá-lo. De forma que extraímos a primeira razão da própria natureza de Deus. Faz parte do próprio ser de Deus que todas as coisas trabalhem para ele mesmo, e de forma tão adequada que exaltem a sua excelência e glória.

2.ª Razão: Precisamos santificar a Deus na execução dos deveres referentes à sua adoração porque ser ativamente honrado é a glória especial que Deus possui neste mundo. Quanto à sua glória passiva, ou seja, ser glorificado de forma passiva, isso ele obtém no inferno. Mas a glória especial que Deus deseja é aquela em que ele é glorificado de forma ativa. Não existe outra maneira de glorificar ativamente o nome de Deus como por meio de adorá-lo de forma santa, e, por isso, Deus insiste em que, quando vimos adorá-lo, santifiquemos o seu nome. Ele diz: "Porque, se não sou santificado quando me adoram, que glória ativa tenho eu neste mundo?" Santificar o nome de Deus na execução dos deveres da sua adoração é conceder a ele a glória especial e ativa neste mundo.

3.ª Razão: Já dissemos anteriormente que a execução dos deveres referentes à adoração a Deus são as coisas mais preciosas, os transmissores especiais das misericórdias selecionadas que ele pretende dar aos seus santos. Por isso, embora ele possa não receber a sua glória em qualquer outra coisa, não deixará de recebê-la naquilo em que ele de forma especial transmite a sua misericórdia e bondade para as pessoas. Mas falamos disso ao apresentar a maneira como nos aproximamos de Deus na execução dos deveres santos, e o assunto cabe bem aqui outra vez como argumento que explica por que devemos santificar o nome de Deus.

4.ª Razão: Não há como nos preparar para receber misericórdia da parte de Deus por meio dos deveres referentes à adoração senão por santificarmos o nome de Deus. Quando vens adorar a Deus, o que pretendes alcançar? Queres manter comunhão com Deus. Agora, não há como fazer de ti um objeto apropriado para a misericórdia, ou capaz de gozar comunhão com Deus, se não for por meio de um comportamento de alma como temos mencionado, para santificar o nome de Deus. Acharias detestável perder os deveres referentes à adoração que executas; por isso é requerido que santifiques o nome dele para que não percas tudo, pois é isso que faz com que sejas o único objeto capaz de receber o bem que é possível receber.

5.ª Razão: Agora, faço a seguinte advertência: A não ser que o nome de Deus seja santificado quando o adoramos, com certeza haveremos de nos desviar, e, a verdade é que esse é o terreno em que cresce toda a apostasia dos hipócritas. Algumas pessoas que avançaram muito na adoração a Deus quando eram jovens, e que depois se desviaram, tinham o costume de adorar a Deus constantemente em família e em secreto, em seu quarto. E naquela época elas consideravam adorar a Deus como a verdadeira alegria da sua vida. Mas hoje não é mais como era antigamente. Sim, eles se desviaram até mesmo de professar a religião e se soltaram; agora, para eles, andar em más companhias para beber ou jogar é melhor do que qualquer serviço de adoração a Deus. Eles valorizam mais frequentar seus esportes prediletos do que ouvir um sermão ou estar em comunhão com o povo de Deus em oração. Antigamente, não trocariam nenhuma oportunidade, por pequena que fosse, para manter comunhão a sós com Deus, por uma quantidade enorme de prazeres e contentamentos que há no mundo, mas agora é bem diferente.

Como tais pessoas apostataram de Deus dessa forma? Com toda a certeza o motivo é que não santificaram o nome de Deus na execução dos deveres santos. No máximo, o que fizeram não passava de uma obra da consciência, que as impulsionou a executar esses deveres, e elas não tiveram mais do que vislumbres. Não havia verdadeira santificação no coração dessas pessoas, por meio da qual santificassem o nome de Deus na execução dos deveres santos, e esse foi o motivo por que desistiram. Atrevo-me a dizer que não existiu jamais alguma alma que sabia o que é santificar o nome de Deus na adoração que tenha se enfadado alguma vez ao adorar a Deus.

Pode até ser que alguns de vocês digam: "Nós ficamos sabendo que é preciso muita coisa para santificar o nome de Deus na execução dos deveres, e que essa é a única maneira de enfadar a alma e fazê-la perder o entusiasmo".

Ah, não, não existe nada que tenha sido dado para santificar o nome de Deus na execução dos deveres que algum coração alcançado pela graça possa deixar de lado; e quanto mais santificarmos o seu nome, mais nos encantaremos com a adoração. Essa é a razão por que aqueles que santificam o nome de Deus em adoração perseveram, porque se deparam com a doçura da adoração. Eles encontram a Deus na execução dos deveres santos, e dessa forma são encorajados quando adoram. Mas quanto àqueles que adoram a Deus de maneira formal, essa mesma adoração se mostrará tediosa para eles, pois executam os deveres, mas não encontram a Deus nesses deveres assim como acontece com os santos, que o encontram espiritualmente. Se, por alguma razão, eles pensam que se encontram com Deus, tudo não passa de imaginação, não é nenhum encontro real com Deus. Eles não recebem, na execução dos deveres, a influência de Deus em sua alma, como acontece com aqueles que santificam o nome de Deus na execução dos deveres santos. Aqui podes ver a razão por que precisamos santificar o nome de Deus na execução dos deveres santos.

Aplicação

1. Se tudo o que acabaste de ouvir é requerido de nós para santificarmos o nome de Deus, podes ver como é pequeno o motivo que temos para descansar em qualquer dever de adoração que executamos. Com toda a certeza, os deveres referentes à adoração que executamos não são coisas apropriadas para nelas descansarmos com respeito à vida e salvação, mas ainda assim, dificilmente existe alguma coisa que as pessoas consideram como lugar de descanso ou apresentam a Deus com vistas à vida eterna como as suas orações, seu comparecimento para ouvir a Palavra e para receber a comunhão, e outros deveres que executam. Isso é tudo que têm para apresentar com vistas à vida e à salvação. Às vezes, talvez até falem de Cristo, mas a verdade é que essas são as coisas em que seu coração descansa no que diz respeito à aceitação para a vida eterna. Mas será isso mesmo? Na verdade, essas coisas em que se apoiam são um caniço quebrado, por melhor que executem os deveres santos.

Suponhamos que santifiquemos o nome de Deus da melhor maneira possível, no mais elevado grau possível a qualquer criatura neste mundo; ainda assim esses deveres santos não são algo para nos apoiarmos. Considera Abraão, Isaque, Jacó e os apóstolos, os homens mais santos que já executaram os deveres santos da maneira mais santa possível, mas ai deles se não tivessem nada além dos deveres executados para se apoiar e neles descansar. Por essa razão, considera que aquilo em que deves repousar para seres aceito para a vida eterna precisa ser aquilo que tem em si mesmo valor suficiente para pagar todos os pecados que anteriormente cometeste, sim, e pagar todos os pecados que ainda virás a cometer.

Apelo, agora, à consciência de cada um aqui. Será que aquilo que fazemos — coisas como orar, receber os sacramentos, ou escutar a Palavra — são uma obra tal que nossa consciência pode ver nelas tanto mérito que indenizarão a Deus por todos os pecados que já cometemos ou que ainda vamos cometer? Estou convencido de que, se as pessoas que até aqui têm se apoiado na execução dos deveres considerassem seriamente esta ideia — que precisam descansar, para sua aceitação quanto à vida e salvação, em algo que tenha valor suficiente para pagar a dívida para com Deus por todos os pecados que algum dia cometeram ou ainda vão cometer — isso faria com que parassem de se apoiar e descansar na execução dos deveres. Sim, e precisa ser dessa forma assim como deve ser o nosso prazer termos como objetivo a infinita santidade de Deus. Com toda a certeza, os deveres que executamos não são coisas em que devemos nos apoiar e descansar.

Lemos, em Êxodo 22.31, a respeito da carne dilacerada no campo. Ela deveria ser jogada aos cães: "Ser-me-eis homens santos; portanto não comereis carne que tenha sido dilacerada no campo: deitá-la-eis aos cães". Será que o povo de Israel tinha de provar sua santidade por meio disso, em não comer carne dilacerada pelas feras, e em vez disso lançá-la aos cães? Ou será que a santidade do povo de Israel era tal que Deus requereu que não comesse nada que tivesse sido dilacerado pelas feras? Em que consiste, então, a santidade do Deus infinito? Os serviços que desempenhamos, em si mesmos, são muitas vezes coisas dilaceradas por nossas paixões animais. Quantas pessoas trazem sacrifícios a Deus que são como cadáveres que os porcos estavam dilacerando anteriormente, mas ainda assim são esses os sacrifícios que trazem a Deus; e não somente pensam que Deus deve aceitá-los, mas também colocam sua confiança neles com respeito à sua aceitação para a vida eterna. Como estão enganadas essas pessoas! Infinitamente enganadas! Quão pouco conhecem a Deus ou a mancira de screm accitas para a vida eterna! Esta é a primeira aplicação prática.

2. Se tudo isso é requerido para santificar o nome de Deus na execução dos deveres, de modo que não podemos executar os deveres referentes à adoração sem esse comportamento de alma, vemos que a obra da religião é uma tarefa dura e difícil para a carne e o sangue. A principal obra da religião é a obra de adorar a Deus, pois, na verdade, aqueles que não são religiosos e piedosos nunca adoram a Deus em circunstância alguma. Nós começamos a adorar a Deus quando nos tornamos religiosos e piedosos. Ser religioso e piedoso é uma tarefa intensa, porque há muita coisa que se requer para santificar o nome de Deus na execução dos deveres santos.

Muita gente pensa que é coisa muito fácil adorar a Deus. E a adoração que apresentam a Deus é algo fácil; é coisa de pouco valor. Se adorar a Deus não fosse nada mais do que ir e apenas dizer algumas orações, vir e ouvir um sermão, e pegar um pedaço de pão e vinho, então seria a coisa mais fácil do mundo vir e adorar a Deus; mas há mais coisas requeridas na execução dos deveres referentes à adoração a Deus do que estás acostumado a pensar. Existe neles o poder da piedade.

É bem conhecido o texto bíblico que apresenta a dificuldade que existe para adorar a Deus, e como os homens se enganam pensando que é assunto fácil e insignificante adorá-lo. Em Josué 24.16-19, Josué convoca o povo a adorar a Deus. E eles dizem que vão adorá-lo (podes ver o povo declarando isso no versículo 16), mas repara no que diz o texto no versículo 19: "Então, Josué disse ao povo: Não podereis servir ao Senhor, porquanto é Deus santo, Deus zeloso, que não perdoará a vossa transgressão nem os vossos pecados".

É como se ele dissesse: "Vocês pensam que servir ao Senhor é coisa pouca, e que servi-lo é fácil. Acham que podem reconciliar-se com Deus de qualquer jeito. Mas vocês não podem servir ao Senhor, pois ele é um Deus santo e zeloso! Não há como servi-lo com o coração que vocês têm agora, é preciso que seu coração seja diferente e vocês precisam encarar a adoração com atitude diferente da que agora vocês têm. O Senhor será santificado naqueles que se aproximam dele, e essa é a razão por que vocês não podem servir ao Senhor".

Saibam que a obra da religião é uma obra árdua e difícil, pois ela exige tudo isso. E, por essa razão, a alma que deseja adorar a Deus de forma correta precisa ser muito diligente e esforçada.

3. Tudo isso serve também para nos humilhar, mesmo aos que dentre nós são os melhores. Oh, como temos santificado pouco o nome de Deus, mesmo os melhores dentre nós! Como estamos longe de santificar o nome de Deus na execução dos deveres santos! E quando olhamos além, para o mundo, e vemos como é pobre o serviço que Deus em geral recebe dos homens e mulheres da terra, isso deve compungir nosso coração dentro de nós. Onde está o homem ou a mulher, que, de acordo com o texto de Isaías, se levanta para

deter a Deus? De fato creio que, ao esclarecer esse assunto de santificar o nome de Deus na execução dos deveres santos, acabei tocando o íntimo de muita gente que precisa colocar as mãos no coração e dizer: "Com toda a certeza, estou em falta quanto ao que se exige aqui, e não tenho agido de acordo com esse caminho, esse mistério da piedade em santificar o nome de Deus na execução dos deveres santos como eu deveria fazer". Oh, sintam-se humilhados por isso, por toda a impureza em seu coração na execução dos deveres santos!

Em Êxodo 27.4-5, lemos que, no altar em que seriam oferecidos os sacrifícios, o Senhor exigiu que houvesse uma grelha: "Far-lhe-ás também uma grelha de bronze em forma de rede, à qual farás quatro argolas de metal nos seus quatro cantos, e as porás dentro do rebordo do altar para baixo, de maneira que a rede chegue até ao meio do altar". Havia uma grelha para que as cinzas do altar pudessem cair, assim como num fogão a lenha existe uma grelha que permite ao fogo queimar livremente sem as cinzas. Dessa mesma forma, o Senhor quer uma grelha para que as cinzas do altar possam cair. Precisamos de uma grelha dessas. Oh, as cinzas e a imundície e a sujeira que existe em nossas atividades quando vimos oferecê-las e apresentá-las a Deus! Eu repito que temos motivo para nos humilharmos por causa desses sacrifícios santos.

Talvez exista muita gente piedosa que, pela misericórdia de Deus, é capaz de guardar-se de pecados grosseiros. Essas pessoas não consideram difícil evitar más companhias, xingamentos, bebedeiras, impurezas, mentiras, enganar aos outros, ou pecados desse tipo. Elas não veem muita necessidade de se humilhar com respeito a essas coisas, a não ser pelo fato que a natureza delas é tão corrupta como qualquer outra, embora não se entreguem a esse tipo grosseiro de pecados. Mas a principal obra de humilhação daqueles que são piedosos é serem humilhados por causa dos seus pensamentos, por desperdiçarem seu tempo, e por não santificarem o nome de Deus na execução dos deveres santos. Essas são as principais coisas que motivam a humilhação dos santos, juntamente com o corpo do pecado e da morte que carregam consigo. E é bom sinal se o teu coração se enternece quando consideras essas coisas como motivo da tua humilhação.

As pessoas carnais pouco se incomodam com essas coisas. Se acontecer de cometerem algum pecado do tipo que faz a sua consciência soar o alarme, aí se perturbam e sentem-se humilhadas, mas pelo tipo de coisas que acabamos de mencionar elas raramente se humilham. Sentir-se humilhado por causa das ofertas santas que se oferece é um bom sinal de um coração alcançado pela graça.

Lemos que os querubins têm seis asas, e que com duas delas cobrem o rosto. Assim, meus irmãos, precisamos de asas, por assim dizer, para cobrir nossas melhores obras. Eles tinham asas, e com duas cobriam os pés e com duas, o rosto. Precisamos não apenas de uma cobertura para nossos membros inferiores e nossas piores obras, mas também uma cobertura para nossas obras santas, precisamos cobrir nosso rosto, nossas melhores obras. As obras mais celestiais que executamos precisam ser purificadas pelo sangue de Cristo.

Em Levítico 16.14-16, lemos a respeito dos utensílios santos, que era preciso purificá-los com sangue, e assim deve ser no desempenho dos nossos deveres santos. Que nos humilhemos pelo melhor desempenho que jamais tenhamos alcançado em nossa vida. É preciso humilhar-se pelas melhores coisas. Mas e quanto àqueles que não se importam ou pouco se importam em santificar o nome de Deus, quanto será que eles precisam humilhar-se? Esses têm mais coisas de que se arrepender do que pensam, pois a verdade é que aqueles que não se importam em santificar o nome de Deus na execução dos deveres santos nunca na vida fizeram qualquer serviço para a honra de Deus. Talvez tenhas vivido trinta ou quarenta anos, talvez sessenta anos ou mais, e talvez não tenhas honrado a Deus em nenhuma das coisas que fizeste em toda a tua vida.

Objeção: Talvez exclames: "Misericórdia! Não tenho eu orado e ouvido muitas vezes a Palavra e recebido a comunhão com frequência? E mesmo assim eu nunca honrei a Deus?!"

Resposta: Se ainda não entendeste esse mistério da piedade na santificação do nome dele nessas coisas, então é isto que eu te digo da parte de Deus esta manhã: Nunca fizeste nada, nem mesmo uma ação, para a honra de Deus. Precisas começar imediatamente, pois não tens mais muito tempo. Será que vais te ausentar deste mundo sem jamais teres honrado o nome de Deus?

Sim, e, além disso, desperdiçaste todos os deveres que executaste; foi perdido todo o tempo em que te empenhaste na execução dos deveres. Ora, é ruim desperdiçar o tempo quando se trata das coisas do mundo. Quando alguma pessoa tem oportunidade de progredir no mundo e perde tempo negligenciando essa oportunidade, consideramos isso como algo muito ruim para ela. Mas perder nossa oportunidade em lidar com as coisas do céu (porque as oportunidades de adorar a Deus são nossas oportunidades de lidar com as coisas relativas ao céu) — isso de fato é muito mau. E, contudo, tu que não te importas em santificar o nome de Deus na execução dos deveres santos, todo o tempo que gastaste foi perdido.

E mais ainda, tu que não foste honesto na execução dos deveres e tens agido como hipócrita, não apenas todos os teus esforços e trabalhos estão completamente perdidos (porque se fosse apenas isso estarias bem), mas tens agravado os teus pecados por meio dos teus deveres santos. Esses deveres por meio dos quais os outros têm usufruído comunhão com Deus e por meio dos quais têm promovido a sua vida eterna, tu tens degenerado com teus pecados, embora fosse teu dever executá-los. Mas eu te afirmo que, por não santificares o nome de Deus, tens tornado muito mais graves os teus pecados.

Os piedosos desenvolvem a própria salvação mesmo em suas ações normais. Santificam o nome de Deus quando comem e bebem e fazem seus negócios. Eles executam essas ações de maneira tão santa que honram a Deus nelas e desenvolvem sua paz eterna. Mas, assim como eles em seus relacionamentos sociais e naturais desenvolvem a salvação, assim tu, nas ações mais religiosas, desenvolves a tua condenação eterna. Com toda a certeza, os homens perversos que não conhecem essa obra da piedade de santificar o nome de Deus na execução dos deveres santos desenvolvem sua própria condenação na própria execução desses deveres.

Talvez digas: "Então é melhor que não os executem".

Sim, eles têm a obrigação de fazê-lo, mas sua obrigação é executá-los da maneira correta. Já lhes apresentei, algumas vezes, essa realidade, com o objetivo de mostrar que os homens têm a obrigação de executar os deveres santos e não deixar de participar deles, e que mesmo assim podem estar agravando a própria condenação enquanto os executam. Por exemplo, suponhamos que um governante ordene que alguém venha até a sua presença em determinado dia para suplicar em favor da própria vida, que ele colocou em risco pelo descumprimento da lei. Se esse homem não comparecer, pode considerar-se um homem morto. Mas se estiver bêbado naquele dia e vier à presença do rei, também pode considerar-se um homem morto por atrever-se a vir bêbado à presença dele. Dessa mesma forma, os homens ímpios e maus, não importa se adoram ou não, correm o risco de perecer. Veremos mais sobre isso quando mostrarmos que Deus será santificado.

4. Aqui está uma das utilidades da exortação, uma vez que temos essa verdade assim apresentada e revelada a nós. Oh, que tenhamos disposição de nos aplicar a isso com toda a nossa força, que nos esforcemos para santificar o nome de Deus quando nos achegamos a ele! O Senhor tem te mostrado o que requer de ti: aplica-te, pois, a isso daqui por diante. Tu nem sabes como é agradável a comunhão que podes gozar com Deus se te esforçares nesse assunto. A verdade é que, se não estás familiarizado com isso, não sabes o que o cristão usufrui nesse caminho da comunhão com Deus. Não tens ideia do que significa a vida de consolo de um cristão.

Tenta fazer isso daqui por diante, e descobrirás em três meses mais conforto nos caminhos da piedade e mais prosperidade neles do que recebeste em sete anos. O cristão que se mantém perto de Deus por meio dos deveres santos e santifica o nome dele nesses deveres, encontra mais conforto da parte de Deus e cresce na piedade mais em três meses do que o cristão que prossegue por sete anos num caminho comum, frouxo e formal na execução dos deveres referentes à adoração. Existem, hoje, algumas pessoas que dizem a respeito dos deveres santos: "Por que deveríamos nos incomodar tanto a esse respeito?" Esses que não sabem como santificar o nome de Deus pensam de forma leviana a respeito deles. Mas aplica-te o mais plenamente que és capaz a isso que estou dizendo e descobrirás que te encontras, por assim dizer, num outro mundo.

Terás condições de dizer: "É verdade, até agora eu não sabia o que era gozar comunhão com Deus na oração, na Palavra e nos sacramentos". Se fizeres isso, teu rosto brilhará quando te encontrares com as outras pessoas. Mas para que possas agir dessa maneira, há três coisas que desejo apresentar-te.

Em primeiro lugar, aprende a conhecer melhor o Deus com quem tens de lidar, e lembra-te das coisas que tens ouvido nas tuas meditações. Quando vens a Deus em oração, ou no desempenho de qualquer outro dever, e quando estás adorando a Deus, lembra-te de que tens de lidar com Deus e com mais ninguém. Toda vez que vieres desempenhar os deveres santos, és um homem ou mulher que se separa de todas as outras coisas. Valerius Maximus conta a história de um jovem nobre que estava presente quando Alexandre oferecia seus sacrifícios. Esse nobre segurava um incensário com incenso e, enquanto o segurava, uma brasa caiu sobre sua carne e a queimou de tal forma que o cheiro de carne queimada encheu o nariz de todos os que estavam por perto. Por não querer perturbar Alexandre em seu culto, ele não se mexeu para remover a brasa, mas continuou segurando o incensário.

Se os pagãos se esforçam tanto quando sacrificam aos seus deuses que não passam de ídolos, ao ponto de se esforçarem para não haver nenhuma desordem não importando o que precisam suportar para isso, que cuidado não devemos ter então nós mesmos quando vimos adorar o Deus Altíssimo? Também Josefo relata a respeito dos sacerdotes que estavam sacrificando no templo quando Pompeu irrompeu no lugar com seus homens armados. Embora pudessem ter fugido para salvar a vida, não quiseram deixar seus sacrifícios, preferiram ser mortos pelos soldados. Eles consideravam o assunto como algo de extrema importância. Oh, que encarássemos os deveres relativos à adoração a Deus como assunto de grande importância, para aprendermos a santificar o nome de Deus na execução desses deveres mais do que jamais o fizemos até agora!

Em segundo lugar, quando vens adorar, toma cuidado que não venhas na tua própria força, pois na santificação do nome de Deus é necessário mais do que a tua força é capaz de produzir. E por essa razão coloca tua fé em Jesus Cristo toda vez que vieres adorar a Deus, não apenas como disse anteriormente, para apresentar teus serviços em nome dele, mas deposita a tua fé em Cristo para te conceder força para fazeres o que tens de fazer.

Certifica-te de que estás usando toda a força que tens recebido de Cristo. Muitos homens e mulheres piedosos possuem mais força do que estão cientes, e, se usassem e pusessem em prática a força que já receberam, poderiam santificar o nome de Deus muito mais do que na realidade o fazem. Por isso, lembra-te do texto anteriormente mencionado: "Não há ninguém que se levante para deter a Deus". Desperta o teu coração e acorda teu espírito quando vais adorar a Deus.

Em terceiro lugar, toda vez que adorares a Deus, não te satisfaças meramente na execução do dever, mas pondera o seguinte: "Será que estou santificando o nome de Deus na execução deste dever?" Toda vez que o adoras, examina teu coração para ver se o fazes ou não. E, se perceberes que não atingiste numa medida satisfatória isso que tem sido apresentado a ti, que a vergonha e a tristeza se apeguem ao teu espírito até a próxima vez que vieres adorar a Deus. "Estive adorando a Deus, e ele sabe que tentei despertar meu coração, mas meu coração está morto, disperso, preguiçoso e insensível". Eu repito: quando descobres que não consegues fazê-lo de maneira satisfatória com o que é requerido, que a vergonha e a tristeza de coração por essa causa se apeguem a ti até a próxima vez que vieres adorar a Deus, e isso te ajudará sobremaneira.

Estás orando agora, mas não consegues elevar teu coração como é preciso fazer. A próxima vez que vieres orar, faze-o com vergonha e tristeza no teu coração por não teres santificado o nome de Deus a última vez, e assim também para ouvir a Palavra ou receber os sacramentos; isso vai te fazer avançar grandemente para santificares o nome de Deus na execução dos deveres santos.

Mas isso tudo talvez ainda seja obscuro para ti, de forma que, para podermos encerrar o assunto, sabe que Deus será santificado naqueles que se aproximam dele, e que existem duas coisas envolvidas nisso: primeira, se não santificarmos o nome de Deus, ele santificará o seu próprio nome exercendo juízo; segunda, se santificarmos o seu nome, então ele santificará o seu próprio nome exercendo misericórdia para conosco.

Quanto ao primeiro ponto, Deus deixará claro que não se agrada com os deveres que executas. De uma forma ou de outra, ele mostrará que é um Deus santo e que não aceita essas coisas profanas que lhe apresentas. A verdade é que, se Deus aceitasse esse tipo de coisa imunda da parte dos homens, seria possível dizer que Deus é igual a eles. Aquele que admite como amigo íntimo o perverso e mau faz isso para sua própria desgraça e vergonha.

Pode acontecer, às vezes, de alguém empregar uma pessoa perversa e má para executar alguma tarefa, e isso pode ser uma desgraça para quem o faz; mas se essa pessoa acolhe em sua casa alguém perverso, isso é uma vergonha para si mesmo. Assim também Deus talvez empregue os mais perversos do mundo em algum serviço externo, mas se ele os aceitasse em sua adoração, isso seria uma afronta a si mesmo. E, por essa razão, Deus, para poder santificar o próprio nome, de uma forma ou de outra manifestará seu desgosto contra esses deveres referentes à adoração. Aos que adoram de maneira formal e com coração impuro, declaro: isso depõe contra a boa reputação de Deus. Se ele se manifestar como um Deus santo, forçosamente o fará mostrando-se desgostoso com essa forma como vocês o adoram. Essas considerações deveriam penetrar profundamente o coração de qualquer homem cuja consciência já foi iluminada, levando-o a pensar da seguinte forma: "Isso está relacionado com a santidade de Deus, e ele não pode mostrar-se como Deus santo a não ser que, de alguma forma, se manifeste contra mim quando executo esses deveres e a forma como os apresento a ele".

Pergunta: "Quais são os indícios de que Deus não os aceita? Como é que ele mostra o seu desgosto por aquilo que lhe apresento?"

Resposta: Ele o mostrará por meio de três coisas:

Em primeiro lugar, amaldiçoando aqueles que o adoram dessa maneira formal. A princípio, será algo que não se vê, mas depois passará a ser visto mais claramente. E sabemos por experiência que todos os que professam a religião e adoram a Deus com hipocrisia e formalidade têm sido amaldiçoados em suas qualidades e dons habituais.

O juízo de Deus sobre Nadabe e Abiú, que não santificaram o seu nome, a princípio estava oculto. Ele os fulminou por meio do fogo, mas se observares bem a história, verás que suas vestes não foram queimadas, embora o corpo deles tenha sido. Assim também o Senhor, às vezes, destrói os homens interiormente em seu espírito, em sua alma, em suas qualidades, em seus dons habituais. Repito: Ele os amaldiçoa e queima interiormente, embora isso não apareça por fora. Mas com o passar do tempo, a coisa se manifestará diante dos homens, ficará evidente que foram queimados, e nestes tempos do evangelho o Senhor vem mais com juízos espirituais do que com juízos externos, juízos relativos às coisas materiais.

No tempo da Lei, para aqueles que não santificavam o nome de Deus na execução dos deveres santos, Deus aparecia por meio de alguma forma externa e visível contra o corpo deles, mas agora, no tempo do evangelho, vem mais com juízos espirituais contra a alma dos homens, e estes são os juízos mais terríveis. Encontramos, em Isaías 29.13-14, um texto tremendo sobre este assunto de como Deus destrói aqueles que não santificam o seu nome na execução dos deveres santos: "O Senhor disse: Visto que este povo se aproxima de mim e com a sua boca e com os seus lábios me honra, mas o seu coração está longe de mim, e o seu temor para comigo consiste só em mandamentos de homens, que maquinalmente aprendeu, [Presta atenção no que vem a seguir!] continuarei a fazer obra maravilhosa no meio deste povo; sim, obra maravilhosa e um portento; de maneira que a sabedoria dos seus sábios perecerá, e a prudência dos seus prudentes se esconderá.".

É como se Deus estivesse dizendo: "O quê? Eles vêm para perto de mim apenas com os lábios, e o coração deles está longe de mim, e me adoram desse jeito formal?! Pois eu privarei os sábios deles da sua sabedoria e os privarei de entendimento!" E essa é a razão por que tão grande número de homens eruditos são amaldiçoados em suas próprias capacidades, porque adoram a Deus de acordo com os preceitos de homens, de maneira formal. Assim, o Senhor, de uma forma ou de outra, destrói todos os hipócritas e adoradores formais.

Houve algumas ocasiões em que os juízos de Deus se manifestaram no espírito dos homens nos tempos da Lei, mas no tempo do evangelho, percebemos que geralmente os juízos de Deus estão mais no coração e na consciência dos homens. Já vimos pessoalmente que Deus revela que não aceita a maneira como são esses adoradores, e, por essa razão, quando vês alguém que já professou a religião, que a princípio era dotado de excelentes qualidades e possuía muitos dons, e que agora não é, por assim dizer, ninguém, lembra-te deste texto, que Deus será santificado naqueles que se aproximam dele.

Em segundo lugar, o Senhor deixa claro que será santificado naqueles que se aproximam dele despertando-lhes a consciência, muitas vezes, no seu leito de enfermidade e de morte. O Senhor os força a lhe darem glória, e a reconhecerem ali que não adoraram a Deus com sinceridade, mas apenas formalmente. E agora eles estão num horror de consciência e se lamentam na angústia de alma quando percebem a terrível ira de Deus que está sobre eles. Presta atenção nisso, pelo amor do Senhor, quando estás executando os deveres relacionados com a adoração. Não te apoies nesses deveres externos da adoração, pois eles jamais te servirão de conforto em teu leito de enfermidade e morte.

Talvez consigas dissuadir tua consciência por um tempo no momento presente, mas quando fores colocado em teu leito de enfermidade, não terás conforto nenhum, e então serás forçado a dizer: "Bem, até agora nada mais fiz do que tomar o nome de Deus em vão, e agora Deus me rejeitou e a todas as minhas formalidades". E aí haverás de falar aos que vierem te ver e tentarás alertá-los desse mesmo problema.

Toma cuidado para que, quando adoras a Deus, o faças com intenção. "Gastei tempo em oração e ouvindo sermões, mas por não ter tomado cuidado com isso, não tenho recebido conforto de forma alguma. Em vez de me confortar, o Senhor se mostra terrível para com a minha alma e vem contra mim como inimigo".

Eu te afirmo que agora o nome de Deus é santificado. O que quer que te aconteça, Ele haverá de extrair glória de ti de uma forma ou de outra, e pode ser até mesmo nessa hora da tua vida. Mesmo assim, no grande dia quando os segredos de todos os corações forem descobertos diante dos homens e dos anjos, então o Senhor se mostrará como Deus santo ao rejeitar todos os serviços que lhe apresentaste. E uma grande parte do trabalho de Deus no Dia do Juízo será santificar-se naqueles que o adoraram declarando diante dos homens e anjos como ele rejeitou essa adoração formal e hipócrita que lhe apresentaram. Oh, que Deus imprima isso em nosso coração, para que, toda vez que viermos adorá-lo, pensemos desta forma: "Vou me esforçar para santificar o seu nome agora, pois fiquei sabendo que Deus irá santificar-se a si mesmo se eu não o fizer!"

Mas, por outro lado, se te esforças por santificar o nome de Deus na execução dos deveres, então ele santificará o seu nome exercendo misericórdia. Ou seja, ele deixará claro como aceita o menor grau de santidade, embora ainda haja bastante mistura. Deus tem uma forma de apartar a mistura por meio do sangue do seu Filho, e então aceitar qualquer santidade que vê em ti. Ele santificará o seu nome recebendo-te e revelando-te a sua glória enquanto o estiveres adorando.

A esse respeito, encontramos um excelente texto bíblico em Êxodo 29.43: "Ali virei aos filhos de Israel; e consagrarei a tenda da congregação e o altar". Tu que possuis um coração alcançado pela graça e adoras a Deus de forma sincera, tu és como o tabernáculo de Deus, e Deus recebe de ti serviço e adoração. Tu és como o templo de Deus, "e ali virei encontrar-te", diz Deus, "e santificarei meu tabernáculo com a minha glória". Se tu santificares o nome de Deus, ele santificará o teu coração com a glória dele.

Além disso, é possível que nem sempre obtenhas esse tipo de incentivo, os raios de sol brilhando em toda a sua intensidade sobre ti, mas uma vez ou outra o Senhor irromperá e te manifestará a glória dele. Se não recebes esse tipo de pleno incentivo agora, haverás de recebê-lo em teu leito de enfermidade. Embora Deus nem sempre se manifeste plenamente (pois às vezes a própria doença pode ser um empecilho), é comum que aqueles que normalmente santificam o nome de Deus na execução dos deveres santos repousem confortados em seu leito de enfermidade, e fazem uma entrada gloriosa quando entram no reino eterno de nosso Senhor e Salvador Jesus Cristo.

E, além disso, todas as coisas são santificadas para eles. Por outro lado, para aqueles que não santificam o nome de Deus, todas as coisas são amaldiçoadas. Se não te preocupas em santificar o nome de Deus na execução dos deveres, Deus não fará questão de santificar nada para o teu bem. Mas aqueles que se preocupam em santificar o nome de Deus na execução dos deveres santos, o Senhor cuidará para que todas as coisas sejam santificadas para o bem deles, para promover o bem-estar eterno deles.

Mas, não importando como tenham sido as coisas aqui neste mundo, depois, no grande Dia do Juízo, fará parte da glória de Deus manifestar diante dos homens e dos anjos como ele aceitou aqueles serviços santos que tu lhe apresentaste. Os hipócritas serão humilhados e abominados, e tu que tinhas um coração correto e sincero serás reconhecido diante de Deus, e diante dos homens e dos anjos naquele grande dia. Deus dirá: "Bem, faz parte da glória da minha santidade deixar claro que aceitei as coisas santas que meus pobres servos me ofereceram e apresentaram".

Isso é de grande utilidade para confortar o coração alcançado pela graça. Os deveres que agora pensas terem sido vãos, e que achas que deles nada vais obter, com certeza ouvirás a respeito deles no futuro. Deus mostrará que não existe nada em que ele insista mais do que na glória da sua santidade, e é a glória da sua santidade que é tua força nessas coisas, e que torna certo que haverá uma manifestação de que foste aceito. Por isso, guarda no coração estas verdades a respeito de santificar o nome de Deus. Nós apenas expusemos o assunto de forma geral. Oh, que o Espírito de Deus traga à tua lembrança essas coisas!

8

SANTIFICAR O NOME DE DEUS OUVINDO A PALAVRA

[PRIMEIRA PARTE]

"Serei santificado naqueles que se chegarem a mim" (Levítico 10.3)

Já pregamos vários sermões a respeito de santificar o nome de Deus na execução dos deveres referentes à sua adoração. Falamos do assunto de forma geral no último Dia do Senhor. Não pretendo revisar nada do que foi dito; quero avançar mostrando como se deve santificar o nome de Deus nos deveres específicos relacionados à sua adoração. Os deveres referentes à adoração a Deus são especificamente estes três: ouvir a Palavra, receber os sacramentos, e a oração. Existem outras coisas abrangidas pela adoração, mas essas três são os principais deveres relativos a ela, e pretendo falar dos três e mostrar como devemos santificar o nome de Deus quando nos aproximamos dele por meio da Palavra, dos sacramentos e da oração.

Poderíamos selecionar vários textos referentes a esses deveres, mas textos que tratam do assunto de forma geral; por isso, acho suficiente basearmos a santificação do nome de Deus na prática desses deveres no texto de Lucas 8.18: "Vede, pois, como ouvis". Não basta chegar para ouvir a Palavra, embora isso seja algo bom, e não há dúvida que Deus se agrada com a disposição das pessoas de virem ouvir a sua Palavra, mas não deves descansar meramente em ouvir, precisas prestar atenção *na maneira como* ouves.

Isso é um ponto de grande importância, e espero que ajude também a fazer com que muitos sermões, daqui em diante, se tornem proveitosos para ti. E também espero que a consideração deste assunto seja oportuna e adequada para ti. Aqueles que vêm cedo de manhã ouvir a Palavra, e estão dispostos a levantar da cama até mesmo debaixo de tempo ruim dão bom testemunho de que desejam honrar a Deus ouvindo a Palavra, desejando assim receber algum benefício. É uma pena que se faça tanto esforço e empenho sem que disso resulte algum proveito, mas pelo contrário, resultando até mesmo prejuízo. Misericórdia! Por essa razão, vou tratar de um assunto que pode ajudar-te a ouvir de forma que sejas recompensado por todo o teu esforço e empenho no ouvir. Estou pregando de tal maneira para que aqueles que vêm ouvir sejam habilitados a receber proveito e benefício com isso. Os que vêm ouvir dessa forma recebem muito mais estímulo do que aqueles que vêm de maneira formal pelo simples fato de estarem acostumados a vir. Então, já que este assunto é tão importante, devo tratá-lo de maneira ampla, dividindo-o em várias partes:

Em primeiro lugar, vou mostrar-lhes que ouvir a Palavra de Deus faz parte da adoração a Deus, senão eu não teria como fundamentar o assunto em meu texto.

Em segundo lugar, vou mostrar-lhes como devemos santificar o nome de Deus ouvindo a sua Palavra, tanto com respeito à preparação para isso como em nosso comportamento ao ouvir a sua Palavra.

Em terceiro lugar, por que razão Deus deseja ser santificado nesta sua ordenança.

Em quarto lugar, como Deus se santificará naqueles que não santificam o seu nome ao ouvirem a sua Palavra.

Em quinto lugar, como Deus santificará seu nome com manifestações de misericórdia para com aqueles que se esforçam para santificar-lhe o nome ouvindo a sua Palavra.

Essas são as cinco coisas principais referentes a esse argumento, mas agora trataremos apenas da primeira.

Ouvir a Palavra de Deus faz parte da adoração a ele. Vocês já tiveram oportunidade de aprender o que isso significa quando fizemos uma exposição geral sobre a adoração a Deus. Eu lhes disse que consiste em a criatura apresentar a Deus o seu respeito, um testemunho do respeito que a criatura lhe deve. Ora, se essa é a essência da adoração, com toda a certeza ouvir a Palavra de Deus é uma parte da adoração a ele.

Quando ouvimos a Palavra de Deus, professamos nossa dependência de Deus para conhecermos a sua mente e o caminho para a vida eterna. Cada vez que nos chegamos para ouvir a Palavra, se o fizermos com entendimento, estaremos fazendo isto: professamos que dependemos do Senhor Deus para conhecer a sua mente e o caminho e as condições para a vida eterna. É como se estivéssemos dizendo: "Senhor, por nós mesmos jamais te conheceríamos, nem saberíamos o caminho e os meios pelos quais devemos ser salvos. E, por essa razão, para provarmos nossa dependência de ti nesse assunto, apresentamo-nos diante de ti". Isso é um testemunho do grande respeito que devemos a Deus.

Ouvir a Palavra de Deus é uma parte da adoração a ele porque nesse ato nos achegamos para esperar de Deus, por meio de uma ordenança, algo que a coisa em si não pode fazer; e por isso ouvir a Palavra é um ato de adoração. Quando ouço a Palavra sabendo o que estou fazendo, espero em Deus receber algum benefício espiritual que me seja comunicado além daquilo que o simples instrumento (a pregação da Palavra) pode transmitir. É isso que torna a coisa toda um ato de adoração. Quando estou ocupado com coisas naturais e sociais, preciso reconhecer que essas coisas, sem Deus, não podem fazer-me bem algum; mas eu não espero que Deus, por meio de uma ordenança, me transmita um benefício natural que ele, no curso normal da sua providência, transmite por meio do uso desse tipo de instrumento natural ou social. Mas, quando venho ouvir a Palavra, venho aqui para esperar em Deus, por meio de uma ordenança, que me seja transmitido algum benefício espiritual que esta ordenança não possui em si mesma. Consideremos a coisa em seu aspecto material e físico, conforme o instrumento é designado por Deus para a transmissão de algum benefício.

Deus estabeleceu que a carne me alimenta e, juntamente com o que designou, concedeu à carne um poder natural de alimentar meu corpo. Isso, no curso normal da providência, é suficiente para a nutrição do meu corpo. Mas, quando venho ouvir a Palavra, preciso considerar isso não apenas como algo designado para operar em minha alma e para salvá-la, não como algo que recebeu poder eficaz de maneira natural como a carne o recebeu. Não é a natureza de uma coisa que transmite esse poder, mas é a instituição de Deus e o decreto de Deus nela estabelecido. Dessa forma, quando venho esperar em Deus, por meio de alguma ordenança, em busca de algum benefício espiritual, algo que está além da virtude que qualquer coisa criada pode me conceder, então com certeza estou adorando a Deus. Esperar em Deus dessa forma é um aspecto especial da adoração.

Por isso, nesses dois aspectos, ouvir a Palavra de Deus é uma parte da adoração a ele. Peço que te lembres dessas duas coisas sempre que vieres para ouvir a Palavra. Afirmo-te que por mim mesmo não sou capaz de entender a Deus e o caminho da vida eterna, pelo contrário, dependo de Deus para receber esse entendimento. E aqui venho para aguardar em Deus para que ele transmita esse benefício à minha alma, benefício esse que nenhuma coisa criada possui em si mesma para transmitir. Quando faço isso, adoro de fato.

Além disso (compreenderás melhor quando explicarmos como devemos santificar o nome de Deus ouvindo a sua Palavra), é servir a Deus, tanto quanto é possível fazê-lo. Até este momento, nossas autoridades eclesiásticas e os homens que se intitularam assim, fizeram com que todo o serviço de adoração a Deus ficasse a cargo deles mesmos, inventando coisas e desmerecendo a pregação e o ouvir da Palavra. Mas a Palavra é um aspecto importante do serviço de adoração que Deus requer de nós, e por meio disso lhe apresentas o teu profundo respeito por ele.

Por isso, quando vens para ouvir, precisas não apenas pensar: "Venho para conseguir alguma coisa. Venho para entender mais do que já entendo, e para ouvir um homem pregar", e coisas semelhantes, mas precisas lembrar que vens apresentar o teu respeito a Deus, vens sentar aos pés de Deus e ali professar tua submissão a ele. Esse é um dos objetivos de vires para ouvir os sermões.

Pergunta: "O que é que devemos fazer quando ouvimos a Palavra de Deus de forma que o nome dele seja santificado?"

Resposta: Como já expusemos de forma geral, na execução dos deveres referentes à adoração a Deus, precisa haver preparação, e depois um comportamento responsável da alma. Precisa haver, então, uma preparação da alma para essa atividade, e então um comportamento responsável da alma na execução dela.

1. É necessário haver uma preparação da alma de forma que, quando vieres ouvir, sejas capaz de receber a Palavra com prontidão. A alma precisa estar pronta. Atos 17.11: "Ora, estes de Bereia eram mais nobres que os de Tessalônica; pois receberam a palavra com toda a avidez". A expressão "com toda a avidez" é "com toda disposição de mente, com entusiasmo". A mente deles estava adequadamente preparada para receber a Palavra, e o texto diz que eles eram mais nobres. A expressão "mais nobres" significa "mais bem nascidos", "de mente nobre". Não estou dizendo que este texto bíblico afirma que essas pessoas eram condes ou aristocratas que receberam a Palavra com prontidão, mas sim que eram pessoas de disposição mais nobre. O grego dá a entender que eram pessoas mais bem educadas.

O homem que às vezes prega a um grupo de pessoas incultas que não tiveram nenhuma boa educação descobrirá que essas pessoas se comportarão de forma grosseira. Elas menosprezam a Palavra e, como fazem os porcos, preferem bolotas às pérolas. E a Palavra raras vezes é proveitosa para um grupo de pessoas incultas que não receberam nenhuma instrução. Mas existe mais esperança em pregar a pessoas que têm instrução. As pessoas treinadas nas artes e ciências, que possuem alguma compreensão e alguma perspicácia, darão ouvidos à argumentação. E existe muita argumentação espiritual na Palavra. Existe grande possibilidade de convencer os homens que raciocinam. Se um homem é do tipo que raciocina e está disposto a ouvir a Palavra, eu afirmo que existe uma grande possibilidade de ele ser convencido pela argumentação e é um sinal de boa educação os homens perspicazes estarem dispostos a ouvir a Palavra.

Quem numa comunidade desconsidera a Palavra de tal maneira que só a escuta se for proferida em termos muito simples? Admito que existe muita gente de boa posição. Talvez a Palavra não prevaleça em seu coração a ponto de convertê-los, mas, se possuem qualquer boa educação, se a Palavra é pregada de forma convincente, de forma que vejam que o pregador está se esforçando e a prega como a Palavra de Deus para eles, por fim se farão presentes à hora do sermão. Mas a multidão inculta que nada sabe vai preferir frequentar os bares para beber até embriagar-se. Eles nunca se preocupam em ouvir a Palavra num lugar como este onde estamos.

Há muito poucos da nossa gente de poucos recursos que vêm ouvir a Palavra. Que lugar é mais cheio de gente pobre e sem recursos do que este? E mesmo assim como vem pouca gente desse tipo para ouvir a Palavra! Mas aqueles que têm qualquer tipo de perspicácia ou educação (pois é isso que significa a palavra grega) receberão a Palavra com avidez, com prontidão. Mas a educação de que se fala aqui é um pouco mais elevada do que a educação natural. Eles eram espiritualmente nobres, por isso é que tinham uma prontidão no coração para receber a Palavra. A prontidão de coração para receber a Palavra consiste nas seguintes características:

Em primeiro lugar, quando vens ouvir a Palavra, se desejas santificar o nome de Deus, precisas persuadir tua alma daquilo que vais ouvir, que aquilo que estás para ouvir é a Palavra de Deus. Não vais escutar o discurso de um homem, mas vais escutar a Deus e ouvir a Palavra do Deus eterno. Convence a tua alma com essa verdade. Tu nunca conseguirás santificar o nome de Deus ouvindo a sua Palavra de outra forma. Por essa razão é que descobrimos que o apóstolo, escrevendo aos tessalonicenses, lhes diz a razão por que foram tão beneficiados pela Palavra. Foi porque a ouviram como sendo a Palavra de Deus. 1Tessalonicenses 2.13: "Outra razão ainda temos nós para, incessantemente, dar graças a Deus: é que, tendo vós recebido a palavra que de nós ouvistes, que é de Deus, acolhestes não como palavra de homens, e sim como, em verdade é, a palavra de Deus, a qual, com efeito, está operando eficazmente em vós, os que credes.".

Nota bem isso. Ela operou eficazmente porque eles a receberam como Palavra de Deus. Talvez digas, muitas vezes: "Vem, vamos ouvir um homem pregando". Ah, não! Vamos ouvir Cristo pregar, pois no que diz respeito aos ministros de Deus, eles não pregam a si mesmos, mas Cristo deve pregar neles, assim no que diz respeito a ti, que ouves, não deves chegar para ouvir este ou aquele homem, mas vir para ouvir a Jesus Cristo. "Nós, como embaixadores de Cristo, vos rogamos", disse o apóstolo.

Em segundo lugar, persuade o teu coração da mesma forma com essa consideração, que vens ouvir a Palavra como uma ordenança indicada por Deus para transmitir benefício espiritual à tua alma. E isso é uma consideração muito útil. Ela diz respeito especialmente a pessoas inteligentes e de posição por ajudá-las a ouvir, pois quando os homens inteligentes e de posição vêm ouvir, logo sentem-se tentados a pensar: se não ouvirem algo novo, algo que ainda não conheciam, por que deveriam eles vir até aqui? "Eu entendo tudo que diz respeito ao assunto que está sendo tratado, e toda vez que venho aqui escuto a mesma coisa várias vezes. Tudo o que tenho ouvido são coisas que eu já conheço." Com base nisso, eles pensam que não vale a pena virem para ouvir.

Mas isso é um grande erro. Quando vens ouvir a Palavra, não vens sempre para ouvir aquilo que não conheces. Pode acontecer, às vezes, de Deus alcançar-te com algo em que não pensaste antes ou que não compreendias tão plenamente como pensavas. Mas suponhamos que não seja assim. Ainda tens de vir considerando a ocasião como uma ordenança de Deus para transmitir benefício espiritual à tua alma.

PERGUNTA: "Não poderíamos ficar em casa lendo um sermão?"

RESPOSTA: Mas será que Deus indicou isso para ser a grande ordenança para a conversão e edificação das almas no caminho da vida eterna? Na verdade, existe alguma vantagem na leitura de um sermão, mas a grande ordenança é a pregação da Palavra. A fé *vem pelo ouvir*, dizem as Escrituras, e nunca pela leitura. De forma que, quando vens ouvir, não vens ouvir aquilo que não ouviste antes, mas vens participar desta ordenança para que te seja transmitido algum benefício espiritual que, talvez, não te tenha sido transmitido anteriormente, ou num grau maior do que já te foi transmitido anteriormente.

Assim, deves chegar para ouvir a Palavra com teu coração convencido de que vais ouvir a Palavra de Deus, deves vir à grande ordenança que Deus indicou para te transmitir benefício espiritual. Venho, então, em obediência a Deus, e dessa forma dou testemunho do meu respeito para com Deus, que vou comparecer a esta ordenança sua para que me seja transmitido algum benefício espiritual. E, mesmo que eu pense que este ou aquele outro meio opera a mesma coisa, pelo fato de Deus ter indicado a pregação como a sua ordenança, em obediência a ele, venho participar da pregação em vez de me ocupar com quaisquer outros meios.

É bem conhecido o fato de que Naamã precisou lavar-se no próprio Jordão, embora os outros rios fossem tão bons para curá-lo quanto aquelas águas. Não há dúvida de que os outros rios tinham tanta virtude natural quanto o Jordão, mas pelo fato de as águas do Jordão serem a ordenança que Deus tinha indicado para curar-lhe a lepra, ele teve de vir e lavar-se naquelas águas, não podia ser em nenhum outro rio. Assim, pelo fato de a pregação da Palavra ser a grande ordenança que Deus indicou para comunicar-se, ele requer que mostres teu respeito a ele de tal forma que te faças presente a essa ordenança.

2. A segunda coisa que deve ser feita para te preparares é arar a terra sem cultivo do teu coração para não semear entre os espinhos, como se vê em Jeremias 4.3 e em Oséias 10. A Palavra de Deus, como bem sabes, é comparada à semente na parábola de Cristo em Mateus 13, e os que ouvem são comparados ao solo. Suponho que estás familiarizado com a parábola do semeador, que apresenta o ministério da Palavra e o fruto que ela produz no coração dos homens. Uma congregação é como o campo, e um ministro que prega é como o semeador que espalha a semente no campo. Ele não sabe qual é a verdade que vai prosperar. A semente semeada em algumas partes do solo se perde, e, em outras partes, ela cresce. Assim também, em alguns lugares da igreja a semente da Palavra se perde, ao passo que em outros lugares ela cresce. Mas se as pessoas que são comparadas ao solo ouvirem a Palavra de forma que o nome de Deus seja santificado com isso, o coração delas precisa ser arado. Se alguém semear a semente em solo sem arar, o que acontecerá com ela? O solo precisa ser primeiro arado, ser preparado para receber a semente.

Pergunta: "O que significa arar nosso coração, preparando-o para receber a Palavra?"

Resposta: O significado nada mais é do que a obra de humilhação, o trabalho da alma em humilhar-se diante do Senhor quando vem ouvir a Palavra de Deus.

Humilha tua alma com respeito a duas coisas: Em primeiro lugar, humilha-te da tua ignorância, que conheces tão pouco da vontade de Deus. Em segundo lugar, humilha-te por causa de toda a pecaminosidade do teu coração. Sê atento e sensível à condição miserável na qual te encontras. Se conseguires quebrantar teu coração com o senso do teu pecado e miséria, e assim te achegares para ouvir a Palavra, é muito provável que a Palavra te será muito proveitosa, e o nome de Deus possa ser muito santificado ao ouvires a Palavra.

PERGUNTA: "Temos de arar nosso coração antes de virmos para ouvir? Não é a Palavra que deve nos arar? A Palavra é o arado, e os ministros de Deus são comparados, na Palavra, àquele que faz o trabalho de arar. 'Aquele que põe a mão no arado e olha para trás não é apto para o reino dos céus'."

RESPOSTA: É verdade que, a não ser por meio da Palavra, não se pode esperar que o coração seja inteiramente arado como deve ser. Por isso, na primeira vez que os homens vêm para ouvir, não se deve esperar que santifiquem o nome de Deus, até que a Palavra os are, e, assim, uma vez que lhes penetrou o coração, sejam preparados para ouvir numa próxima ocasião. Mas ainda assim alguma coisa deve ser feita antes de ouvir, com base no conhecimento natural que os homens têm. Eles podem saber — por meio de alguma noção que têm das obras de Deus, por conversas com outras pessoas, por meio da leitura ou outra coisa semelhante — que são pecadores, e perceber que são muito fracos e ignorantes. E dessa forma podem, em certa medida, chegar ao ponto de humilharem o próprio coração. É bom fazer uso dessas coisas para humilhar o coração, mas tu que tens ouvido a Palavra muitas vezes e mesmo assim não santificaste o nome de Deus, há certas verdades que tens ouvido até agora que, se tivesses feito uso delas em particular para arar teu coração, elas teriam preparado teu coração para a próxima vez que fosses ouvir a Palavra. Por isso, se queres ouvir a Palavra com muito mais proveito do que já ouviste anteriormente, precisas arar teu coração por meio da humilhação.

O coração precisa ser arado trabalhando para arrancar os espinhos que estão nele, as paixões que crescem fundo no coração como os espinhos se enraízam na terra. Esforça-te para arrancá-los; ou seja, quando vens ouvir a Palavra, coloca teu coração de tal forma disposto a se colocar contra todo pecado conhecido que porventura tenhas encontrado nele. Esforça-te para descobrir as paixões que estão em teu coração e então posiciona-te contra elas declarando que estás disposto a vê-las arrancadas do teu coração. Se os homens e mulheres fizessem simplesmente isso ao virem para ouvir, Deus veria que eles, antes de virem, se posicionaram contra todo e qualquer pecado conhecido. Isso, de fato, seria algo excelente.

Além disso, quando vieres para ouvir a Palavra, vem com a resolução de atender a qualquer coisa que Deus porventura revele ser a sua vontade. "Agora estou indo ouvir a tua Palavra, Senhor, para esperar em ti, para saber o que tens para dizer-me. E tu, que sondas mente e coração, sabes que vou com a resolução de atender a toda verdade que me mostrares."

Como não seria santificado o nome de Deus se viesses dessa forma para ouvir a Palavra! Achega-te com a resolução que encontramos em Jó 34.32: "O que não vejo [sei], ensina-mo tu; se cometi injustiça, jamais a tornarei a praticar". Em Isaías 2.3, encontramos uma profecia a respeito de como os gentios devem vir à Palavra: "Irão muitas nações e dirão: Vinde, e subamos ao monte do Senhor e à casa do Deus de Jacó, para que nos ensine os seus caminhos, e andemos pelas suas veredas". Esta é uma disposição muito adequada para quando vieres ouvir a Palavra.

Alguns de vocês vêm juntos pelas ruas e becos e pelos campos. Quando vierem juntos e se encontrarem uns com os outros à medida que andam pelos campos, lancem mão desse texto. Oh, que essa profecia se cumpra em vocês enquanto vêm pelos campos a cada manhã do Dia do Senhor, e nas outras ocasiões em que chamarem os outros para virem ouvir: "Vinde e subamos ao monte de Jeová, à casa do Deus de Jacó; dê-nos ele a lição dos seus caminhos, e andaremos nas suas veredas. Estamos resolvidos que, tudo o que o Senhor nos ensinar sobre quais são os seus caminhos, iremos nos submeter a eles". Isso, sim, é uma preparação adequada do coração para santificar o nome de Deus no ouvir da Palavra.

Quando vens para ouvir a Palavra, vem desejando ardentemente essa Palavra. Vem faminto por ela, como se lê em 1Pedro 2.2: "desejai, como meninos recém-nascidos, o leite racional, sem dolo, para que por ele cresçais para a salvação". Faze isso como o faz um bebê que acabou de nascer. Como bem sabes, os bebezinhos não querem o leite para brincar, querem unicamente alimentar-se dele. As crianças de três ou quatro anos podem até querer o leite para brincar, mas os bebezinhos recém-nascidos só têm interesse nele quando estão com fome. E assim também acontece aqui: há muitos que vêm ouvir a Palavra para se divertir com ela, mas tu deves vir para ouvir a Palavra como um bebê recém-nascido, com um desejo ardente pela Palavra, para que tua alma seja alimentada por meio dela.

Seria maravilhoso se, todo Dia do Senhor, e em outras ocasiões, viesses faminto da Palavra assim como sempre vais almoçar ou jantar. A Palavra de Deus deve significar mais para ti do que a tua comida essencial; dessa forma também crescerás por meio dela e santificarás nela o nome de Deus.

Antes de vir, pede a Deus que abra teus olhos e teu coração e que ele se faça presente na sua Palavra. Davi fez assim:

"Desvenda os meus olhos, para que eu contemple as maravilhas da tua lei". Conheces o que se disse a respeito de Lídia: "o Senhor abriu-lhe o coração para atender à Palavra que era falada". Uma vez que a pregação é uma ordenança, espera mais benefício por meio dela do que por aquilo que, por sua própria natureza, tem condições de transmitir. Precisas orar assim: "Senhor, estou indo participar da tua ordenança, e sei que nela mesma não existe poder nenhum. Ela não tem condições de operar as coisas que anelo, ou seja, ter meus olhos abertos; mas, Senhor, abre meus olhos e meu coração. Senhor, meu coração, por natureza, está fechado contra a tua Palavra. Existem tantas fechaduras em meu coração que, a não ser que te disponhas a inserir uma chave que torne meu coração pronto para ouvir, ele não se abrirá nunca. O homem não é capaz de conhecer meu coração, e por isso não consegue preparar uma chave para abrir cada fechadura, para dissipar cada dúvida, para silenciar toda e qualquer objeção; mas, Senhor, tu podes fazer isso. Senhor, por essa razão, prepara a tua Palavra neste dia para deparar-se com meu coração. Senhor, tenho ido muitas vezes à tua Palavra, e a chave o tem golpeado, mas ele não tem se abrido; mas, Senhor, se tu apenas a preparares e manejares com tua própria mão, meu coração com certeza se abrirá".

Oh, vem ouvir a Palavra com um coração que ora dessa forma, e assim vais santificar o nome de Deus quando ouvires a sua Palavra. Isso, sim, é vir até a Palavra considerando-a como a Palavra de Deus. Não deves vir à Palavra como para ouvir um discurso ou palestra, mas deves vir preparado dessa maneira, e assim Deus será glorificado e tu serás beneficiado.

PERGUNTA: "Como deve a alma comportar-se para santificar o nome de Deus quando vem ouvir a Palavra?"

RESPOSTA: Há três maneiras específicas de fazer isso:

1. É preciso dar cuidadosa atenção à Palavra. Precisas aplicar teu coração a ela assim como disse Moisés em Deuteronômio 32.46-47: "Aplicai o coração a todas as palavras que, hoje, testifico entre vós, para que ordeneis a vossos filhos que cuidem de cumprir todas as palavras desta lei. Porque esta palavra não é para vós outros coisa vã; antes, é a vossa vida". Aplica teu coração à Palavra, pois ela não é coisa de somenos importância, mas é tua vida. Quando vens ouvir a Palavra, presta muita atenção ao que vais ouvir.

Atos 8.6: "E as multidões unanimemente prestavam atenção ao que Filipe dizia" (ARC). A expressão "estar atento" é usada com frequência nas Escrituras. Às vezes, ela é traduzida como "guardar-se de alguma coisa", como na expressão "guardai-vos do fermento dos fariseus e dos saduceus". Cuidado com eles! Quando um homem vê um inimigo e se previne, faz todo o possível para esquivar-se dele. Assim também precisamos ter muito cuidado para sermos beneficiados pela Palavra, como alguém que diligentemente se esquiva de qualquer tipo de perigo.

Outras vezes, a palavra significa "prestar atenção". Assim como um discípulo presta atenção a seu mestre, assim eles prestaram atenção à Palavra. Essa é a ideia em Provérbios 2.1-2: "Filho meu, se aceitares as minhas palavras e esconderes contigo os meus mandamentos, para fazeres atento à sabedoria o teu ouvido e para inclinares o coração ao entendimento". Precisamos escutar com diligência, e não permitir que nossos olhos e pensamentos vagueiem por aí, mas devemos diligentemente prestar atenção ao que é dito. Meus irmãos, sempre existem coisas na Palavra que nos desafiam a atenção.

Pensa nalguma coisa que te chama a atenção. Prestarás atenção se aquele que fala estiver muito acima de ti. Se fosse um príncipe ou governador que te dirigisse a palavra, com certeza prestarias atenção. Mas mesmo que seja verdade que é apenas um homem que te fala (homem que, talvez, até seja inferior à maioria dos ouvintes), mesmo assim fica sabendo que, por meio dele, quem te fala é o Senhor do céu e da terra. Cristo disse: "Aquele que vos ouve é a mim que me ouve". Assim, mesmo que não prestes atenção em respeito ao mensageiro, uma vez que é o Filho de Deus que está falando contigo, isso deve levar-te a prestar bastante atenção.

Se ouvisses uma voz vinda das nuvens falando contigo hoje, será que pararias para escutá-la? A verdade é que devemos ouvir a voz de Deus por meio de um ministro da sua Palavra da mesma maneira que pararíamos para ouvir o Senhor falando conosco a partir de uma nuvem. E eu te citarei um texto bíblico a esse respeito, que deves considerar a voz de Deus em sua Palavra em tão alta estima como se Deus falasse contigo do céu em voz audível a partir das nuvens. 2Pedro 1.18: "Ora, esta voz, vinda do céu, nós a ouvimos quando estávamos com ele no monte santo". Mas presta atenção ao que está escrito no versículo 19: "Temos, assim, tanto mais confirmada a palavra profética, e fazeis bem em atendê-la".

Presta atenção: "Esta voz, vinda do céu, nós a ouvimos", disse Pedro. Sim, mas "Temos, assim, tanto mais confirmada a palavra profética, e fazeis bem em atendê-la".

Talvez digas: "Eles ouviram uma voz vinda do céu? Se tivéssemos ouvido essa voz, com certeza teríamos prestado atenção a ela!"

O apóstolo diz: "Vocês têm uma palavra mais segura de profecia". A palavra profetizar, nas Escrituras, é usada com o sentido de pregar: "Não desprezeis as profecias." É como se o Espírito Santo estivesse dizendo: "Deves ter a mesma consideração para com a palavra de profecia como tens por qualquer voz vinda do céu".

Suponhamos que um anjo viesse e falasse contigo. Será que não prestarias atenção? Quaisquer pensamentos que porventura tivesses seriam dissipados, pois foi um anjo que desceu do céu para falar. Agora presta atenção ao que está em Hebreus 1.1-2: "Havendo Deus, outrora, falado, muitas vezes e de muitas maneiras, aos pais, pelos profetas, nestes últimos dias, nos falou pelo Filho, a quem constituiu herdeiro de todas as coisas, pelo qual também fez o universo". E então no versículo 4 ele descreve seu Filho: "tendo-se tornado tão superior aos anjos quanto herdou mais excelente nome do que eles".

Se viesse um profeta e falasse, isso nem se compararia com o Filho de Deus vir e falar, nem com a vinda de um anjo, pois Jesus Cristo obteve mais excelente nome do que os anjos. Cristo é o ministro da sua própria Palavra. "Aquele que vos ouve é a mim que me ouve."

Em segundo lugar, aquilo que deve chamar a atenção é a importância do assunto proposto. Se um homem falar de coisas insignificantes e vãs, isso não exige muita atenção. Meus irmãos, os assuntos da Palavra são as coisas importantes de Deus. É a voz de Deus, os grandes mistérios da piedade, as coisas profundas que os próprios anjos anelam perscrutar. Sim, os próprios anjos vieram a conhecer os mistérios de Deus por meio das igrejas. Não tenho dúvida de que, no ministério da Palavra entre as igrejas, os anjos prestam atenção e se aprofundam nos mistérios da piedade, pois as Escrituras dizem, em Apocalipse 22.16: "enviei o meu anjo para vos testificar estas coisas a favor das igrejas".

Por meio do ministério da Palavra, abrem-se para ti as maiores coisas referentes à vontade de Deus, os maiores desígnios de Deus que estiveram ocultos desde toda a eternidade. Não é nossa intenção contar histórias e ideias de homens, mas abrir os grandes propósitos de Deus por meio dos quais se revela aos filhos dos homens a profundidade da sabedoria de Deus, e essa é a razão de isso tudo exigir muita atenção.

Em terceiro lugar, admitamos que existam grandes coisas. Mas se elas não dizem respeito a nós, não há porque prestar atenção. Por isso, as coisas de que falamos são a tua vida. Elas dizem respeito à tua alma e ao teu estado eterno. Tua alma e tua situação eterna dependem do ministério da Palavra. Se ele se tornar eficaz para ti, estás salvo. Se não for eficaz contigo, estás condenado ao inferno e arruinado para sempre.

Se nosso propósito fosse falar contigo a respeito de algum lugar onde pudesses conseguir um bom negócio, ou a respeito de uma maneira de ficares rico, não tenho dúvida que sairias da cama mesmo se fosse numa manhã fria ou chuvosa. Mas fica sabendo que, quando és convocado para ouvir a Palavra, és chamado para ouvir aquilo que pode trazer-te benefício para sempre, algo pelo que haverás de bendizer a Deus por toda a eternidade com os anjos e santos nos mais altos céus. Se essas coisas são de tanto valor, então precisamos dedicar-lhes muita atenção.

Tu sabes o que Cristo disse a Marta, em Lucas 10.41-42, quando ela se atarefava e afligia para hospedá-lo: "Respondeu-lhe o Senhor: Marta! Marta! Andas inquieta e te preocupas com muitas coisas. Entretanto, pouco é necessário ou mesmo uma só coisa; Maria, pois, escolheu a boa parte, e esta não lhe será tirada". O que é que Maria tinha escolhido? Ela escolheu atender diligentemente a Jesus Cristo para ouvir a Palavra vinda dos seus próprios lábios, ao passo que Marta estava atarefada na casa, cuidando das coisas referentes à hospedagem dele. Mas é melhor atenderes à Palavra do que hospedar a Cristo em tua casa.

Tu que és hospitaleiro, se um bom ministro ou um bom cristão vier à tua casa, alguém em quem consegues ver a imagem de Cristo, teu coração se moverá dentro de ti e farás qualquer coisa para hospedá-lo. Muito bem, o que seria, então, se o próprio Senhor Jesus viesse? Se soubesses que o homem que entrou em tua casa fosse o Filho de Deus, como não te esforçarias ao máximo para hospedá-lo bem? Mas fica sabendo que Jesus Cristo prefere que atendas à sua Palavra a que te ocupes em preparar-lhe hospedagem em tua casa.

E também existe uma importante razão para sermos diligentes em ouvir a Palavra, prestando muita atenção a ela. É que o Senhor mostra nas Escrituras a maneira como ele nos escuta quando lhe falamos. Lemos que Deus inclina o ouvido, abre o ouvido, faz com que seu ouvido ouça; e diversas outras expressões que se referem à maneira como ele nos ouve. Ora, se Deus inclina o ouvido, dirige o ouvido, abre o ouvido e faz seu ouvido atento quando nós, pobres miseráveis lhe falamos, quanto mais não deveremos fazer nós quando viermos ouvi-lo?

2. Da mesma forma que precisas ir para ouvir a Palavra de Deus, precisas abrir o coração para receber aquilo que ele fala contigo. É verdade, sim, que é Deus quem abre o coração, mas ele trabalha com os homens como com criaturas racionais, e faz com que abras o coração para que, quando te é revelada qualquer verdade, tu abras teu entendimento, consciência, vontade e afeições. "Ó Senhor, tua verdade, que aqui estás apresentando à minha alma, permite que ela entre; permite que eu a receba". Essa é a expressão em Provérbios 2.1: "Filho meu, se aceitares as minhas palavras", e também no versículo 10: "Pois a sabedoria entrará no teu coração". As palavras da sabedoria são as palavras de Deus. Elas precisam entrar no coração e se instalar ali. Elas talvez entrem em teus ouvidos, mas isso não é suficiente. Elas precisam entrar em teu coração. Em João 8.37, Jesus lamenta que a sua palavra não encontre lugar nas pessoas. Isso é triste, quando a Palavra de Deus não encontra lugar no coração. Se vier uma tentação para o pecado, ela encontra lugar no coração, mas quando vem a Palavra, ela não encontra lugar ali.

Repito: é muito triste que a Palavra não encontre lugar. Precisamos arrumar lugar para ela. "Abram-se, ó portais; abram-se, ó portas antigas, para que o Rei da glória entre" (Sl 24.9, NVI). Fica sabendo que, quando vens ouvir a Palavra, o Senhor está batendo à porta do teu coração. Não tens sentido isso às vezes? Oh! Abre, abre as portas; abre-as todas para receber a Palavra em teu coração. Essa é a segunda coisa que a alma deve fazer.

3. A terceira coisa é aplicar-se cuidadosamente à Palavra (Pv 2.2). O coração precisa inclinar-se cuidadosamente à Palavra, colocando-a em prática. Todo o empenho deve ser feito para colocar em prática aquilo que diz a Palavra. É preciso que a alma se aplique à Palavra.

Imagina que estás vindo para ouvir a Palavra, e ouves a respeito de certo pecado que praticas. Toma a Palavra e acolhe-a em teu coração, dizendo: "Hoje, o Senhor se encontrou com minha alma; o Senhor falou comigo para me humilhar por causa deste e daquele pecado a respeito dos quais minha consciência afirma que sou culpado".

Será que o Senhor te mostrou algum dever que deves cumprir? Reconhece isso. "O Senhor falou comigo hoje e me encarregou de mudar minha família e mudar meu próprio coração".

Será que te foi apresentada alguma palavra? Põe essa palavra em prática, e não permitas que as preocupações do teu coração te levem a desprezar essa palavra que Deus te falou. A aplicação da Palavra ao coração traz um benefício maravilhoso, e os ministros não devem apenas apresentar ao povo a doutrina do evangelho, mas devem também aplicá-la. E fica sabendo que diz respeito tanto a ti como aos ministros aplicar a Palavra, não apenas quando tratam aquilo que se chama de "aplicação" do sermão, mas durante toda a exposição da Palavra. Quanto a ti, precisas aplicá-la à tua própria alma, perguntando o seguinte: "Como é que isto diz respeito a mim especificamente?"

Meu irmão, não existe melhor maneira de honrar a Deus ou obter benefício para tua própria alma como por meio de aplicar a Palavra a ti mesmo. Se um homem está dormindo, um barulho qualquer não vai acordá-lo facilmente; mas se vieres e o chamares pelo nome: "João" ou "José", isso o acordará mais rápido do que um grande barulho. Assim, quando a Palavra faz um pequeno barulho quando é falada de modo geral, os homens pouco reparam nela, mas quando a Palavra vem de forma específica à alma dos homens e os chama pelo nome, por assim dizer, isso, sim, os desperta.

Ora, muitas vezes, Deus fala ao teu coração. Deves colocar isso em prática. Sabes que a Palavra é comparada ao alimento, e ele precisa ser ingerido pelo corpo. Adoramos a Deus de forma correta quando ouvimos a Palavra a nosso respeito de forma específica. Em 1Coríntios 14.24, encontramos o notável texto bíblico onde um pobre homem entra na igreja de Deus e ouve profecias, ouve a exposição da Palavra, e "por todos é convencido, e por todos julgado". E, então, no versículo 25: "tornam-se-lhe manifestos os segredos do coração, e, assim, prostrando-se com a face em terra, adorará a Deus, testemunhando que Deus está, de fato, no meio de vós". Ou seja, quando a Palavra vem e se encontra com a alma dele em particular, ele percebe que a Palavra se dirige diretamente a ele. Aí, então, adora a Deus e diz que Deus com certeza está entre eles.

Esta é a razão por que, quando vens ouvir a Palavra, não adoras a Deus, porque não a aplicas a ti mesmo. Estás pronto a dizer: "Que palavra boa para fulano, e esta foi para beltrano". Mas como é que a Palavra diz respeito especificamente à tua alma? Às vezes, o Senhor chega a forçar homens e mulheres a aplicarem a Palavra, queiram eles ou não, de forma que chegam a pensar que o ministro está falando a eles em particular, e que não está falando a ninguém mais da congregação a não ser com eles. Quando o Senhor faz isso contigo, é sinal de misericórdia, mas é muito maior misericórdia quando o Senhor te dá um coração para aplicar a Palavra a ti mesmo; e embora isso possa te perturbar um pouco no presente, dispõe-te a aplicá-la e considera isso uma misericórdia maior da parte do Senhor, que ele se disponha a falar à tua alma em particular.

4. Precisamos misturar fé com a Palavra, caso contrário ela nos será de pouco proveito. Acolhe a Palavra e então crê nela. Em Hebreus 4.2 lemos que "a palavra da pregação nada lhes aproveitou, porquanto não estava misturada com a fé naqueles que a ouviram" (ARC). Precisa haver, então, uma mistura de fé para crer na Palavra que o Senhor dirige a ti.

PERGUNTA: "Será que temos de crer em tudo o que é falado? Às vezes, são faladas coisas que nos parecem impossíveis de crer."

RESPOSTA: Não digo que devas crer em todas as coisas apenas pelo fato de serem faladas, pois é necessário que tomes cuidado tanto com o que ouves como também com a maneira com que ouves, mas o que podes fazer é o seguinte:

Em primeiro lugar, tudo aquilo que vem a ti em nome de Deus (a não ser que tenhas certeza de que a coisa não está de acordo com a Palavra escrita), precisas conceder-lhe tanto respeito a ponto de, no mínimo, examinar, para ver se está de acordo com a Palavra escrita ou não. Assim como está escrito a respeito dos homens mais nobres de que falamos acima, que examinaram se as coisas eram assim ou não. Não desprezes nada que vem a ti em nome de Deus. Não deves desobedecer a nada que tenha sobre si o claro selo de Deus.

Talvez você argumente: "Pode ser que seja algo falsificado". Mas não deixe de obedecer até que tenhas certeza de que é falsificado. Oh, que diferença não faria se os homens dessem esse respeito a todas as coisas que ouvem, jamais as descartando antes de examinar e provar se são verdadeiras ou não!

Em segundo lugar, concede à Palavra que ouves respeito suficiente para pensar da seguinte forma: "E se for verdade tudo o que estou ouvindo contra o meu pecado, tudo o que diz respeito ao perigo da condição em que a minha alma se encontra? Qual será, então, a minha situação?".

Esse tipo de consideração tem sido o princípio da conversão de muitas almas, que pensaram da seguinte forma: "Pode até ser que as coisas não sejam tão terríveis como estou ouvindo, mas e se no final forem verdade? Estarei perdido para sempre. Será que me atrevo a arriscar minha alma e minha condição eterna com base na suposição de que as coisas não são tão ruins como estou ouvindo?".

Eu creio que, se parares para pensar um pouco, verás que é um risco elevado demais, e que o consolo que recebes com base nesse tipo de pensamento, esperando apenas que as coisas não sejam tão ruins como estás ouvindo, verás que isso se revelará um consolo maldito, sem nenhum fundamento. Concede, então, esse respeito à Palavra.

Em terceiro lugar, considera o seguinte: Pode ser que eu não veja claramente que as coisas que são ensinadas agora são da forma que estão sendo apresentadas. Eu não vejo o suficiente para crer nelas agora, mas e se eu estivesse morrendo agora? O que aconteceria se eu estivesse indo agora para receber a sentença do meu destino eterno, será que eu não creria, então, nessas coisas? Será que, então, eu não consideraria como verdade aquilo que estou ouvindo da Palavra?

É coisa muito fácil os homens rejeitarem a Palavra enquanto estão com saúde e prosperando, mas se estivesses para morrer, e no teu leito de enfermidade e morte visses o oceano infinito da eternidade diante de ti, o que, então, haverias de dizer? Será que a Palavra seria verdadeira ou não? Será que nessa hora darias ouvidos às sugestões do diabo, acreditando nelas? Sabemos por experiência própria que os homens desprezam com facilidade a Palavra nos tempos de saúde, mas quando estão no leito de enfermidade e morte, descobrem que a Palavra é verdadeira. Crê na Palavra agora assim como crerias se estivesses em teu leito de morte.

Em quarto lugar, considera o fato que, se não creres, estarás numa situação muito terrível! "Será que sou pior do que os próprios demônios? A Escritura me diz que os demônios creem e tremem. Misericórdia, Senhor, eu venho ouvir os sermões. E será que sou menos crente que os próprios demônios? Eles creem na Palavra que eu desprezo, e tremem diante dela, mas minha alma nem sequer se mexe. É como se não houvesse realidade nenhuma nas coisas que estão me dizendo."

Existem outras coisas que também podem nos ajudar a crer na Palavra de Deus, mas essas que já mencionamos devem ser suficientes. E, com certeza, meus irmãos, até que cheguemos a crer na Palavra, embora talvez a estejamos ouvindo por muitos anos, ela nos fará muito pouco bem, e não santificaremos nunca o nome de Deus enquanto meramente a ouvirmos.

9

SANTIFICAR O NOME DE DEUS OUVINDO A PALAVRA

[SEGUNDA PARTE]

*"Serei santificado naqueles que se chegarem
a mim" (Levítico 10.3)*

5. A próxima coisa que se deve fazer para santificar o nome de Deus quando vimos ouvir a Palavra é a seguinte: receber a Palavra com mansidão de espírito. Encontramos isso em Tiago 1.21: "Portanto, despojando-vos de toda impureza e acúmulo de maldade, acolhei, com mansidão, a palavra em vós implantada, a qual é poderosa para salvar a vossa alma. Receber com mansidão. Repara que a primeira parte desta passagem bíblica diz respeito à preparação da alma: "despojando-vos de toda impureza e acúmulo de maldade". Que haja em teu espírito uma quietude ao te dedicares à Palavra, que não haja pressa.

Existem dois tipos de distúrbio emocional em muita gente, que são grande empecilho para se beneficiarem da Palavra e santificarem o nome de Deus quando a ouvem. O primeiro distúrbio emocional ocorre naqueles que possuem algum problema de consciência. Eles estão atribulados por causa dos seus pecados, e o seu espírito encontra-se num descontentamento e mau humor porque não possuem o consolo que almejam. Por isso, quando a Palavra de Deus lhes é pregada, se ela não lhes agrada por completo, e se não encontram por meio dela conforto imediato, o espírito deles se encontra numa perturbação e perversidade tais que a descartam por completo. Se a qualquer momento não forem ditas coisas que consolam na Palavra, uma ira ergue-se no espírito deles, porque não são capazes de aplicar a Palavra a si mesmos. Eles pensam: "Isso não me diz respeito".

Acima de tudo, deve haver mansidão de espírito naqueles que estão com problemas de consciência. Devem dedicar-se quietamente à Palavra e esperar pelo tempo em que Deus falará de paz à sua consciência. E, se eu não consigo achar que a Palavra é adequada para mim nesta ocasião, talvez isso aconteça em outro momento. Que eu preste atenção à Palavra com mansidão, e que a receba com mansidão. A Palavra está acima de mim, e se de alguma forma eu for beneficiado, afinal, forçosamente o será por meio da Palavra. Aqueles que estão com problemas de consciência precisam ter espírito manso.

Existe outro tipo de distúrbio, e esse é ainda pior: é o daqueles que, quando acham que a Palavra se dirige contra os pecados de que a consciência os acusa, insurgem o coração contra Deus e sua Palavra e também contra os seus ministros. Pelo fato de a Palavra incitá-los a abandonar algum pecado de que gostam, pelo fato de ela os repreender por alguma prática usual perversa, algum distúrbio do coração de que já foram ou ainda são culpados, sentem-se envergonhados e por isso o seu coração insurge-se contra essa Palavra.

É algo horrível ter o coração rebelado contra a Palavra. No livro de Jeremias, lemos a respeito do rei Jeoaquim: quando leram para ele o rolo da Palavra de Deus, estando ele sentado no jardim de inverno, diante de um fogo, pegou um canivete e cortou o rolo em pedaços, jogando-o com raiva no fogo. Li que os judeus observavam um jejum todos os anos para lamentar esse grande pecado. Esse rei Jeoaquim era filho de Josias, cujo coração se derreteu quando ouviu a Palavra. Josias teve um coração humilde e manso ao ouvir a lei; mas observa no espírito diferente de Jeoaquim, comparado ao de seu pai ou de seu avô.

Quando os homens dão vasão às suas paixões contra a Palavra, isso produz grande desonra ao nome de Deus. Cuida das tuas paixões tanto quando estás ouvindo a Palavra como depois de ouvi-la, especialmente se estás descontente com o que está sendo dito. Quando vens na companhia desses homens, vê como se enfurecem quando ouvem algo da Palavra que lhes fere o coração. Lembra, quando estás ouvindo a Palavra, que ela está acima de ti, e que não é apropriado ao inferior insurgir-se na presença do superior. Pode até ser verdade que os ministros estejam numa condição igual à tua, ou mesmo inferior, mas a Palavra que eles proferem está acima de todos os príncipes e monarcas da face da terra, e, uma vez que temos de tratar com Deus, convém que nos mantenhamos numa disposição humilde.

6. Precisamos ouvir a Palavra com um coração cheio de temor. É isso que nos diz a famosa passagem bíblica de Isaías 66.1-2: "Assim diz o Senhor: O céu é o meu trono, e a terra, o estrado dos meus pés; que casa me edificareis vós? E qual é o lugar do meu repouso? Porque a minha mão fez todas estas coisas, e todas vieram a existir, diz o Senhor, mas o homem para quem olharei é este: o aflito e abatido de espírito e que treme da minha palavra.".

Esse texto bíblico é tremendo! Presta atenção como Deus se eleva em sua glória: Ele é um Deus tão grande que diz "o céu é o meu trono, e a terra, o estrado dos meus pés; que casa me edificareis vós?"

Mas se uma pobre alma disser: "Como serei capaz de me apresentar diante deste Deus tão glorioso?", Deus diz: "Não desanimes, não, pobre alma que tremes da minha Palavra, pois meus olhos estão postos em ti".

E, além disso, Deus mostra sua estima à pessoa que treme da sua Palavra, mais do que a qualquer que edifique os mais suntuosos prédios no mundo para ele; pois Deus diz aqui: "O céu é o meu trono, e a terra, o estrado dos meus pés. Que casa é essa que me haveis de edificar? E em que lugar será o meu descanso? Eles construíram um templo glorioso para mim, mas como é que eu considero isso? Considero mais a pessoa que treme da minha Palavra do que essa grande casa que vocês construíram para mim". Este é um tremendo texto bíblico para mostrar a alta consideração que Deus tem para com aquele que treme da sua Palavra. Ele considera essa pessoa mais do que o templo glorioso que lhe foi construído.

Se construísses um lugar assim para servir a Deus, com certeza pensarias que isso seria uma grande coisa. Mas isso não é considerado em tão alta estima como se trouxesses um coração que treme da Palavra de Deus. Essa é uma coisa especial, que significa santificar o nome de Deus, quando passamos a enxergar a espantosa autoridade que existe na Palavra de Deus, quando somos capazes de ver mais da glória de Deus em sua Palavra do que em todas as outras obras dele, pois existe na Palavra mais da sua glória do que em toda a criação do céu e da terra.

Toma como exemplo o sol, a lua e as estrelas. Os marinheiros já viram muito da glória de Deus em alto mar, tanto que seria capaz de infundir terror ao coração de todos nós; mas fica sabendo que existe mais do terror do nome de Deus em sua Palavra do que em todas as suas obras. Salmo 138.2:

"Magnificaste acima de tudo o teu nome e a tua palavra". A Palavra é magnificada acima de todo o nome de Deus, e é muito bom sinal de uma pessoa espiritualmente iluminada quando ela pode ver o nome de Deus mais magnificado em sua Palavra do que em todas as suas outras obras.

Neste assunto, apelo à tua consciência. Alguma vez já viste o nome de Deus ser mais magnificado em sua Palavra do que em todas as suas obras? Com muito boa consciência quero afirmar que não existe alma piedosa na face da terra que possui a mais inferior porção da graça que não tenha visto mais da glória de Deus revelada em sua Palavra do que já viu em todas as outras obras de Deus, e o seu coração está mais encantado com isso. Por essa razão, precisamos de uma disposição de espírito de tremor quando ouvimos a Palavra.

Além disso, quando consideramos que a Palavra é aquilo que vincula a alma tanto com respeito à vida como com respeito à morte, o estado eterno dos homens é traçado pela Palavra, então, com toda a certeza, é preciso um coração que treme para ouvir aquilo que traça o estado eterno do homem. Não santificamos o nome de Deus quando nos achegamos para ouvir a Palavra a não ser que venhamos com um coração cheio de temor. E esses são os homens e mulheres que mais provavelmente haverão de compreender a vontade de Deus.

Quanto aos que vêm com espírito presunçoso, pensando que já entendem tudo antes mesmo de chegarem, e acham que sua inteligência ou capacidade estão além da capacidade de qualquer que lhes apresente a Palavra (se bem que isso não seria tão grave se se referisse apenas ao homem que prega a Palavra e não repercutisse na própria Palavra), esses que são ricos em seus próprios pensamentos e aos seus próprios olhos, esses são despedidos sem nada e vazios. Mas aqueles que vêm com o coração tremendo à Palavra esses são os que provavelmente entenderão os conselhos de Deus revelados em sua Palavra. Esdras 10.2-3: "Então, Secanias, filho de Jeiel, um dos filhos de Elão, tomou a palavra e disse a Esdras: Nós temos transgredido contra o nosso Deus, casando com mulheres estrangeiras, dos povos de outras terras, mas, no tocante a isto, ainda há esperança para Israel. Agora, pois, façamos aliança com o nosso Deus, de que despediremos todas as mulheres e os seus filhos, segundo o conselho do Senhor e o dos que tremem ao mandado do nosso Deus; e faça-se segundo a Lei."

Assim, aqueles que tremem da Palavra de Deus são os que estão mais preparados para receber conselho; são eles que mais entendem a vontade de Deus.

7. A próxima coisa é uma humilde sujeição à Palavra que ouvimos. Nosso coração precisa curvar-se a ela, precisa sujeitar-se à Palavra que ouvimos. Em 2Crônicas 36.12, encontramos uma passagem bíblica extraordinária. Lemos, ali, a respeito do grande rei Zedequias: "Fez o que era mau perante o Senhor, seu Deus, e não se humilhou perante o profeta Jeremias, que falava da parte do Senhor.". Essa é uma das mais estranhas afirmações do livro de Deus, que Zedequias, um poderoso rei, foi acusado desse grande pecado, que ele não se humilhou.

Talvez você diga: "Não se humilhou? Diante de quem?"

Somos obrigados a nos humilhar diante de Deus, mas aqui aconteceu que ele não se humilhou diante do profeta Jeremias. Por que diante do profeta? Porque ele "lhe falava da parte de Jeová". Se estamos diante de qualquer mensageiro que nos fala da parte do Senhor, Deus requer que nos humilhemos. Se qualquer verdade te é proferida, o Senhor requer que te dobres diante dela e lhe prestes obediência. Quaisquer que tenham sido teus pensamentos, teus raciocínios, tuas opiniões até este momento, se qualquer coisa da Palavra vem contra isso, precisas submeter teus raciocínios, submeter tua própria consciência, precisas submeter tua vontade. Qualquer coisa a que teu coração tenha se dedicado, por mais agradável que seja, agora submete-o e entrega-o, por mais que isso signifique contrariar o que pensas, desejas e tens como alvo. Tudo precisa ser submetido e rendido inteiramente diante da Palavra, precisas te dispor a renunciar a qualquer coisa neste mundo.

"Senhor, é verdade, eu confesso que, antes que tua Palavra me fosse exposta na evidência e demonstração do Espírito, minha disposição mental e meu coração se inclinavam a estes e aqueles prazeres, e eu achava impossível que meu coração pudesse deixá-los. Mas, ó Senhor, tu quiseste mostrar-me claramente por meio da exposição da tua Palavra na evidência do teu Espírito qual é a tua vontade. Agora, tudo o que diz respeito ao meu nome, meu bem-estar, minhas alegrias neste mundo, Senhor, aqui eu coloco tudo diante de ti. Eu me submeto à tua Palavra". Quando um homem ou mulher pode dizer isso, essa é uma disposição operada pela graça. Agora, sim, o nome de Deus é enaltecido e exaltado no ouvir da Palavra. O nome de Deus é santificado numa obra espiritual como essa.

Li a respeito de um teólogo alemão que escreveu a Oecolampadius, outro teólogo alemão famoso. Ele usou a seguinte expressão: "Ó, que venha a Palavra de Deus, e, se tivéssemos seiscentos pescoços, haveríamos de submeter todos eles à Palavra de Deus". Essa deve ser a disposição daqueles que ouvem a Palavra e desejam santificar o nome de Deus quando a ouvem: "Fale Deus, e vamos nos submeter. Se tivéssemos seiscentos pescoços, submeteríamos todos eles a essa Palavra do Senhor. É a Palavra de Deus que desejamos que triunfe sobre nós".

Uma congregação que se submete à Palavra de Deus que lhe é pregada é uma das mais excelentes coisas, e o nome de Deus é grandemente santificado nela. Não quero, irmãos, que vocês se submetam a mim. Não só quero, mas faço muita questão que examinem aquilo que lhes digo, para comprovarem se está ou não de acordo com a Palavra de Deus. Mas, se estou falando com vocês aquilo que é a Palavra vinda da boca do Senhor, saibam, então, que Deus requer que vocês submetam a essa Palavra os seus bens, sua alma, seu corpo, e tudo o que vocês são e possuem. E essa é outra particularidade na santificação do nome de Deus quando ouvimos a Palavra: é preciso haver uma humilde submissão a ela.

8. A Palavra precisa ser recebida com amor e alegria. Não basta que sejas convencido da autoridade dela e levado a pensar: "Eu preciso me entregar a ela. Esta é a Palavra de Deus e, se eu não me render a ela, sofrerei as pragas e juízos de Deus que seguem esse tipo de atitude". Isso não basta; é preciso que te rendas a ela com amor e alegria. Se não receberes a Palavra com amor e alegria, ela não é santificada. Tu não santificas o nome de Deus, nem ele é santificado em ti.

É preciso que recebas a Palavra não apenas como a verdadeira Palavra do Senhor, mas como a boa Palavra do Senhor. Em 2Tessalonicenses 2.10, encontramos a razão por que os homens são entregues a um espírito de engano: "porque não receberam o amor da verdade [a Palavra de Deus]". Está escrito a respeito do Anticristo que, na sua vinda, ele virá com todo engano, e prevalecerá contra aqueles que vão perecer. Quem são eles? Aqueles que "não receberam o amor da verdade, a fim de serem salvos".

Meus irmãos, não é suficiente receber a verdade para que sejamos salvos, mas precisamos receber o amor da verdade, se desejamos ser salvos. A Palavra do Senhor é boa para minha alma, e eu preciso recebê-la com alegria e também com amor. Provérbios 2.10-11: "Pois a sabedoria entrará no teu coração, e a ciência agradará à tua alma; a discrição te protegerá, e o discernimento te guardará".

É maravilhoso quando a Palavra revela alguma verdade ao teu entendimento e podes recebê-la de forma que seja agradável à tua alma, que ela se regozije nessa verdade. Ela é uma boa Palavra; é ela que me faz bem ao coração. Quando um povo consegue ouvir a Palavra, e, quando ela lhes chega ao coração, podem dizer: "Esta Palavra me faz bem ao coração; ela é agradável à minha alma" — isso é maravilhoso! Em Atos 2.41, os tementes a Deus são descritos como aqueles que receberam a Palavra de tal maneira que santificaram o nome de Deus: "Os que receberam a sua palavra foram batizados, e foram admitidas naquele dia quase três mil pessoas". Naquele dia, três mil pessoas receberam a Palavra de bom grado! A Palavra lhes fez bem e eles a receberam com gratidão.

PERGUNTA: "Em Mateus 13, lemos sobre o terreno rochoso, dos ouvintes que não eram bons e não foram beneficiados pela Palavra para serem salvos, apesar de receberem a Palavra com alegria. E também a respeito de Herodes é dito que ele com prazer ouvia João Batista. Ao que parece, então, não basta receber a Palavra com alegria."

RESPOSTA: Em primeiro lugar, é preciso muito mais do que aquilo que os hipócritas aparentam. Se ficarmos só nisso, não há como santificarmos o nome de Deus.

Talvez digas: "Precisamos avançar além disso, senão o nome de Deus não será santificado".

Concordo plenamente. Por isso, quando falo de satisfação e alegria, fica sabendo que me refiro a outro tipo de alegria, não àquele que o solo rochoso mostrou. Refiro-me à satisfação mencionada em Provérbios, que já mencionei anteriormente, e à gratidão com que os três mil receberam a Palavra; isso é diferente da alegria do solo rochoso.

Se me perguntares qual é a diferença, responderei que a diferença consiste no seguinte: A alegria de um hipócrita quando recebe a Palavra de Deus provém ou da novidade daquilo que recebe — porque é uma coisa nova e ele aprende coisas que não conhecia antes — ou ele se alegra por alguma outra virtude carnal que encontra naquilo que ouviu da Palavra, algum destaque ou honra que possa ter conseguido por meio dela, algum motivo egoísta que possa ter feito seu coração ficar alegre, pois existem muitos motivos de virtude natural e carnal que muitas vezes acompanham a Palavra. Mas a alegria de que se fala em Atos e em Provérbios é aquela que surge da apreensão das excelências espirituais que se encontram na Palavra, essa é a Palavra que revela Deus e Cristo à minha alma, essa Palavra que se aproxima da minha alma para mortificar minhas paixões e santificar meu coração. É isso que me faz regozijar na Palavra, a santidade e a excelência espiritual que vejo nela.

Davi disse: "Puríssima é a tua palavra, por isso é que o teu servo a ama". Nenhum hipócrita consegue dizer isso. "Eu vejo a imagem de Deus em sua Palavra. Vejo o espelho da própria santidade de Deus em sua Palavra. Sinto que é na Palavra que minha alma pode ser conduzida a Deus, é nela que minha alma goza comunhão com Deus e Jesus Cristo, e é isso que me alegra." Se recebermos a Palavra com alegria dessa forma, com certeza haveremos de santificar o nome de Deus quando a escutarmos.

9. Se desejamos santificar o nome de Deus em sua Palavra, precisamos receber a Palavra com coração honesto. Encontramos isso em Lucas 8.15, na parábola do semeador. Ali, descobrimos que existem vários tipos de solo que recebem a Palavra, e esses solos diversos significam os diversos tipos de

coração. O primeiro deles é o da beira do caminho, que são aqueles que ouvem a Palavra, mas não acolhem o que ouvem, e tão logo saem da congregação, a semente da Palavra se vai e é como se nunca a tivessem ouvido.

Depois, há o solo rochoso e o solo cheio de espinhos, ou seja, aqueles que ouvem com alegria (como já mencionamos anteriormente), mas os cuidados do mundo sufocam a semente da Palavra. Assim que esses cuidados se vão, lá estão eles outra vez envolvidos em suas atividades deste mundo e seus pensamentos e coração seguem nessa mesma direção.

Mas existe também o solo bom, ou seja, aqueles que recebem a semente da Palavra com bom e honesto coração. Um coração bom e um coração honesto estão sempre unidos. Um coração bom significa um coração que não tem malícia, um coração que deseja esvaziar-se de tudo que é contrário à Palavra e que não condiz com a espiritualidade da Palavra, um coração, repito, que não abriga nada em si que de qualquer forma se opõe à Palavra. Um coração bom é um coração que (como diz o apóstolo em Tiago 1.21, e esse texto é bem apropriado para o que estamos falando) despojou-se "de toda impureza e acúmulo de maldade". A palavra traduzida como "impureza" significa excremento, aquilo que é impuro, aquilo que provém do corpo, que é por ele rejeitado. Assim é a pecaminosidade do teu coração. Talvez seja com mau coração que vens ouvir a Palavra. Talvez esteja misturada nele a impureza que é tão desprezível diante de Deus quanto o são os excrementos.

"E acúmulo de maldade." Com essa expressão, é como se o Espírito Santo estivesse dizendo: "Não penses que é suficiente limpar a imundícia, ou seja, os pecados mais grosseiros e fétidos, os pecados abomináveis, para que não venhas com um coração imundo e desprezível. Mas qualquer coisa que haja em teu coração que, de alguma forma, seja contra a obra da graça, é acúmulo (abundância desnecessária) de maldade, todo tipo de pensamentos maus e sentimentos maus que vão além do que é necessário. Examina teu coração e sentimentos e vê tudo que encontras ali e que não deve estar, transbordando em qualquer tipo de manifestação que não deve acontecer. Esforça-te para expulsar isso; não te conformes enquanto não tiveres removido todo e qualquer tipo de mal".

Pode ser que estejas limpo dos pecados mais aparentes para o mundo, mas se resta em teu coração qualquer malícia, qualquer tipo de impureza, qualquer coisa que não seja a graça, precisas te livrar disso, pois é acúmulo, excesso. Um coração bom, então, não hospeda nenhum tipo de mal. Pode acontecer de haver algum mal, mas seu propósito é ver-se livre dele; não apenas daquilo que é impuro, asqueroso e abominável, mas se existe ali qualquer coisa que não deveria estar, um bom coração se levanta contra essa coisa. Assim é o bom coração que está desejoso de receber qualquer coisa que Deus revela. Como se costuma dizer: "Esse é um bom homem; se tens algo bom e saudável para dizer, ele está pronto a te ouvir".

Um bom homem não abriga em si nenhum tipo de propósito mau, nenhum tipo de plano mau, mas está pronto a escutar atentamente tudo o que é bom. Um bom coração está pronto a acolher tudo o que é virtuoso. Esse coração está preparado para qualquer coisa útil e se apressa para o que é bom. Quando ouve a boa Palavra do Senhor, o bom coração imediatamente se compromete com ela.

Pergunta: "Mas o que significa um coração honesto?"

Resposta: Um coração honesto com certeza significa mais do que aquilo que chamamos de homem honesto, ou seja, um homem que é honesto quando lida com seus semelhantes. Existem muitos homens considerados muito honestos no mundo, mas que não têm um coração honesto. Peço que prestes atenção. O homem que tem um coração honesto para com Deus é aquele que recebe a semente da Palavra de forma que vai além da beira do caminho, do solo rochoso e do solo cheio de espinhos. Ele vai mais longe do que esses três tipos de ouvintes. Ele se destaca desses três em sua profissão de fé.

Mas o mundo tem grande respeito por muitos homens honestos que não vão além desses três. Sim, é comum o mundo considerar qualquer desses três como homens honestos. Tomemos como exemplo a beira do caminho. Não existem muitos homens honestos no mundo que não consideram a Palavra de Deus de forma alguma, mas apenas vêm ouvir um sermão, e, assim que acaba, do jeito que entrou num ouvido, sai pelo outro? Eu temo que haja homens e mulheres que são considerados honestos no mundo que dificilmente conseguirão dizer o que é que ouviram nalgum sermão que já escutaram na vida. Dificilmente, eu digo, pois a Palavra que ouviram é imediatamente tirada deles, mas mesmo assim são considerados como homens honestos pelo mundo. Mas isso não é o coração honesto de que a Escritura fala. E há muitos que avançam mais do que esses, que vêm ouvir a Palavra com alegria, mas também não têm esse coração honesto. Sim, eles podem ouvir a Palavra até dizer "Chega!" e ainda assim não possuir um coração honesto. Quando nos referimos a um coração honesto, então, queremos dizer o seguinte: um coração que age com sinceridade e de forma verdadeira com Deus, portando-se de maneira adequada com a autoridade e o alto padrão daquilo que está na Palavra de Deus.

Alguns exemplos, então. Primeiro, entre os homens, é considerado como homem honesto aquele que, em tudo o que faz, age com sinceridade e de forma verdadeira com as outras pessoas. Esse tipo de homem é um homem honesto, tu dirás, não existe igual no mundo. Ou seja, ele é daqueles que agem corretamente com os outros não apenas em um assunto, mas em qualquer outro descobrirás que ele é coerente com o que diz e faz.

Isso, então, é um coração honesto, não é um coração que se entusiasma com Deus em alguma coisa em que pode apreciar a si mesmo e a Deus, mas um que lida corretamente com Deus. Se Deus o colocar diante de algum dever, em qualquer serviço, será sempre o mesmo homem. Quer seja colocado nalgum serviço fácil (que muitos querem fazer), quer seja colocado num serviço difícil, tudo é a mesma coisa se essa é a vontade de Deus. Em tudo o verás agindo corretamente. Embora lhe seja atribuída alguma coisa em que provavelmente vá sofrer bastante, ele avança de acordo com seus princípios. Um coração honesto é aquele que acolheu hábitos piedosos e age de acordo com eles. Nem o mundo todo consegue removê-lo dos seus princípios de santidade, que o Senhor lhe colocou no coração.

Segundo, um homem honesto é aquele que age de forma sincera diante dos homens, que faz todas as coisas de forma digna em todos os relacionamentos que mantém com os outros — é isso que consideramos ser honesto. Assim, quando o comportamento de um homem para com a Palavra é tal que se torna a Palavra do Deus a quem ele tem de prestar contas, repara, então, na excelência, na glória que existe na Palavra de Deus. Esse tipo de comportamento existe no coração do homem que tem um coração honesto.

Existem, então, estas duas coisas: quando um homem é correto com Deus tanto em uma coisa como em outra existindo uma adequação do comportamento da alma à excelência que existe na Palavra e quando o coração do homem de forma alguma não faz mau uso da Palavra, mas sinceramente se comporta, de acordo com o peso, a gravidade e a santidade que existe na Palavra. E, agora assim, com um coração bom e honesto precisamos receber a Palavra se quisermos santificar nela o nome de Deus.

10. Se quisermos santificar o nome de Deus por meio da Palavra, precisamos escondê-la em nosso coração. Devemos não só ouvir a Palavra, mas guardá-la, conservá-la, e dessa forma mostraremos que verdadeiramente consideramos digna a Palavra de Deus. Pois santificar a Deus nada mais é que portar-se para com ele de forma que se testifique a excelência do seu nome. De forma que o comportamento da alma quando ouve a Palavra precisa ser tal que dê testemunho da excelência da Palavra, e manifeste a sua alta estima por ela.

Agora, se recebo alguma coisa de grande valor, mas faço pouco caso se alguém a toma de mim, não dou testemunho da excelência dessa coisa. Mas se eu a recebo e a guardo a sete chaves, com isso dou testemunho da estima que tenho para com a excelência dessa coisa. Assim, quando venho ouvir a Palavra, e me deparo com verdades que me penetram a alma, concordo com elas e resolvo no coração à medida que as ouço: "Muito bem, vou conservar esta verdade pela graça de Deus. Isto diz respeito a mim e quero dar-lhe muito valor, e, mesmo que me esqueça de outras coisas, espero lembrar-me disto, para que eu santifique o nome de Deus enquanto ouço a Palavra".

Em Isaías 42.23, o Espírito Santo diz: "Ouça com vistas para o futuro".[4] Quando nos achegamos à Palavra, precisamos prestar atenção não apenas para o presente. Muitos de nós, quando ouvimos, temos o coração despertado para o presente. Oh, que possamos ter sempre esse mesmo sentimento que temos quando ouvimos a Palavra!

Quantos de vocês já não disseram, quando ouviram algum sermão: "Oh! Naquela hora eu pensei que poderia atravessar rios e mares por Deus!" Volto a dizer: precisas ouvir com vistas

---

4 N. do T.: Conforme a King James, versão usada pelo autor.

ao futuro. E, no Salmo 119.11, o profeta Davi afirmou que ele escondeu a Palavra no coração, a Palavra era doce para ele. Foi isto que ele disse: "Escondi a tua palavra no meu coração, para eu não pecar contra ti" (ARC).

Tu que vens ouvir estas verdades no Dia do Senhor, se as esconderes dessa forma em teu coração e as guardares durante a semana, elas te ajudarão contra as muitas tentações com que vais te deparar. Durante a semana, no teu emprego, serás derrotado por alguma tentação. Aí, então, vais lamentar: "Ah, como sou fraco. Deparei-me com uma tentação e fui derrotado". Mas, se tivesses escondido no coração a Palavra que ouviste no Dia do Senhor, ela te teria guardado do poder da tentação, de forma que não serias vencido.

Aqueles que de fato são piedosos têm um cuidado de esconder a Palavra no coração. Quando a ouvem, pensam assim: "Esta Palavra deve me ajudar contra este e aquele pecado a que sou propenso por natureza. E quando me vier alguma tentação para cometê-los, espero fazer uso da Palavra que estou ouvindo neste dia".

Suponhamos que ouviste uma palavra contra a ira. Deves esconder essa palavra em teu coração para usá-la quando vier a tentação para te irares. Se ouves uma palavra contra a imoralidade e cometer abusos contra os outros, deves esconder essa palavra para poderes resistir quando te vier esse tipo de tentação. Quando ouves uma palavra que fala a respeito de obediência aos pais, e aos servos a respeito dos deveres para com seus patrões, deves esconder essa palavra no coração para esse tipo de ocasião. "Escondi a tua palavra no meu coração, para eu não pecar contra ti" (ARC).

Tu dizes que, de bom grado, vais resistir e não vais te deixar vencer pelas tentações? Então, este é o caminho. Esconde a Palavra dentro de ti para que possas não pecar contra o Senhor. Em Provérbios 2.1, encontras um texto bíblico nesse mesmo sentido, a respeito de escondermos os mandamentos dentro de nós. 1João 2.14: "Jovens, eu vos escrevi, porque sois fortes, e a palavra de Deus permanece em vós, e tendes vencido o Maligno". Eu vos escrevi, jovens. Vós sois jovens, e tendes natureza forte, tendes natureza forte com Deus. Como assim? "Vós sois fortes e a Palavra de Deus habita em vós."

Esse é um excelente texto bíblico para os jovens. Vocês têm memória saudável e vigorosa; se querem exercitá-la com alguma coisa, façam isso com relação à Palavra de Deus. É muito agradável ver os jovens guardando dentro de si a Palavra de Deus. Quando te diriges a eles, não apenas depois de uma semana, mas até um mês depois que ouviram a Palavra, são capazes de lembrar o que ouviram. Estou convicto de que há muitos jovens neste lugar que, se forem interrogados, são capazes de explicar aos que são mais idosos o que é santificar o nome de Deus nos deveres relacionados à adoração. Por quê? Porque a Palavra de Deus permanece neles.

A maior honra dos jovens é conservar a Palavra de Deus dentro de si, e por meio dela vencerem o maligno. Por outro lado, existem muitos jovens que vêm ouvir a Palavra, mas talvez sejam desviados disso por influência de outros, ou pode ser que fiquem vagueando por aí, e a Palavra de Deus não permanece neles. Por isso, quando o maligno vem com suas tentações na semana seguinte, são derrotados por ele. Mas aqueles que têm a Palavra de Deus dentro de si vencem o maligno.

Em João 8.31, encontramos uma importante passagem bíblica a respeito de guardar a Palavra depois que a ouvimos: "Disse, pois, Jesus aos judeus que haviam crido nele: Se vós permanecerdes na minha palavra, sois verdadeiramente meus discípulos". Peço que repares nesse texto. Lemos que os judeus creram em Cristo, mas mesmo assim ele disse: "Se vós permanecerdes na minha palavra, sois verdadeiramente meus discípulos". Ora, então não eram discípulos de Cristo aqueles que nele creram?

Esse crer deles precisa ser entendido como uma noção geral que tinham a respeito de Cristo. Eles começaram a pensar que Cristo talvez fosse o Messias verdadeiro. A crença deles era imperfeita, eles não estavam inteiramente convencidos. E Cristo diz: "Se vós permanecerdes na minha palavra, sois verdadeiramente meus discípulos". É como se dissesse: "Não pensem que é suficiente vocês virem me ouvir e se encantar com o que digo. Vocês precisam continuar em minha Palavra, e então vocês serão meus discípulos".

Cristo não reconhece como seu discípulo o homem ou a mulher que não permanece em sua Palavra. Ah! Que possas considerar isto, tu que te contentas com alguns lampejos de afeição enquanto ouves a Palavra! Não penses que és discípulo de Cristo só por sentires isso. Tito 1.9: "apegado à palavra fiel, que é segundo a doutrina". Ou seja, a coisa pela qual deves esforçar-te é segurar firmemente a Palavra fiel. Segura-a firmemente de tal maneira que não te seja tomada, e assim conseguirás santificar o nome de Deus quando ouves a sua Palavra.

11. Se quiseres santificar o nome de Deus quando ouves a sua Palavra, coloca-a em prática; caso contrário, o nome de Deus é blasfemado, ou no mínimo o tomas em vão se não colocas em prática aquilo que ouves. É isso que diz Tiago 1.25: "Mas aquele que considera, atentamente, na lei perfeita, lei da liberdade, e nela persevera, não sendo ouvinte negligente, mas operoso praticante, esse será bem-aventurado no que realizar". E também o versículo 22: "Tornai-vos, pois, praticantes da palavra e não somente ouvintes, enganando-vos a vós mesmos". A expressão traduzida como "enganando-vos a vós mesmos" é usada em lógica, e significa elaborar um falso silogismo. O homem que ouve a Palavra e não a cumpre raciocina, por as-

sim dizer, da seguinte forma: "Aqueles que vêm à igreja com certeza são pessoas religiosas; eu venho ouvir os sermões, e isso comprova que sou religioso".

Ora, isso é raciocínio falso e tu enganas só a ti mesmo. Não sejas ouvinte apenas, mas cumpridor da Palavra, para que não enganes tua própria alma. Vemos isso também em Romanos 2.3: "Tu, ó homem, que condenas os que praticam tais coisas e fazes as mesmas, pensas que te livrarás do juízo de Deus?" É como se ele estivesse dizendo: "Tu tens a Palavra, e por meio dela és capaz de julgar aquilo que ouves, mas ainda tua vida continua perversa. Isso é menosprezar as riquezas da bondade de Deus para contigo". E, em Filipenses 2.16, encontramos um texto notável onde o Espírito Santo disse aos filipenses o que queria que eles fizessem: "retendo a palavra da vida".

Seria maravilhoso se pudéssemos dizer a respeito desta congregação que seus membros vêm diligentemente ouvir, esforçando-se para sair da cama cedinho de manhã e que durante a semana retêm a Palavra de Deus. Vocês que são empregados, pode ser que seus patrões sejam perversos, e talvez até a família a que pertencem seja perversa. Quando vocês vão para casa, talvez nem permitam que vocês repitam o que foi dito no sermão, mas vocês podem reter o sermão nas suas ações e conduta.

Como o nome de Deus é glorificado quando retemos a sua Palavra! Isso não é apenas permitir que sua luz brilhe, mas que a luz da Palavra brilhe diante dos homens para que a vejam e "glorifiquem vosso Pai que está no céu".

Assim, junta todos esses onze pontos e haverá de acontecer contigo aquilo que encontramos em Atos 13.48: "glorificavam a palavra do Senhor". Nesse mesmo sentido encontramos outra expressão em 2Tessalonicenses 3.1: "Finalmente, irmãos, orai por nós, para que a palavra do Senhor se propague e seja glorificada, como também está acontecendo entre vós".

Dizer que um povo glorifica a Palavra de Deus é elogiá-lo. Rogo a vocês, irmãos, em nome de Jesus Cristo, esta manhã, que vocês, ouvintes da Palavra, glorifiquem essa Palavra, e glorifiquem o nome de Deus na Palavra. Oh, que nem mesmo um de vocês seja uma desonra ou vergonha para a Palavra de Deus! Esta é a instrução que Deus te apresenta se de alguma forma queres receber qualquer benefício por meio da Palavra, ou se queres contemplar-lhe a face com satisfação, dele de quem a Palavra é: não sejas uma vergonha para sua Palavra e para os ministros dela.

Repito: juntem todas essas sugestões, e esforcem-se para glorificar o nome de Deus quando ouvem a Palavra, de forma que nem mesmo um de vocês dê razão para que os outros digam: "Então é isso que significa ouvir sermões?" Se deres ocasião para os homens dizerem isso, então a Palavra de Deus, no que diz respeito a ti, será desonrada pela tua conduta. Em vez disso, deves pensar assim: "Seria melhor que eu morresse e estivesse debaixo da terra do que a Palavra de Deus ser desonrada por mim. Quero preservar a glória da Palavra. Ela tem feito bem à minha alma. Eu não trocaria a Palavra nem por dez mil mundos; eu a tenho ouvido e deveria eu desonrá-la? Deveria eu dar qualquer ocasião para que se falasse mal desta Palavra do Senhor por minha causa? Ó, Deus, não permitas que isso aconteça!"

Pode até ser que não tenhas consideração para contigo mesmo e com tua própria reputação, mas mesmo assim respeita a boa reputação da Palavra. Se alguma vez já recebeste qualquer benefício por meio da Palavra, deves tomar a seguinte decisão: "Muito bem, vou me esforçar todos os dias da minha vida para honrar esta Palavra de Deus por meio da qual obtive tantos benefícios". Se esta for a decisão do coração de cada um de vocês esta manhã, teremos tido uma abençoada atividade matinal.

10

POR QUE DEUS QUER QUE SEU NOME SEJA SANTIFICADO?

"Serei santificado naqueles que se chegarem a mim" (Levítico 10.3)

Veremos agora as razões por que Deus faz tanta questão que seu nome seja santificado na ordenança de ouvir a Palavra.

1.ª RAZÃO: Devemos santificar o nome de Deus pelo fato de haver tanto de Deus em sua Palavra. Se fosse possível existir algum pecado no céu, esse pecado seria maior do que o pecado cometido aqui. Por isso, o pecado dos anjos, quando estavam, de forma especial, na presença de Deus, foi um pecado maior. Quando o nome de Deus está em alguma coisa, tanto maior será o mal se não santificarmos o nome dele naquilo. Ora, há mais de Deus em sua Palavra do que em todas as suas obras da criação e providência. Salmo 138.2: "Magnificaste acima de tudo o teu nome e a tua palavra". Por isso, havendo tanto de Deus em sua Palavra, precisamos santificar nela o nome dele.

2.ª Razão: Deus indicou sua Palavra como a grande ordenança para transmitir as misericórdias especiais que ele pretende para o bem-estar do seu povo. Já falamos disso anteriormente de forma geral quando mostramos como os deveres referentes à adoração a Deus são um meio para comunicar de forma especial o bem aos santos. Mas nenhum deles se iguala à Palavra; ela é a ordenança indicada para transmitir a graça primeira aos eleitos de Deus. A finalidade do sacramento é conceder vigor ao que já está vivo; essa é a razão por que a Palavra é mais poderosa do que o sacramento. Mas as pessoas acham que precisam participar cuidadosamente é do sacramento e santificar nele o nome de Deus, e não dão o mesmo valor à Palavra.

É muito fácil convencer homens e mulheres de que precisam santificar o nome de Deus quando vêm receber a santa comunhão mais do que quando vêm ouvir a Palavra. Eles não acham que ouvir a Palavra tenha esse mesmo valor; mas com toda certeza a Palavra foi indicada para ser uma ordenança de transmissão de mais bênção do que o sacramento, porque ela foi indicada para transmitir a graça primeira, e para transmitir o poder da graça tanto quanto o sacramento. Uma vez que foi indicada para transmitir tão grandes coisas para a alma dos eleitos — tanto a graça primeira como o poder da graça, o conforto, e a assistência dela — o Senhor quer que seu nome seja santificado por meio dela.

3.ª Razão: O nome de Deus precisa ser santificado na Palavra porque ela é veloz e cheia de vida. Ela faz que homens e mulheres vivam ou morram, sejam salvos ou eternamente condenados. Hebreus 4.12: "Porque a palavra de Deus é viva, e eficaz, e mais cortante do que qualquer espada de dois gumes, e penetra até ao ponto de dividir alma e espírito". O texto diz que ela opera com rapidez. Ou seja, quando Deus lida com os homens por meio da sua Palavra, ele não vai gracejar nem brincar com eles, mas é rápido tanto para fazer com que a alma deles viva ou seja lançada fora. "Ora, não levou Deus em conta os tempos da ignorância; agora, porém, notifica aos homens que todos, em toda parte, se arrependam" (At 17.30). Prestem atenção nisto agora: Deus tolerou o tempo de ignorância, mas ele não vai mais tolerar quando vier a Palavra. "O machado já está posto à raiz das árvores." E quando foi que isso aconteceu? Quando João Batista veio pregando arrependimento porque o reino dos céus estava próximo. Mesmo que a árvore fosse estéril e não produzisse bom fruto, ela ainda podia continuar de pé sem ser cortada; mas quando vem a poderosa ministração da Palavra, então o machado é posto à raiz da árvore. Ou vens agora e és salvo, ou resistes à Palavra e pereces. Essa é a razão por que podemos ver isso muito bem retratado quando Cristo envia seus discípulos para pregar em Marcos 16.15,16: "E disse-lhes: Ide por todo o mundo e pregai o evangelho a toda criatura. Quem crer e for batizado será salvo; quem, porém, não crer será condenado". É como se ele tivesse dito: "É preciso agir rápido com eles. Vão e preguem, e aqueles que são meus eleitos serão trazidos para crer e ser salvos, e os outros serão condenados". É como se Deus dissesse: "Se eles quiserem vir e receber o evangelho, serão salvos. Se não quiserem, serão condenados e esse será o seu fim".

Por isso, digo que precisamos certificar-nos de que santificamos o nome de Deus em sua Palavra nestes três itens: pelo fato de haver tanto de Deus em sua Palavra; pelo fato de ele ter indicado a Palavra para transmitir as maiores misericórdias aos seus santos; e pelo fato de Deus ser muito rápido em sua Palavra tanto para salvar como para condenar.

Aplicação

Prática da repreensão. Isto diz respeito a todos os que não santificam o nome de Deus quando ouvem a Palavra. E aqui vamos mostrar a perigosa situação em que se encontram, e como Deus vai santificar seu nome neles por meio de juízos. Depois, quando chegarmos à prática da exortação, para exortar-te para que santifiques o nome de Deus, devemos mostrar-te igualmente como Deus vai santificar seu nome por meio de misericórdias ministradas sobre os que o santificam respondendo com obediência quando lhe ouvem a Palavra.

1. Com certeza, se santificar o nome de Deus condiz com aquilo que estivemos falando, o nome de Deus é muito pouco santificado pelo povo que vem ouvir a sua Palavra. Não é de admirar que se obtenha tão pouco da Palavra, porque são muito poucos os que se esforçam para santificar o nome de Deus quando a ouvem. Existem alguns que estão tão longe de santificar o nome de Deus na Palavra, que a negligenciam totalmente e para eles não faz diferença se vêm ouvi-la ou não. Cristo disse em João 8.47: "Quem é de Deus ouve as palavras de Deus; por isso, não me dais ouvidos, porque não sois de Deus". Com certeza, para aquele que conhece a Deus e tem qualquer interesse nele, e que lhe pertence, nada é mais doce do que ouvir-lhe a Palavra. Mas porque vocês não são de Deus, por isso não ouvem a sua Palavra.

Os homens e mulheres que não têm interesse em Deus, mas vivem sem ele neste mundo, não consideram importante ouvir-lhe a Palavra. Oh, quanta gente pertence a este lugar, mas que age dessa forma! Quantos há que vivem sem Deus no mundo e declaram ao mundo todo que não são de Deus! Eles não têm parte nem porção em Deus pelo fato de não ouvirem a sua Palavra. Existem alguns que vêm ouvir a Palavra, mas vêm ouvi-la com indiferença, de forma unicamente formal e por costume, para acompanhar alguém ou para satisfazer a vontade de outra pessoa. Essas razões para vir são razões pobres e indignas. Tu deves chegar para ouvir a Palavra na expectativa de que Deus fale à tua alma para promover o teu bem-estar exterior; mas tua consciência talvez te acuse do coração fútil e distraído com que vens ouvi-la.

Salomão disse: "os olhos do insensato estão nas extremidades da terra", vagueando para cá e para lá, pouco importando se vieram ouvir o próprio Deus falar-lhes pelo ministério de algum homem. E se por acaso prestam atenção, em geral o coração dos homens se esquiva da Palavra; e, se ela se aproxima de alguma coisa que lhes diz respeito, dão um jeito de aplicá-la aos outros. Encontramos em Hebreus 12.25 um texto bíblico notável que se refere aos que se esquivam da Palavra de Deus quando ela lhes diz respeito: "Tende cuidado, não recuseis ao que fala. Pois, se não escaparam aqueles que recusaram ouvir quem, divinamente, os advertia sobre a terra, muito menos nós, os que nos desviamos daquele que dos céus nos adverte".

Cuidado para não recusares aquele que fala a Palavra; cuidado para não te afastares do que diz essa pessoa. Para comprovar que é esse o significado desse texto, compare-o com Lucas 14.18, onde aparece a mesma palavra, falando daqueles que foram convidados ao banquete: "Todos, à uma, começaram a escusar-se". Eles começaram a dar desculpas; as palavras traduzidas como "escusar" e "recusar" são o mesmo termo grego. Oh! Toma cuidado para que, quando estás ouvindo a Palavra, e Cristo vem falar com teu coração, e começas a pensar que o assunto te diz respeito, e tua consciência começa a te acusar, toma cuidado para não o desprezares. Toma cuidado para não desprezares a Palavra, no que te diz respeito, usando algum tipo de desculpa.

Objeção: "Se eu tivesse certeza de que é a Palavra de Deus, e que Deus tivesse falado comigo, francamente, eu com certeza me submeteria a ela."

Embora o coração dos homens não seja tão declaradamente rebelde ao ponto de atrever-se a pecar contra aquilo que reconhecem como a Palavra de Deus, é nisso que consiste o engano do coração. Quando o coração não tem a intenção de obedecer, ele se esquivará da Palavra e apresentará desculpas e evasivas. Oh! Toma cuidado para que não te esquives, por meio de qualquer tipo de desculpa, daquele que do céu te fala! Pelo contrário, quando ouvires a Palavra de Deus e ela investir contra a tua consciência, não dês ouvido às vãs argumentações que se levantam dentro de ti.

Existem outras pessoas que não se esquivam da Palavra, mas permitem que ela lhes fale enquanto a ouvem. Pode até ser que se comovam um pouco, mas isso logo passa, de forma que estão longe de reter a Palavra, longe de guardá-la no coração. Oh! Muitos de vocês têm sido tocados quando ouvem a Palavra. E como teria sido bom para vocês se tivessem escondido no coração essas palavras, palavras que o Senhor lhes falou enquanto era ministrada! Se vocês recebessem agora o toque do Espírito que outras vezes já provaram, como não seria bom isso? Assim como acontece com muitos que ouvem a Palavra, o mesmo ocorre com os marinheiros em alto-mar. Seus amigos vão com eles, despedem-se e então os marinheiros por alguns instantes veem seus amigos parados lá no porto. Mas quando navegam um pouco mais, seus amigos desaparecem de vista e então só veem a praia. Navegam um pouco mais e então veem apenas as casas. Mais um pouco, e veem as torres e os lugares mais altos. Navegam mais um pouco, e não veem mais nada, só o oceano.

É assim que acontece quando ouvimos a Palavra. Quando vais para casa, talvez algumas coisas que ouviste estejam ainda bem nítidas em tua mente, mas na segunda-feira de manhã alguma coisa já se perdeu. Depois, te lembras de mais outras coisas, mas vais perdendo uma a uma até que não vês mais nada. Todas as verdades se foram, não vês mais nada da Palavra, e, para ti, é como se nunca a tivesses escutado. Isso não é santificar o nome de Deus. Tu deves entesourar a Palavra como o mais rico tesouro que existe.

Um outro tipo de gente que precisa ser reprovado é aquele que está tão longe de se dobrar diante do Senhor para receber a Palavra com mansidão, que consegue abençoar-se a si mesmo em seus caminhos perversos, mesmo quando a Palavra vai contra ele. Cito esse tipo de gente por causa do notável texto bíblico que encontramos em Deuteronômio 29.18,19, onde Moisés diz: Tomai cuidado "para que não haja entre vós raiz que produza erva venenosa e amarga". Agora, o que é essa raiz que produz erva venenosa e amarga? "Ninguém que, ouvindo as palavras desta maldição, se abençoe no seu íntimo, dizendo: Terei paz, ainda que ande na perversidade do meu coração, para acrescentar à sede a bebedice".

Tomem cuidado para não haver entre vocês uma raiz que produza veneno e fel. A existência de uma raiz amarga no coração dos homens se evidencia quando eles se erguem contra a Palavra de Deus e seu coração se levanta contra ela, considerando no íntimo que é coisa sem importância, são apenas palavras, nada grave. "O ministro pode dizer o que quiser e falar o quanto quiser, eu vou é seguir o meu próprio caminho. Eu sei me cuidar. O que ele está dizendo é apenas a própria opinião dele."

Eu te afirmo, quando os homens se abençoam dessa forma, e quando existe esse tipo de veneno e fel revoltoso, toma cuidado. Não vai demorar, logo vai aparecer o fruto amargo dessa atitude. Mas não vou apresentar aqui neste argumento a reprovação devida às várias maneiras de pecar contra Deus quando se ouve a sua Palavra. Por isso, deixo-as por ora e começo a mostrar como é terrível que os homens e mulheres não santifiquem o nome de Deus quando lhe ouvem a Palavra, de forma que vejas que Deus haverá de santificar o seu nome naqueles que a ouvem.

Os perigos de não santificar o nome de Deus quando lhe ouvimos a Palavra

1. Tu, que não santificas o nome de Deus quando lhe ouves a Palavra nas formas que apresentamos, perdes a maior e mais apropriada oportunidade que os homens têm de serem beneficiados por algum instrumento externo. Na verdade, quando Deus opera por meio do seu Espírito, se isso for negligenciado, essa oportunidade é mais do que apenas ouvir ou não a Palavra, é a hora em que Deus acrescenta seu Espírito à sua Palavra; volto a dizer: se tu, que foste levado pela providência de Deus a tal lugar onde a Palavra do evangelho te é pregada, aplicada e recomendada com insistência, se não santificares o nome de Deus para ouvir como deves, e seres beneficiado por ela, perdes a maior oportunidade que existe no mundo de seres beneficiado! Oh! O que já não perdeste tu, que tens vivido tantos anos sob o ministério do evangelho, mas não te familiarizaste com o mistério da piedade de santificar o nome de Deus na Palavra!

Existem muitos milhares de pessoas que podem bendizer a Deus por toda a eternidade por aquilo que, por meio da Palavra, chegaram a conhecer; mas tu és estúpido como uma porta, estás morto, estéril e nenhum benefício tens recebido. "Para que serve o tesouro na mão do tolo se ele não tem coração para alcançar a sabedoria?" Isso tudo ainda há de cair pesadamente sobre ti um dia, a perda de uma oportunidade dessas.

2. Fica sabendo que esta Palavra indicada por Deus para transmitir tanta misericórdia aos seus eleitos se comprovará como o maior agravante que o teu pecado pode sofrer. "O juízo é este, que a luz veio ao mundo, e os homens amaram mais as trevas do que a luz." Esse é o juízo, a condenação. Se a luz não tivesse vindo para ti, a condenação não seria tão grande. Teu pecado não seria tão grande e teu castigo não seria tão intenso. Mateus 10.14-15 diz, falando daqueles

que desfrutam da Palavra, mas não santificam nela o nome de Deus: "Se alguém não vos receber, nem ouvir as vossas palavras, ao sairdes daquela casa ou daquela cidade, sacudi o pó dos vossos pés. Em verdade vos digo que menos rigor haverá para Sodoma e Gomorra, no Dia do Juízo, do que para aquela cidade".

Esse é um texto bíblico espantoso. É preciso sacudir até o pó como sinal de indignação, e haverá menos rigor para Sodoma e Gomorra, pois foram consumidas por fogo que desceu do céu, "... sofrendo a pena do fogo eterno". Com certeza eles não sofrerão juízo tão severo como aqueles que vivem sob o ministério da Palavra e não santificam nela o nome de Deus. Teu pecado é de tom mais forte do que os pecados dos pagãos, sim, e de certa forma até pior do que o pecado dos demônios. Eles não tiveram nunca a Palavra do evangelho enviada para lhes ser pregada. Essa é a razão porque isso agravará teu pecado não apenas mais do que o dos pagãos, mas até mais do que o pecado dos demônios. Toma cuidado, então, para que o nome de Deus seja santificado quando lhe ouves a Palavra.

3. Fica sabendo que, na mesma proporção em que a Palavra é rejeitada, também Jesus Cristo é rejeitado. Lucas 10.16: "Quem vos der ouvidos ouve-me a mim; e quem vos rejeitar a mim me rejeita; quem, porém, me rejeitar rejeita aquele que me enviou". Quando a Palavra é rejeitada, o próprio Cristo é rejeitado. Quando ouves a Palavra, não é com o homem que tens de te haver, mas com Jesus Cristo. E o poder de Jesus Cristo será exercido ou para te fazer bem por meio da Palavra ou para vingar tua displicência para com ela. Por isso, em Mateus 28.18-19, quando Cristo envia seus discípulos a pregar, ele começa dizendo: "Toda a autoridade me foi dada no céu e na terra. Ide, portanto, fazei discípulos de todas as nações".

É como se ele tivesse dito: "Uma vez que recebi todo o poder no céu e na terra, com esse mesmo poder eu os envio a pregar, e estarei com vocês até o fim do mundo". Ou seja, todo o poder no céu e na terra os acompanhará para assisti-los em seu ministério, seja para o bem daqueles que o acolherem, seja para o tormento daqueles que o rejeitarem. De forma que todo aquele que se levanta contra o ministério da Palavra levanta-se contra todo o poder no céu e na terra que foi dado a Cristo. Não penses que estás resistindo a um homem coitado, fraco e mortal. E não é, então, uma coisa apavorante ser culpado de não santificar o nome de Deus?

4. Não deixar-se influenciar pela Palavra revela uma extrema dureza de coração. Lucas 16.31: "Se não ouvem a Moisés e aos profetas, tampouco se deixarão persuadir, ainda que ressuscite alguém dentre os mortos". Com certeza, esse homem ou mulher não se deixará influenciar pela Palavra de forma que santifique o nome de Deus nela. A respeito desse tipo de gente eu afirmo que, se alguém ressuscitasse de entre os mortos, mesmo assim não deixariam que seu coração fosse influenciado, e por isso é muito provável que também não se deixarão influenciar pelas aflições que lhes sobrevierem. Talvez penses que te arrependerás quando estiveres no leito de enfermidade. Não; com certeza, não, pois se não tem efeito sobre ti a grande ordenança destinada a levar os homens a Deus para o honrarem, não te iludas que doença e aflição façam isso por ti. Elas não o farão; se a Palavra não tem efeito sobre ti, então mesmo que alguém volte de entre os mortos para te descrever os tormentos do inferno, isso também não fará diferença nenhuma.

Mas talvez digas: "Alguém voltar de entre os mortos deveria exercer um poder maior sobre o coração".

Na verdade, não; porque isso não é algo tão importante como a ordenança indicada por Deus para operar grandes obras no coração e consciência dos homens como a Palavra o é. É verdade, a Palavra em si mesma é algo fraco, mas é aqui que reside o poder: ela é uma ordenança de Deus, designada para operar no coração dos homens. Por isso, se ela não opera em ti para dares glória a Deus quando a ouves, não existe nenhum outro meio que o possa fazer.

5. Quando a Palavra não opera nos homens, isso é um terrível sinal de condenação. O apóstolo disse: "... se ainda o nosso evangelho está encoberto, para os que se perdem está encoberto". É uma declaração terrível dizer que aqui está uma criatura perdida, alguém a quem Deus não deseja nada de bom. Em uma pessoa Deus trabalha; outra, talvez, ele deixe de lado; ele opera em um membro da família, e no outro não. Agora, onde a Palavra não opera, torno a repetir, aí está o pior tipo de condenação. É verdade que não se pode definir nenhum sinal absolutamente certo de condenação, por isso não posso dizer que alguma pessoa tenha agora esse tipo de sinal que com absoluta certeza comprova que é uma pessoa reprovada por Deus. Não temos condições de dizer isso porque não sabemos o que Deus possa fazer mais tarde, mas podemos dizer: esse é o sinal mais apavorante.

Não existem sinais mais apavorantes do que estes dois: em primeiro lugar, que seja permitido a um homem prosperar numa determinada direção, quando Deus permite que os homens avancem e satisfaçam o desejo do coração deles nalgum caminho perverso; e, então, em segundo lugar, o Senhor entrega-os aos seus próprios caminhos de forma que o ministério da Palavra não opere neles, que eles sejam, pela providência de Deus, dispostos de tal forma a viverem sob um ministério fiel e poderoso e isso não fazer efeito nenhum neles. Esses são os dois sinais mais sombrios da reprovação, e por isso é algo terrível estar sob o ministério da Palavra e não santificar o nome de Deus.

6. É evidente que não pode existir nada santificado para ti que não santificas o nome de Deus em sua Palavra. A Escritura diz que todas as coisas são santificadas pela Palavra e pela oração. Como é que podes esperar que a Palavra santifique qualquer coisa para ti, uma vez que não te importas em santificar o nome de Deus na Palavra? Os piedosos pensam da seguinte forma: "É a Palavra que santifica todas as coisas que me dizem respeito; eu preciso, então, santificar o nome de Deus na Palavra, pois é ela que santifica todas as bênçãos que se referem a mim". Por isso tu, que consegues sentar-te sob o ministério da Palavra sem te importares com santificar o nome de Deus nela, eu volto a repetir: não podes esperar o uso santificado de nada que tenhas neste mundo.

7. Aqueles que não santificam o nome de Deus na Palavra estão muito próximos de serem amaldiçoados. Existe uma referência bíblica notável a esse respeito em Hebreus 6.7-8, onde o apóstolo compara a Palavra com a chuva que cai sobre a terra: "Porque a terra que absorve a chuva que frequentemente cai sobre ela e produz erva útil para aqueles por quem é também cultivada recebe bênção da parte de Deus; mas, se produz espinhos e abrolhos, é rejeitada e perto está da maldição; e o seu fim é ser queimada". O sentido do texto é claramente o seguinte: a chuva aqui é a Palavra, e os bons ouvintes são como a terra que recebe a chuva, produz fruto, e recebe uma bênção. Mas os maus ouvintes que não santificam o nome de Deus em sua Palavra são como a terra que recebe a chuva tanto quanto o outro tipo de terra, ouvem tantos sermões quanto os outros, mas não produzem nenhum fruto, produzem apenas espinhos e abrolhos. E repara na terrível declaração contra essa terra: em primeiro lugar, ela é rejeitada; em segundo lugar, ela está prestes a ser amaldiçoada; e, em terceiro lugar, o seu fim é ser queimada.

Tu rejeitas a Palavra, não rejeitas? Pois o Senhor rejeita a tua alma. Se não tens necessidade da Palavra, a Palavra não tem necessidade de ti. Isso é uma coisa apavorante, pensar em ser rejeitado por Deus, e então estares "prestes a ser condenado" (Hb 6.8). Pode ser que o Senhor, por algum tempo, se afaste de alguém e demonstre que ele foi, por assim dizer, rejeitado; mas não leva sobre si a maldição de Deus a ponto de ele dizer: "Pois bem, ireis perecer eternamente!" Mas existem alguns que estão sob uma real maldição, e a respeito desses Deus diz: "Pois bem, a minha Palavra não fará bem nenhum a esta pessoa. Ela recebeu a ministração da Palavra por muito tempo e a rejeitou. A este, então, a minha Palavra não fará bem algum".

Isso se assemelha àqueles que, em Lucas 14, deram todo tipo de desculpas quando foram convidados para a ceia. O texto diz que ficou irado o Senhor que os convidou para a festa, o próprio Deus que os convidou pelo evangelho a participar juntamente com seu Filho. E, quando os homens não quiseram vir, mas deram desculpas e recusaram a oferta do evangelho, lemos que ele disse: "Certamente, nenhum desses homens que foram convidados haverá de participar da minha ceia". Eles não vão jamais participar de qualquer benefício do evangelho. Essa é uma terrível maldição. No momento, o Senhor ainda não pronunciou esta maldição contra ti, mas eu te suplico: treme diante do texto bíblico de Hebreus: "eles estão perto de serem amaldiçoados".

Quem sabe alguma pessoa neste lugar pode estar perto desta maldição, pessoa a respeito da qual Deus diz: "Este indivíduo tem sido muitas vezes convidado, mas sempre se desculpa e se esquiva. Ele não vai nunca provar da minha ceia, das boas coisas que existem em Jesus Cristo. A Palavra que ele tanto rejeitou não vai lhe fazer mais bem algum". Teria sido melhor se nunca tivesses nascido do que receber essa maldição sobre ti. Oh! Teme e treme para que tua situação não se aproxime de tal maldição! Quem sabe o que pode acontecer amanhã ou semana que vem? Pode ser que o Senhor desconsidere e se disponha a não levar em conta a negligência dos sermões anteriores. Mas quem pode saber se a próxima rebelião contra o Senhor em sua Palavra não trará sobre ti essa maldição? E aí, se isso acontecer, a outra parte do versículo se aplicará a ti: "e o seu fim é ser queimada". Oh! Que coisa horrível é pecar contra a Palavra! Deus dá extrema importância a isso.

8. Fica sabendo que, se o nome de Deus não é santificado na Palavra, a finalidade com que Deus a indicou se voltará inteiramente contra ti. A finalidade original que Deus indicou para sua Palavra é salvar as pessoas; mas onde o nome de Deus não é santificado, ela se volta inteiramente contra essas pessoas. É isso que diz o apóstolo em 2Coríntios 2.16: "para uns, na verdade, cheiro de morte para morte, para outros, porém, cheiro de vida para vida". É algo pavoroso que a boa Palavra de Deus, na qual existem imensos tesouros da misericórdia de Deus, na qual são revelados os conselhos de Deus com respeito ao estado eterno do homem, se torne cheiro de morte para morte à tua alma, ou seja, que ela tenha uma eficácia tal que te mate por assim dizer só pelo cheiro, como certos produtos que contêm tanto veneno em si que o próprio cheiro é suficiente para envenenar uma pessoa.

Assim, diz o apóstolo, para alguns a nossa palavra possui essa capacidade, tendo-se alterado totalmente a sua finalidade original. Algumas pessoas são salvas e bendizem a Deus por toda a eternidade por causa da Palavra; e a tua alma é condenada pela Palavra de tal forma que daqui por diante amaldiçoarás as ocasiões em que vieste para ouvi-la. Que coisa terrível, que a mesma Palavra pela qual outros bendirão a Deus eternamente tu estarás eternamente amaldiçoando no inferno. Ela vai virar ao avesso a finalidade para a qual estava originalmente destinada. Se ela não opera da forma correta, vai operar de forma contrária. A verdade é que, se ela não conduz os homens a Deus, ela lhes endurece o coração.

Não existe nada que endureça mais o coração dos homens do que o ministério da Palavra; mas isso de forma ocasional, e não por si mesma. Não há neste mundo homens cujo coração seja tão duro como aqueles que insistem na impiedade apesar de estarem sob o ministério da Palavra. Não é só uma declaração que o coração deles é duro, mas eles são endurecidos por ela. Isaías 6.9-10 é notável a esse respeito, especialmente porque foi tantas vezes citado por Cristo. Acredito que foi citado três ou quatro vezes nos Evangelhos: "Então, disse ele: Vai e dize a este povo: Ouvi, ouvi e não entendais; vede, vede, mas não percebais. Torna insensível o coração deste povo, endurece-lhe os ouvidos e fecha-lhe os olhos, para que não venha ele a ver com os olhos, a ouvir com os ouvidos e a entender com o coração, e se converta, e seja salvo".

Esse é um texto bíblico incomum. O quê? O profeta foi enviado para tornar insensível o coração deles e para fechar-lhes os olhos? Por quê? A Palavra foi designada para abrir os olhos dos homens! Mas aqui o profeta é enviado para cegar-lhes os olhos para que não se convertam. Isso é apavorante; isso é punição por alguma negligência anterior à Palavra de Deus enviada ao seu povo. Acima de todos os juízos, é a este que deves temer. Descer fogo sobre tua casa não é tão grave como Deus fazer a sua Palavra tornar-se um instrumento para endurecer teu coração.

Em Ezequiel 14.4, encontramos o profeta usando uma expressão terrível a esse respeito, quando o Senhor diz que o povo chegava para consultá-lo com seus ídolos no coração. Mas Deus disse: "Eu, o Senhor, lhe responderei segundo a multidão dos seus ídolos". Se os homens vêm à ministração da Palavra com seus pecados prediletos e decidem não apartar-se deles, o Senhor, muitas vezes, em seu justo juízo, permite que alguns itens da Palavra se tornem ocasionalmente instrumentos para endurecê-los naquele seu pecado. "Eu, o Senhor, lhe responderei segundo a multidão dos seus ídolos" Esses homens se encontram num estado apavorante em que o seu coração é endurecido pela Palavra.

9. Se tu não santificas o nome de Deus quando ouves a Palavra, qual é o conforto que podes receber por meio dela no dia da tua aflição? Com certeza, quando esse dia chegar, não haverá nada que possa confortar-te senão a Palavra. "Se a tua palavra não tivesse sido meu prazer, há muito teria eu perecido na minha aflição", disse Davi. Mas tu, tendo usufruído tanto da Palavra sem santificar o nome de Deus, não esperes ter a alma confortada no dia da tua aflição. Não é de admirar, então, que, apesar de a Palavra ter sido dirigida repetidamente ao teu coração, nada do que ela diz te dê conforto.

Lembro-me do que certo homem disse quando se debatia num terror de consciência. Várias pessoas o visitaram citando textos bíblicos para confortá-lo. Por alguns momentos, ele recebeu essas palavras e as aplicou ao próprio coração para apaziguar a consciência atribulada. Mas pouco antes de morrer, gritou no mais medonho terror: "Fizeram um curativo, mas ele não gruda, ele não gruda!" E assim, morreu no desespero.

Na Palavra, existe esse curativo que pode ajudar uma consciência golpeada e atribulada. Mas será que podes, tu que não santificaste o nome de Deus durante a vida, esperar que esse curativo grude em tua alma no dia da tua aflição? Não te fies nisso, pois o Senhor já disse exatamente o contrário: "Visto que rejeitastes todo o meu conselho... me invocareis, porém não responderei". O Senhor, em sua Palavra, clama a ti: "Oh! Alma pecadora que segues nos caminhos do pecado e da destruição eterna, retorna, retorna! Esse é o caminho que te conduz ao castigo eterno, mas aqui está o caminho que te levará à vida e à salvação eterna". É assim que o Senhor clama e chama hoje e tu tapas os ouvidos. Oh! Como será justo Deus também tapar os ouvidos quando tu clamares e chamares por ele no dia da tua aflição!

10. Sabe isto, tu que não santificas o nome de Deus em sua Palavra: um dia, toda a Palavra de Deus vai se cumprir em ti. Deus já estabeleceu um tempo em que magnificará a sua Lei e a fará gloriosa (Is 42.21). Fazes pouco da lei de Deus; fazes pouco da sua Palavra e a desconsideras — mas Deus a magnificará e a tornará gloriosa. Nem mesmo uma sentença que ouviste da Palavra deixará de cumprir-se, não importa o que aconteça com tua alma. Pensas que Deus é um Deus misericordioso e que não te condenará, mas embora ele seja misericordioso e tenha consideração para com suas criaturas, o Senhor tem infinitamente mais consideração para com sua Palavra do que para com todas as almas dos homens e mulheres deste mundo — e Deus com toda certeza vai cumprir isso. Ele não terá uma consideração tal para com tua alma miserável, vil e pecaminosa ao ponto de não honrar a sua Palavra. Não importa o que aconteça contigo, ele a honrará, e chegará o dia em que tudo o que tens ouvido e rejeitado se cumprirá em ti.

11. A Palavra que rejeitas e contra a qual pecas será a mesma Palavra que te há de julgar (Jo 12.48). Podes pensar o que quiseres a respeito disso. Este Livro de Deus, a partir do qual pregamos, e as verdades que te entregamos com base nesta Palavra, serão outra vez invocadas no grande dia para, por meio delas, ser julgada a tua alma. A sentença sobre o estado eterno de cada um se vocês será extraída deste livro. Oh! Contempla-a como a Palavra que vai julgar tua alma no último dia, e então verás que é coisa terrível não santificar o nome de Deus nessa Palavra! E então, quando a Palavra te julgar, terás de obedecer querendo ou não. Agora, a Palavra

te convence e não queres obedecer, mas quando Deus vier julgar-te por meio da Palavra, aí serás obrigado a obedecer. Aí, quando Deus vier e ler para ti a sentença escrita na Palavra: "Apartai-vos de mim, malditos, para o fogo eterno", aí, repito, serás forçado a obedecer.

12. Mas há mais uma coisa (que deveria ter sido mencionada antes) que é muito digna de nota. Os homens que não santificam o nome de Deus em sua Palavra serão amaldiçoados ainda enquanto vivem aqui na terra. Os seus talentos e dons especiais serão amaldiçoados, murcharão, e resultarão em nada. Em geral, percebemos que muitos jovens que começaram bem, que tinham talentos maravilhosos, que estavam muito esperançosos e falavam animadamente quando chegaram, gradualmente começaram depois a negligenciar a Palavra, e o Senhor os amaldiçoou. Seus dons murcharam; os dons especiais do Espírito lhes foram tirados.

Vou apresentar um texto bíblico a respeito deste assunto. Lucas 8.18: "Vede, pois, como ouvis" (Essa é uma exortação que segue a parábola do semeador que saiu a semear). O que acontece é que, quando a Palavra é lançada como semente, muito pouco dela prospera, e a maioria dos ouvintes não santifica o nome de Deus nessa Palavra. Por essa razão, toma cuidado. Por quê? "Porque ao que tiver, ser-lhe-á dado; e ao que não tiver, até aquilo que pensa ter, ser-lhe-á tirado". Precisas tomar cuidado como ouves, pois a verdade é que, abaixo de Deus, é disso que tudo depende.

Será que recebeste algum dom especial do Espírito de Deus, ou alguma habilidade para executar algum serviço para Deus? Não te orgulhes disso, nem te vanglories, nem penses que és capaz de fazer melhor que os outros, e que as coisas que o ministro diz são coisas comuns, sem valor para ti que estás num nível mais elevado. Cuidado contigo mesmo! Cuidado para não te achegares à Palavra com espírito orgulhoso. Não te escandalizes com a simplicidade da Palavra. Toma cuidado com a maneira que ouves, pois, se não o fizeres, aquilo que pensas ter será tomado de ti. É Cristo quem o diz.

Parece que tens excelentes dons, sim. Parece que também recebeste a graça. Mas toma cuidado como ouves tudo isso. Quaisquer dons que tenhas recebido, embora sejas altamente estimado na comunidade que frequentas e sejas capaz de fazer melhor as coisas do que os outros; ainda assim, eu te digo: cuidado com a maneira que ouves; doutra sorte, aquilo que tens será tomado de ti. Não temos visto isso em nossa própria experiência? E é evidente que eles começaram a murchar e a ser amaldiçoados porque negligenciaram a Palavra. E por isso eu te suplico que prestes atenção a isto, que santifiques o nome de Deus em sua Palavra. Faz teu coração dobrar-se diante da Palavra como a ordenança de Deus, e espera nela enquanto é ministrada; do contrário tu murcharás e serás amaldiçoado e darás em nada.

Aplicações práticas. Não devo demorar-me aqui. Oh, que o Senhor por meio destas exortações faça alguma coisa grudar em teu coração, que aquilo que foi pregado neste ponto se torne útil quando ouvires os sermões daqui por diante! Que aqui neste lugar seja possível dizer a teu respeito como foi dito em Atos 13.48: "Os gentios, ouvindo isto, regozijavam-se e glorificavam a palavra do Senhor, e creram todos os que estavam destinados para a vida eterna"! Oh! Que Deus faça de cada um de vocês um instrumento para glorificar a sua Palavra! Essa deve ser nossa preocupação, que a Palavra de Deus seja glorificada por nosso intermédio.

Achegamo-nos para ouvir a Palavra, mas tomemos cuidado para que a Palavra de Deus não seja difamada por nossa causa. 2Tessalonicenses 3.1: "Finalmente, irmãos, orai por nós, para que a palavra do Senhor se propague, e seja glorificada como também o é entre vós". Oh! Que tenhamos condições de dizer a mesma coisa! E mesmo assim, pela misericórdia de Deus, em certa proporção nós esperamos poder dizer assim, e minha oração sincera é que a Palavra de Deus seja glorificada em todos os lugares assim como tem sido com alguns de vocês.

Mas continuem avançando e se esforçando, cada um de vocês, para que ela seja mais e mais glorificada, que vocês possam manifestar o poder da Palavra em sua conduta, que todos que os observam possam glorificar a Palavra e dizer: "Olha o que o Senhor operou neste lugar, nestas famílias, famílias que eram miseráveis, desprezíveis, carnais e viviam sem Deus no mundo, profanas, bocas-sujas, impuras! Agora, desde que estão ouvindo a Palavra, como ela tem agido na vida deles! Que mudança ocorreu nestes homens e mulheres!"

Minha oração é que o marido carnal possa dizer: "Desde que minha esposa começou a ouvir a Palavra, tenho notado que a sua conduta ficou melhor. Ela está mais santa, mais gentil e mansa, e meu empregado está mais submisso e fiel, meus filhos estão mais obedientes do que antes". Oh! Que a Palavra possa ser glorificada dessa forma!

Toma cuidado, eu te imploro, para que não sejas motivo para que a Palavra seja blasfemada. Em Tito 2.5, o apóstolo dá diversas exortações às mulheres e aos servos: "a serem prudentes, castas, cuidadosas da casa, bondosas, sujeitas a seus maridos, a fim de que a palavra de Deus não seja blasfemada". É preciso que cumpras teus deveres para com teu marido. Por quê? Para que a Palavra de Deus não seja blasfemada, ou seja, para que nem teu marido nem algum amigo tenha motivo de blasfemar a Palavra e dizer: "O quê? É isso que você aprende quando vai ouvir as pregações?" Oh! Deve cortar teu coração quando tua consciência te diz que deste motivo para que a Palavra de Deus fosse blasfemada! E assim o apóstolo exorta os servos e os outros, e todos com a força deste argumento: "a fim de que a palavra de Deus não seja blasfemada". Tu levantas cedo de manhã para ouvir a Palavra. Isso é bom, mas toma cuidado para não dares ocasião para que a Palavra seja blasfemada.

Agora pretendo mostrar em que aspectos é uma excelente coisa santificar o nome de Deus ao ouvir a sua Palavra de forma que ela seja honrada, e como Deus vai santificar seu próprio nome demonstrando misericórdia para contigo.

1. Em primeiro lugar, se tu santificas o nome de Deus, tudo de bom que existe na Palavra é teu. Existe uma abundância de coisas boas nesta Palavra que pregamos. Ela é a palavra do evangelho, e possuíres todo o bem que existe nela com certeza é uma excelente coisa.

Talvez digas: "Há ocasiões em que leio e ouço coisas tais na Palavra que, se eu tivesse certeza de que me pertencem, me deixariam muito feliz!"

Aqui está uma indicação por meio da qual podes ter certeza de que são todas a tua porção. Tens certeza de que teu desejo sincero é santificar o nome de Deus quando ouves a sua Palavra? Então, paz seja contigo! Tudo o que há de bom na Palavra é teu. E aqui acabaremos entrando num louvor da palavra do evangelho, e, se eu começar a fazer isso, gastaremos horas e horas. Quero apenas dar-te um texto bíblico para te encorajar a santificar o nome de Deus quando ouves a sua Palavra como forma de mostrar como ela é maravilhosa. O texto a que me refiro encontra-se em Romanos 10.5-8 (penso que não tens aproveitado a doçura deste texto pelo simples fato de não o entenderes), e é uma citação do livro de Deuteronômio: "Ora, Moisés escreveu que o homem que praticar a justiça decorrente da lei viverá por ela. Mas a justiça decorrente da fé assim diz: Não perguntes em teu coração: Quem subirá ao céu?, isto é, para trazer do alto a Cristo; ou: Quem descerá ao abismo?, isto é, para levantar Cristo dentre os mortos. Porém que se diz? A palavra está perto de ti, na tua boca e no teu coração; isto é, a palavra da fé que pregamos.".

O texto é, de certa forma, difícil, mas é extremamente maravilhoso entendê-lo. Reconheço que, se o apóstolo Paulo não tivesse mencionado esse texto de Deuteronômio com a devida interpretação, quem jamais teria pensado, ao lê-lo naquele livro, que uma coisa se referia à palavra da lei e a outra, à palavra do evangelho? Portanto, o significado é este: existe aqui uma comparação entre a palavra da lei e a palavra do evangelho. Com respeito à palavra da lei, ela é deficiente em duas coisas em comparação com a palavra do evangelho. Em primeiro lugar, ela não está tão perto de ti; em segundo lugar, ela não tem condições de garantir à tua alma aquilo que vai acontecer contigo por toda a eternidade. "A palavra da lei diz: Quem subirá ao céu?" Mas a palavra do evangelho "está perto de ti, na tua boca e em teu coração".

Talvez tu digas: "E por que razão a palavra da lei não está tão perto como a palavra do evangelho?"

Minha resposta é que a palavra da lei ouves com teus ouvidos, mas ela não está escrita no coração assim como o está a palavra do evangelho. A lei não tem condições de operar de forma salvífica no coração do homem para produzir a salvação. Aqueles que são apenas da lei conseguem ouvir os deveres que são requeridos, mas essa palavra não tem poder de escrever no coração deles aquilo que estão ouvindo. Mas quando ouves a palavra do evangelho que está perto de ti, tanto com teu coração como com teus ouvidos, Deus fala por meio dela, e ela entra em teu coração e ali opera de forma eficaz, coisa que a lei não consegue fazer.

A lei não passa de letra morta em comparação com a palavra do evangelho. Se tu te achegas à lei com a única finalidade de ouvi-la sendo pregada, e não de forma evangélica, podes ouvi-la cem vezes e mesmo assim ela não será nunca escrita em teu coração. Mas quando vens ouvir o evangelho de forma evangélica, ele será escrito em teu coração, de forma que a palavra do evangelho está perto de ti.

Mas qual é o significado disto: "Não digas: Quem subirá ao céu"? É o seguinte: É como se o apóstolo dissesse: "A verdade é que, enquanto não tens nada mais que a justiça da lei, permaneces numa infinita incerteza quanto ao teu estado eterno. A lei diz: 'Faze isto e viverás', mas tu não tens condição nunca de saber se já fizeste o suficiente para teres certeza de estar bem com relação à eternidade. Ela diz: 'Quem pode subir ao céu' para saber o que Deus pensa a meu respeito e se ele vai me aceitar e a obediência que lhe ofereço? 'Quem vai descer às profundezas?' Em outras palavras, quem vai descer ao inferno para saber se esse lugar está preparado para ele ou não? Essa é uma expressão que só expressa a incerteza da pessoa, que não pode ficar tranquila a respeito do seu estado eterno a não ser que pudesse ir até o céu e ali ver e ler o Livro de Deus, e assim descobrir o que Deus pensa a respeito dela, ou descer até o inferno e assim saber se aquele lugar lhe foi destinado ou não. Se eu não puder fazer uma dessas coisas, não conseguirei dizer (unicamente por meio da lei) se vou para o céu ou para o inferno."

Vocês que são comerciantes e fazem negócios no exterior, lidam com grande incerteza com relação ao que vai acontecer com seus bens. Na verdade, se eu pudesse mandar alguém para as Índias para me dizer como está indo o meu navio, aí eu poderia me certificar; aí eu poderia saber se enriqueci ou empobreci. Mas, a não ser que eu consiga fazer isso, fico na incerteza. Essa é a expressão usada aqui. É como se uma pobre alma dissesse: "Eu gostaria de ser salvo, não gostaria de forma alguma de perecer eternamente". Mas, todo o tempo que a alma estiver debaixo da lei, permanecerá na dúvida. Mas agora, diz Paulo, a palavra do evangelho está perto de ti, no teu coração. E essa é a palavra que nós pregamos, a palavra que diz: "Se, com a tua boca, confessares Jesus como Senhor e, em teu coração, creres que Deus o ressuscitou dentre os mortos, serás salvo" (Rm 10.9).

É como se Paulo dissesse: "Esta palavra do evangelho que chegou ao teu coração garante à tua alma o seu estado eterno, de forma que, embora tu não consigas nem subir ao céu nem descer ao inferno, tens em teu coração aquilo que te assegura que estás salvo por toda a eternidade, como se fosses capaz de subir aos mais altos céus para de lá buscar informações". Oh! Como devemos apreciar a boa palavra do evangelho e guardá-la no coração! Porque tê-la em nosso coração vai nos dar segurança da nossa salvação por toda a eternidade, e do eterno propósito de Deus para fazer-nos bem no céu. Tu considerarias como motivo de grande alegria se houvesse maneira de enviar alguém ao exterior para saberes como as coisas estão se desenrolando em teus negócios. Mas, se tens a palavra do evangelho dentro de ti, se ela prevalece em tua alma, tens sempre alguma coisa em teu coração que te diz como vão as coisas que te dizem respeito no céu e o que vai acontecer contigo por toda a eternidade. Oh! Quem não desejará santificar o nome de Deus quando ouve a sua Palavra, visto que ela é uma Palavra tão abençoada, em que o evangelho é exposto com mais clareza do que já o foi a muitos dos nossos antepassados?

2. O fato de santificares o nome de Deus quando ouves a sua Palavra é uma incontestável evidência de que és um eleito. 1Tessalonicenses 1.3-5: "Recordando-nos, diante do nosso Deus e Pai, da operosidade da vossa fé, da abnegação do vosso amor e da firmeza da vossa esperança em nosso Senhor Jesus Cristo, reconhecendo, irmãos, amados de Deus, a vossa elei-ção". Por que razão? "Porque o nosso evangelho não chegou até vós tão somente em palavra, mas, sobretudo, em poder, no Espírito Santo e em plena convicção".

Percebam a honra que é santificar o nome de Deus ao ouvir-lhe a Palavra. Eu insisto: prestem atenção nisso. É uma bênção maior do que se vocês gerassem Jesus Cristo em seu ventre. Vocês que são mulheres, será que não considerariam motivo de grande alegria se Cristo tivesse sido gerado em seu ventre? Mas se vocês vieram ouvir a Palavra para santificar o nome de Deus nela, estão em condição melhor e sobre vocês repousa maior bênção do que se tivessem gerado Jesus Cristo em seu ventre. Lucas 11.27-28: "Ao dizer Jesus estas palavras, uma mulher, que estava entre a multidão, exclamou e disse-lhe: Bem-aventurada aquela que te concebeu, e os seios que te amamentaram!". Ao ver a Cristo e as coisas graciosas que vinham dele, a mulher falou essas coisas. "Ele, porém, respondeu: Antes, bem-aventurados são os que ouvem a palavra de Deus e a guardam!" Ou seja: "Esforcem-se para santificar meu nome". Bendita é a mulher que faz mais do que a mulher que gerou a Cristo. Na minha opinião, esta Escritura deve levar as mulheres a santificar o nome de Deus quando ouvem a Palavra mais do que cem outros textos bíblicos. Certamente, serás abençoado se creres na Palavra que sai da boca de Cristo.

3. Santificas o nome de Deus na Palavra? Isso vai te santificar. Através disso a tua alma é santificada. Isso te confortará no último dia da tua aflição e no final te salvará.

4. Vocês que santificam o nome de Deus quando ouvem a sua Palavra serão a glória dos ministros de Deus no grande dia do juízo. Vocês serão uma honra para eles diante do Senhor, seus santos e seus anjos. Filipenses 2.16: "preservando a palavra da vida". Esse é o dever de todos os que ouvem a Palavra: precisam reter a Palavra da vida. Quando voltas para casa, precisas reter o poder da Palavra que ouviste. E qual será o resultado disso? "Para que, no Dia de Cristo, eu me glorie

de que não corri em vão, nem me esforcei inutilmente", diz o apóstolo.

Isso será uma glória tal para mim que no dia de Jesus Cristo eu exultarei pelo fato de não ter trabalhado em vão. Bendirei a Deus por todos os meus estudos e cuidados, e todos os esforços que fiz, e por me arriscar em favor deste povo. Bendirei a Deus no dia de Jesus Cristo.

Não será confortador para ti se, no dia de Jesus Cristo, ouvires todos os ministros de Deus que pregaram fielmente para ti bendizendo a Deus por ele os ter enviado a pregar onde tu estavas, e os ouvires dizendo: "Ó, Senhor, tu poderias ter me enviado a outro lugar onde eu teria desperdiçado toda a minha força em vão. Mas, por tua misericórdia, fui enviado a um povo que se deixou ensinar, que com prontidão recebeu a tua Palavra. Oh! Isso é minha coroa e glória!"

Não faria bem a qualquer pessoa cujo coração é fiel, pensar que o fato de ter retido a Palavra da vida não é uma glória apenas para Deus, o que é a coisa principal, mas que também será a glória para os ministros, para recompensar todos os seus labores; saber que tu não apenas serás salvo no dia de Jesus Cristo, mas que também contribuirás para a glória dos seus ministros fiéis quando eles comparecerem diante de Cristo?

5. Devo acrescentar ainda uma coisa. Virá um tempo quando Deus vai magnificar a sua Palavra diante dos homens e dos anjos. Ele diz, em Isaías 42.21, que vai engrandecer a sua lei e torná-la gloriosa. Que alegria não será para ti quando o Senhor, diante dos homens e dos anjos, vier para engrandecer a sua Palavra e torná-la gloriosa, e pensares da seguinte forma: "Esta é a Palavra que falou ao meu coração em tal e tal ocasião. Esta é a Palavra que eu reverenciei, a que eu obedeci, que eu amei, Palavra que é a alegria do meu coração"!

Esta é a Palavra que o Senhor agora engrandece e torna gloriosa. Isso será um consolo para a tua alma.

11

Santificando o Nome de Deus no Receber do Sacramento

"Serei santificado naqueles que se chegarem a mim" (Levítico 10.3)

Reconheço que não encontramos, nas Escrituras, o termo "sacramento". Também não encontramos nelas a palavra "Trindade" e diversas outras que os ministros usam para apresentar os mistérios da religião. Mas é importante considerar a razão por que os ministros da igreja deram esse nome aos sinais e selos que a igreja recebeu. "Sacramentar" é consagrar alguma coisa ou dedicá-la, porque nos sacramentos lidamos com coisas exteriores que se tornam santas, destinadas a fins espirituais. É como se nós mesmos nos consagrássemos ou dedicássemos a Deus quando fazemos uso dessas ordenanças. Esta é uma das razões desse nome.

Também pode ser sacramentum, porque deve ser recebido sacramente, com mente santa, e por isso é chamado de sacramento. O termo tem sido usado pelas igrejas já faz muito tempo. Tertuliano, há mais de mil e quatrocentos anos[5], foi o primeiro a usar esta palavra, e a maioria dos que

---

5   N. do T.: Isso na época em que este livro foi publicado. Agora, já faz quase mil e oitocentos anos.

nos explicam a origem dela dizem que ela vem da prática dos soldados que, quando se alistavam, pronunciavam solene juramento de serem fiéis ao seu comandante e à causa com que estavam se comprometendo. O juramento que faziam costumava chamar-se sacramentum, ou seja, um sacramento.

Ora, a esse respeito, quando os cristãos vêm participar desta ordenança, vêm selar uma aliança com Deus; e embora não façam um juramento de maneira formal e explícita, comprometem-se numa santa aliança que traz em si a força de um juramento (pois uma promessa solene ao Deus Altíssimo traz em si a força de um juramento), e por essa razão é chamado pelo nome de "sacramento".

Mas a palavra que as Escrituras usam para especificar este sacramento de que estou falando agora é a comunhão do corpo e do sangue de Cristo. É assim que o encontramos em 1Coríntios 10.16: "O cálice da bênção que abençoamos não é a comunhão do sangue de Cristo? O pão que partimos não é a comunhão do corpo de Cristo?" Nós estamos agora tratando este ponto para saber como santificar o nome de Deus nisto que as Escrituras chamam de comunhão do corpo e do sangue de Cristo. Em nossa explicação do assunto, em primeiro lugar, veremos que isso é uma parte da adoração a Deus e que nisso nos aproximamos dele. Se não compreendermos isso, não entenderemos o assunto. Em segundo lugar, mostraremos que Deus será santificado neste dever referente à adoração; e, em terceiro lugar, veremos como se deve participar deste sacramento.

1. Nesse sacramento nos aproximamos de Deus e o adoramos. Pois, quando nos achegamos para receber esses sinais e selos santos, achegamo-nos para nos apresentar diante de Deus, e temos de lidar com o próprio Deus numa atividade que ele mesmo requer de nós, um serviço santo, divino. Achegamo-nos com a finalidade de nos apresentar a Deus para

receber uma bênção, para a comunicação de algum bem mais elevado que nós, um benefício que possivelmente as criaturas com que temos de lidar não são capazes, por si mesmas, de transmitir a nós. Achegamo-nos em busca de um benefício mais elevado que apenas provar um pedaço de pão ou beber um gole de vinho. Vimos apresentar-nos a nós mesmos a Deus para poder ter comunhão com ele, e para que nos possa ser transmitida a bênção da aliança da graça por meio dessas coisas. Agora, com toda a certeza isso é aproximar-se de Deus, pois quando nos apresentamos para receber a transmissão da bênção da aliança da graça por meio desses elementos, sim, para podermos ter comunhão com o próprio Deus neles, isso é aproximar-se dele. Quando nos achegamos à sua mesa, então, nos aproximamos de Deus.

Se Deus não tivesse instituído e indicado esses elementos — pão e vinho e as ações referidas a eles — para serem os meios de transmitir uma bênção para nós, isso seria adoração conforme nossa própria vontade, esperar qualquer presença maior de Deus nesses elementos do que existe na natureza deles. É verdade, Deus está presente em toda a sua criação. Quando comemos e bebemos à mesa, Deus está presente ali; mas não se pode dizer que nessa ocasião nos aproximamos de Deus e o adoramos ali, pois não procuramos uma manifestação especial da presença de Deus no alimento para transmitir benefício adicional ao que o Senhor já colocou na natureza dessas coisas.

Somente quando pessoas piedosas os tomam e recebem como bênçãos santificadas pela Palavra é que podem ser tomados como as bênçãos de Deus provindas do seu amor para com elas. Mas quando nos chegamos para receber aquilo que é chamado de comunhão, nesse momento esperamos coisas que estão além da natureza desses elementos, coisas que eles transmitem por instituição de Deus, por ele designadas para usos e fins sobrenaturais. Eles não transmitem de forma sobrenatural tais coisas, mas o fazem de forma sobrenatural por instituição de Deus — e assim é que tudo isso se torna em adoração.

Se não tivéssemos recebido um mandamento a esse respeito, seria superstição e idolatria usar esses elementos com essas finalidades. Se qualquer homem no mundo tivesse indicado um pedaço de pão ou um gole de vinho para significar e selar o corpo e sangue de Cristo, isso seria superstição e adoração obstinada, algo pecaminoso e abominável. Mas a verdade é que Deus separou esses elementos para esses fins santos e solenes. Por essa razão, quando nos chegamos para participar deles, chegamo-nos para adorar a Deus. Também nos chegamos para apresentar nosso respeito a Deus quando vimos participar dessas ordenanças diante dele, para apresentar o respeito devido por nós, pobres criaturas, diante de um Deus tão infinito e glorioso; essa é a razão por que nos aproximamos dele por meio desses elementos.

2. Precisamos santificar o nome de Deus quando nos aproximamos dele. O que quer que façamos, quer comamos ou bebamos, precisamos fazer tudo para a glória de Deus. Mas, se em nosso comer e beber normais, precisamos fazer tudo para a glória de Deus, então com toda a certeza neste comer e beber espirituais precisa ser feita alguma coisa especial para a glória de Deus.

Há muito de Deus neste ato, porque aqui são apresentados diante de nós os grandes, sim, os maiores mistérios da salvação e os profundos conselhos de Deus com respeito à vida eterna. Eles nos são apresentados nesses elementos externos do pão e vinho e no efeito deles. Ora, quando nos chegamos para comer e beber esses elementos apontados para apresentar os maiores mistérios da salvação e os mais profundos conselhos de Deus com respeito ao bem-estar eterno do homem em que Deus, de forma especial, vai se glorificar, precisamos ali santificar o nome de Deus, pois são muito grandes e gloriosas as coisas que nos estão sendo apresentadas.

A ordenança da Ceia do Senhor, também chamada de comunhão, é uma ordenança que Cristo deixou à sua igreja, ordenança provinda da abundância do seu amor. Por isso, quando lês a instituição dela em Mateus 26, descobres que, na noite em que Cristo foi traído, ele tomou o pão e o partiu. Embora Cristo estivesse para morrer no dia seguinte e deparar-se com a ira de Deus, sim, ainda nessa mesma noite ele estaria em agonia e suaria grandes gotas de sangue, e no próximo dia morreria e sofreria as angústias da ira sobre si ao ponto de fazê-lo gritar: "Deus meu, Deus meu, por que me desamparaste?", ainda assim ele se preocupou naquela noite em instituir esta ceia. Com certeza, deve ser uma grande ordenança, e ela está impregnada do amor de Cristo.

Cristo viu que a sua igreja tinha necessidade dessa ordenança, que ele precisava, naquela noite quando foi traído, ocupar seus pensamentos com esse assunto. Talvez alguém pense que, naquela altura dos acontecimentos, ele já tinha o suficiente para ocupar seus pensamentos consigo mesmo, já que havia de deparar-se com a lei e a ira de Deus por causa do pecado do homem; mas apesar da grande obra que Cristo estava para enfrentar, seus pensamentos se ocupavam com esta grande ordenança da instituição da ceia — e por isso ela estava impregnada de amor. Cristo viu que era um assunto de grande importância. Então, se é assim, temos aqui uma grande razão por que devemos santificar o nome de Deus nesta ordenança, e não considerá-la como algo comum e vulgar.

Precisamos santificar o nome de Deus na Ceia porque é o sacramento da nossa comunhão com Cristo, no qual nos achegamos para uma tal união e comunhão com ele, a ponto de comer sua carne, beber seu sangue e sentarmo-nos à sua mesa. Chegamo-nos para comungar com Cristo com todos os nossos sentidos. Ora, se Cristo vem a nós de maneira tão plena, isso nos conclama a santificar o seu nome quando nos achegamos a ele.

Nesse sacramento, sela-se o pacto da graça. O pacto da graça é selado por ambas as partes. Quando temos de lidar com Deus por meio do pacto da graça, tanto para ter o selo da sua parte como também da nossa parte, com certeza isso exige o uso santificado de uma coisa tão santa como essa. E essa é a razão por que devemos santificar o nome de Deus nisso, porque, se precisamos fazê-lo no comer e beber normais, então precisamos fazê-lo no sacramento em que há tanto de Deus, onde estão postos diante de nós os mistérios da piedade, onde está expresso tanto do amor de Cristo, onde teremos íntima comunhão com Jesus Cristo, e onde o pacto da graça é selado de ambas as partes. Por isso, é necessário santificar o nome de Deus quando participamos do sacramento.

Que eu saiba, não existe nenhum dever no Livro de Deus que seja recomendado com tanta insistência como este. Em 1Coríntios 11, encontramos a exigência de que todo aquele que vem receber o pão e o vinho na Ceia do Senhor deve examinar-se a si mesmo e assim comer do pão e beber do cálice. E ali se encontram as mais terríveis ameaças contra aqueles que não o fazem; ameaças que não são feitas contra a negligência de nenhum outro dever em todo o Livro de Deus. Ali o Espírito Santo diz que, todo aquele que come e bebe indignamente, em primeiro lugar é culpado do corpo e do sangue de Cristo e, em segundo lugar, come e bebe para sua própria condenação. Essas duas expressões são terríveis; não vemos ameaças tão severas acompanhando a negligência de nenhuma outra exortação nas Escrituras.

E se não santificarmos o nome de Deus neste dever? Seremos culpados do corpo e do sangue de Cristo! Ser culpado do sangue de alguém é algo terrível. Davi clamou: "Senhor, livra-me da culpa de sangue". Ter a culpa do sangue de um homem comum pesando sobre nós, derramar o sangue do mais vil patife que vive da maneira mais sanguinária, será algo que vai pesar na consciência e será uma situação terrível. É impossível que uma pessoa dessas consiga ficar tranquila a vida toda, a menos que sua consciência já esteja cauterizada. Mesmo um pagão não consegue ficar em paz se tiver sobre si culpa de sangue. Mas ser culpado do sangue de Cristo, que é infinitamente mais valioso do que o sangue de todos os homens que jamais viveram na face da terra, isso deve ser a coisa mais pavorosa. "Culpado do corpo e do sangue de Cristo" — que expressão terrível! Ou seja, a pessoa atribui tal indignidade ao corpo e ao sangue de Cristo, que o Senhor o acusará de ser culpado dele, culpado de insultar o corpo e o sangue de Jesus Cristo.

E, então, ele come e bebe para sua própria condenação. Mas devemos falar mais a respeito disso quando mostrarmos como Deus vai santificar seu nome naqueles que não o santificam aqui nesta santa ordenança. Por isso, não gastarei mais tempo nestes textos bíblicos, pois meu propósito agora é apenas mostrar a necessidade de santificar o nome de Deus nesta ordenança.

Não existe nada que golpeia tanto a consciência de um homem. Isso acontece mesmo na consciência de homens perversos, mas especialmente naqueles que estão começando a ser iluminados na santidade desta ordenança. Deus atribuiu muita honra a ela. Reconheço que alguns homens podem usá-la de forma supersticiosa, embora seja uma ordenança da igreja, mas Deus atribuiu a ela uma grande honra, ao passo que os homens que são muito ímpios fazem o oposto. Contudo, a consciência deles lhes diz que, quando vêm a esta ordenança, precisam comportar-se bem; eles não podem pecar, precisam cultivar bons pensamentos e fazer boas orações naquela hora. Muitas vezes, eles não se atrevem a vir quando a consciência lhes diz que estão vivendo em pecado.

Conheci, certa vez, um homem que estava para ser executado, e ele nunca em sua vida havia participado desta ordenança, apesar de já ter uns quarenta anos. Quando lhe perguntei por que razão, ele confessou que tinha vivido em determinado pecado que não queria abandonar, e por isso não tinha jamais participado desta ordenança na vida, embora com isso o diabo o tivesse enganado. Menciono o fato para mostrar o poder que existe na consciência dos homens a respeito desta ordenança. Normalmente, essa é uma das primeiras coisas que golpeia a alma dos homens quando têm a consciência despertada. "Oh! Como eu profanei o nome de Deus na ordenança da santa comunhão e não santifiquei o seu nome nessa ordenança!"

É algo muito evidente que Deus precisa ser santificado nesta ordenança, mas a grande questão é como devemos fazer isso (esta é a terceira coisa que prometi mostrar). Com certeza o nome de Deus tem sido tomado em vão muitas e muitas vezes. Tem havido muita profanação na prática desta ordenança, e no espírito dos homens quando participam de uma ordenança tão santa como esta. Por isso, quero apresentar-te o assunto, sem estender-me muito, unicamente para te mostrar as coisas principais que devem nos dirigir para que o nome de Deus não seja tomado em vão e desonrado como tem sido até agora. E vou descrever o que pretendo dizer por meio dos seguintes pontos:

Primeiro, que precisa ser santo todo aquele que vai participar deste sacramento. Somente aquele que tem um coração santificado é que pode santificar a Deus.

Segundo, esta ordenança precisa ser recebida em uma santa comunhão. É preciso haver uma comunhão de santos para esta ordenança, e ela não pode ser recebida em nenhum outro lugar senão em uma comunhão de santos.

Terceiro, a santa disposição da alma em especial, ou as qualificações de alma que são requeridas para a santificação do nome de Deus nesta ordenança.

Quarto, como deve comportar-se exteriormente a pessoa no momento em que a ordenança é recebida.

Quinto, o guardar da instituição de Cristo quando a recebemos.

Essas coisas são essenciais para santificar o nome de Deus nesta ordenança.

1. Precisam ser santos aqueles que vêm participar. Esta ordenança não é indicada para a conversão, para fazer-nos santos. Os que não são convertidos podem vir à Palavra porque ela é indicada para operar a conversão. Ela é indicada para operar a graça, operar a graça primeira. "A fé vem pelo ouvir." Quanto a esta ordenança, não encontramos em toda a Escritura que seja indicada para a conversão, mas ela supõe que o participante já seja convertido. Somente homens e mulheres já convertidos pela Palavra é que podem vir e receber este sacramento.

Por isso, a Palavra deve ser primeiro pregada aos homens para que se convertam, e então esta é uma ordenança para colocar neles um selo. É por isso que, nos tempos antigos, era permitido que todos viessem ouvir a Palavra e depois disso, quando o sermão estava concluído, um ministro se colocava em pé e anunciava: "As coisas santas são para homens santos". Aí, então, todos os outros tinham de sair; e por isso a ocasião era chamada de missa, embora os papistas tenham corrompido o termo e passado depois a chamar de missa uma mistura que fizeram de suas próprias invenções em vez de chamar assim a Ceia do Senhor, mas originalmente ela tinha esse nome. Estou dizendo que essa comunhão santa era chamada pelo nome de missa porque todos os outros eram despedidos e permaneciam somente os que eram da igreja e eram considerados piedosos. "As coisas santas são para homens santos."

E assim é que deve ser, pois assim o exige a própria natureza dessa instituição que é o selo do pacto da graça. Espera-se que todos os que vêm à comunhão estejam em aliança com Deus. Devem ter sido todos trazidos à condição de submissão às exigências do pacto. E a exigência do pacto é: "crê e serás salvo". Por essa razão, ela é indicada apenas para os crentes. E como a natureza dela, enquanto selo, pressupõe um pacto, ninguém pode participar do selo do pacto senão aqueles que antes se submeteram a ele e foram inseridos no pacto. Quando fazes uma escritura e nela colocas um selo, com certeza o selo pertence unicamente àqueles que têm seu nome nessa escritura. Agora, é verdade que, embora os nomes dos homens não sejam mencionados na Palavra, ainda assim a condição pertence àqueles que são levados a crer em Jesus Cristo. Deus diz assim: "Eu agora selo todas as minhas misericórdias em Cristo em favor da alma deles". Nós injuriamos a Deus quando damos pouco valor ao selo. É como fazer desta ordenança algo desprezível. Por isso, é preciso ter ocorrido uma transação entre Deus e tua alma antes de poderes participar do selo.

Se alguém te dissesse: "Vem, põe teu selo nesta coisa", sem que jamais tivesse ocorrido nenhum tipo de transação entre ti e essa pessoa, considerarias ridícula tal proposta. Somente depois de certas negociações e acordos é que colocarias teu selo. É assim também que deve acontecer no assunto que estamos tratando.

Vou apelar à consciência de muitos de vocês que vieram participar da Ceia do Senhor. Que tipo de negociação tem havido entre Deus e a tua alma? Será que consegues dizer: "O Senhor se agradou de revelar-se a mim, para mostrar minha condição miserável e o caminho da graça e da salvação, e tem me mostrado que, quando recebi o seu Filho, ele foi misericordioso comigo e perdoou meus pecados. E eu descobri que o Espírito de Deus inclina meu coração a Jesus Cristo, o Senhor falando comigo lá do céu, e eu lhe respondendo. Como a minha alma estava pronta a aceitar o pacto que o Senhor fez com as pobres criaturas na Palavra do seu evangelho!" Será que podes dizer isso na sinceridade do teu coração? Se não podes, fica sabendo que esse selo não pertence a ti até que o Senhor, por sua Palavra, tenha subjugado teu coração a essa concordância com Ele.

Esta ordenança é a ordenança da nutrição espiritual, do comer a carne de Cristo e beber o seu sangue num sentido espiritual. Ora, supõe-se que primeiro é necessário existir vida antes que possa ser recebido qualquer alimento. Se a ordenança foi indicada para nutrir e fazer crescer a graça, então é evidente que primeiro precisa existir a graça. Qual é o alimento que uma criança morta consegue receber? A primeira coisa que deve ocorrer aqui é a alimentação. A Palavra tem o poder de transmitir vida e depois nutrir, mas aqui não lemos nada a respeito disso. Mas a coisa que deve ocorrer aqui neste instante é alimentar, comer e beber. Essa é a finalidade do sacramento. Por essa razão supõe-se que já tens vida espiritual. Nenhuma alma morta pode chegar-se a esta ordenança; unicamente aquelas que foram vivificadas pelo Espírito de Jesus Cristo. Essas, sim, têm de vir para se alimentarem.

A prática requerida aqui indica que unicamente aqueles que são santos e piedosos podem receber este sacramento. O apóstolo requer que nos examinemos a nós mesmos. Examinar o quê? Tem de ser a nossa piedade. Examinar qual é a obra de Deus na alma, como Deus trouxe a alma a si mesmo e quais dons do Espírito de Deus estão ali, e como fomos trazidos ao pacto com Deus. Agora, se apenas esses podem receber o sacramento de forma digna, e se apenas podem vir esses que primeiro se examinam, então com certeza unicaménte os que são piedosos podem vir, pois somente eles conseguem praticar as coisas requeridas.

Este é um sacramento de comunhão com Deus e com os santos. Ora, "que comunhão tem a luz com as trevas? Que harmonia há entre Cristo e Belial"? Se este é um sacramento de comunhão, de vir à mesa de Deus, será que Deus vai querer que seus inimigos venham à sua mesa? Tu não convidarias nenhum inimigo para tua mesa; convidarias apenas teus filhos e teus amigos. Assim também aqueles que se assentarem à sua mesa precisam ser filhos de Deus e amigos de Deus, aqueles que estão reconciliados com Deus no sangue do seu Filho, e aqueles que são seus filhos. Essa é a razão por que precisam ser santos.

Isso deve ser suficiente para esta primeira coisa, que esta não é uma ordenança para todo tipo de gente, mas apenas para os que primeiro se submeteram à condição do pacto: aqueles que possuem a graça e têm condições de se examinarem quanto às virtudes que têm, e aqueles que são filhos e estão reconciliados com Deus; esses estão prontos para sentar à mesa de Deus e gozar a comunhão com ele e com seu Filho e com os santos, pois nós somos um só corpo de forma sacramental quando nos chegamos a esta santa ordenança. Todos os outros, então, os que não preenchem essas condições, forçosamente precisam abster-se deste sacramento.

2. Não basta que nós mesmos sejamos santos. E dessa forma é excluído todo ignorante, profano e escandaloso, sim, estão excluídos todos os que são meramente civilizados, mas que não conseguem comprovar nenhuma obra de piedade no coração quando vêm a Cristo. Este sacramento deve ocorrer em uma santa comunhão, e isso fica evidente em 1Coríntios 10.16-17: "O cálice da bênção que abençoamos não é a co-

munhão do sangue de Cristo? O pão que partimos não é a comunhão do corpo de Cristo?" E, então, no versículo 17, o apóstolo diz: "Porque nós, embora muitos, somos unicamente um pão, um só corpo".

Por isso é que todos os que vêm receber o sacramento precisam vir como um só corpo, uma comunidade espiritual. Esse fato, que aqueles com quem recebemos o sacramento são um corpo conosco, tem uma grande capacidade de nos ajudar a santificar o nome de Deus. Esta ordenança, torno a repetir, deve ser recebida unicamente em uma santa comunhão. Um cristão sozinho não pode receber o sacramento. É preciso haver uma comunhão onde quer que seja administrado. Não é suficiente que haja ali um homem piedoso, mas é preciso haver uma comunhão de santos, e é nessa comunhão que o sacramento deve ser recebido.

Pergunta: "Esse sacramento precisa ser recebido em uma comunhão de santos? E se um homem ímpio chegar ali? Será que isso nos atrapalhará de santificar o nome de Deus na participação do sacramento com eles? Não encontramos na Escritura que a igreja sempre teve homens ímpios no meio dela? Existem sempre ervas daninhas crescendo com o trigo. Se lermos em Coríntios, descobriremos que ali havia alguns ímpios na igreja, sim, e pensa-se que o próprio Judas recebeu também o sacramento. Por isso, se estiverem ali homens ímpios, será que isso atrapalha?"

Resposta: Em primeiro lugar, é verdade que na igreja de Deus sempre tem havido homens ímpios, e assim será até o fim do mundo; mas onde quer que haja uma correta comunhão de santos, ali será exercido o poder de Cristo para excluir esses homens ímpios, ou pelo menos para se afastar deles. É ordem de Cristo que, se alguém mantém comunhão contigo, se algum deles se comporta como ímpio, vocês são obrigados por sua consciência a ir e falar com ele. Se não se emendar, devem chamar dois ou três; se ainda assim não se emendar, devem dizê-lo à igreja, contá-lo à assembleia dos santos quando estiverem reunidos, pois é isso que significa a palavra "igreja".

Em 1Coríntios 5, lemos que, quando foi preciso expulsar um indivíduo incestuoso, isso foi feito na presença da congregação. É preciso que vocês façam isso, de outra forma não podem negar que para vocês não significa nada se existem homens ímpios em seu meio, pois vocês não agem de acordo com a sua consciência para desencarregá-la. E assim vocês se corrompem e não santificam o nome de Deus nesta ordenança, porque não cumprem por completo o seu dever de excluir esses homens ímpios.

Notem que, em 1Coríntios 5.6-7, o apóstolo, escrevendo à igreja, ordena que lancem fora o velho fermento: "Não sabeis que um pouco de fermento leveda a massa toda?" O apóstolo aqui não está falando de pecado, mas da pessoa ímpia, incestuosa. Ele está dizendo: "Vocês precisam fazer com que esse homem seja expulso do seu meio, caso contrário todos serão levedados por ele". Ou seja, toda a igreja seria levedada por ele se não fosse tomado o cuidado de expulsar esse homem.

Talvez tu questiones: "Será que nos arruinaremos tão somente por causa da presença desse indivíduo?" Não, se não formos de forma alguma culpados por isso, então não se pode dizer que nos arruinaremos, e isso não pode nos levedar. Mas somos levedados quando é nosso dever expulsá-lo e não o fazemos (se na comunhão dos santos existe algo que deve ser feito, mas ninguém se dispõe a fazê-lo). É isso que deve fazer cada um que comunga, em cada comunhão. Se estiver ali um homem ímpio, se vocês o sabem e não fazem o que acabei de dizer, vocês são corrompidos.

Vocês são poluídos por ele. Vocês não são poluídos pela simples presença de homens ímpios, pois é um engano e audácia que alguém trate mal os homens que pensam diferente dele. Mas vocês são poluídos pela sua presença se não cumprirem seu dever da melhor forma que puderem para expulsá-los do seu meio. Sim, aí a congregação toda é poluída se não cumprir seu dever.

O dever de cada um da congregação é falar com seu irmão, ou chamar dois ou três, e depois disso dizê-lo à igreja e assim declarar o fato diante deles. Ou, se a igreja não cumprir sua obrigação como deve, então, para livrar tua própria alma, teu dever é declarar que aqui está alguém culpado dessa e dessa forma, com estas e estas provas. E assim, por tua parte, para livrar tua própria alma, deves declarar que este homem ou mulher não deve manter comunhão aqui. Dessa forma, livraste tua própria alma, e, quando o tiveres feito, embora ainda haja homens ímpios ali, tu podes comer e beber sem que sejas poluído pela presença deles, pois não se pode dizer que agora comes com eles, nem que tens comunhão com eles, não mais do que se um cão pulasse sobre a mesa para pegar um pedaço de pão. Tu não manténs comunhão com ele pelo simples fato de o cão pegar o pedaço de pão, assim como acontece com esses homens ímpios, uma vez que lidaste com eles da forma como devias.

Tu lhes declaraste que não podes manter comunhão com eles. Isso significa não comer com eles. O apóstolo diz, em 1Coríntios 5.11: "Mas, agora, vos escrevo que não vos associeis com alguém que, dizendo-se irmão, for impuro, ou avarento, ou idólatra, ou maldizente, ou beberrão, ou roubador; com esse tal, nem ainda comais. Pois com que direito haveria eu de julgar os de fora?" Ou seja, os pagãos e aqueles que não mantêm comunhão, estes, não me cabe julgá-los, mas: "Não julgais vós os de dentro?" Quando nos tivermos livrado ao ponto de nos declarar contra o pecado deles, então não se pode dizer que temos comunhão com eles, e então nos afastamos daqueles que andam desordenadamente, quando cumprirmos assim o nosso dever.

2Tessalonicenses 3.14: "Caso alguém não preste obediência à nossa palavra dada por esta epístola, notai-o; nem vos associeis com ele, para que fique envergonhado". E, no versículo seis deste mesmo capítulo, ele lhes ordena em nome de nosso Senhor Jesus Cristo, que se afastem de todo irmão que anda desordenadamente. Assim, enquanto não fizermos nosso dever, tornamo-nos poluídos. Mas, se fizermos aquilo que devemos, não será a mistura que ocorre numa congregação que impedirá alguém de receber o sacramento ali, e isso basta para tranquilizar os homens de recebê-lo em congregações mistas onde se encontram e das quais são membros.

Mas, por outro lado, se estivermos num lugar em que a congregação não toma sobre si a responsabilidade de expulsar os indignos, ou não estão convencidos de que têm essa autoridade, então não temos ordem nenhuma de Cristo quanto a sermos obrigados a permanecer nessa congregação que nega uma das ordenanças de Jesus Cristo. Se acontece de haver algum ímpio, e fazemos o possível para expulsá-los, e aguardamos com paciência numa congregação assim na expectativa de que sejam postos para fora, e mesmo assim vemos que a congregação não percebe que tem autoridade ou nega que a tem, de forma que o povo é deixado nesse estado de mistura, então afirmo que não há, no Livro de Deus, nenhum mandamento que obrigue os homens a continuarem como membros de uma comunhão dessas onde não têm condições de participar da ordenança de Jesus Cristo, ordenança de separar o precioso do vil, a ordenança de expulsar o ímpio e descrente. O corpo que só recebe e ingere, mas não tem a capacidade de expulsar e purgar é um corpo muito doente, em perigo de logo perder a vida. Assim também é a congregação que não põe em prática essa ordenança de expelir os ímpios e descrentes. Torno a repetir: não conheço nenhum texto bíblico que force as pessoas e delas requeira como dever de consciência o permanecer ali onde não podem desfrutar de todas as ordenanças de Jesus Cristo. O correto entendimento daquilo que estou dizendo agora nos ajudará a responder a todos os textos bíblicos que nos são apresentados como objeções.

Se alguém mencionar o caso de Judas, é difícil definir claramente se foi ou não a Ceia do Senhor que ele recebeu. Mas suponhamos que seja certo que ele a tenha recebido. Contudo, não estou me referindo a pessoas semelhantes a Judas, que fazem uma profissão externa como ele fez e cuja real situação não pode ser descoberta pelo andar normal da igreja, por serem secretamente hipócritas.

Talvez tu argumentes: "Jesus Cristo sabia que ele era faltoso, e ele o disse a João quando este se reclinou em seu peito". Mas embora Cristo, como Deus, o conhecesse, ele lidou com Judas de forma sacerdotal. E ele já havia decidido antes que não expulsaria ninguém, mas lidaria com todos dessa maneira sacerdotal.

De forma que não é suficiente, ainda que eu saiba por meio de revelação da parte de Deus, que determinado homem é um hipócrita. Suponhamos que Deus me revele do céu que determinado homem é um hipócrita. Eu acho que devo comungar com ele enquanto ele não se revelar de forma que eu possa comprovar o seu mal por meio de testemunhas. Por essa razão, embora os homens sejam ímpios, isso não polui a comunhão onde se encontram se for usada a maneira indicada por Cristo para ser observada em sua igreja. E, quando isso é feito, devo evitá-lo e declarar-me contra a comunhão com ele. Isto basta para responder a esse caso.

Lemos igualmente que havia diversos homens ímpios entre os coríntios, e a respeito do joio que crescia no meio do trigo. É verdade, havia homens ímpios entre eles, mas o apóstolo lhes ordenou que excluíssem esses ímpios; e, se não o fizeram, com isso pecaram e se poluíram. Quanto ao joio que havia entre o trigo, perceba que isso foi dito com respeito à igreja. Suponhamos que tenha sido, mas Cristo disse claramente que o campo é o mundo e refere-se aos piedosos e aos ímpios vivendo juntos no mundo, e vejo que muitos comentaristas bíblicos consideram assim também. Mas mesmo que consideres que isso se refere à comunhão da igreja, ainda fica bem claro o seguinte: havia joio entre o trigo por falha dos trabalhadores, pois o texto diz abertamente que o joio cresceu enquanto os servos dormiam. Por essa razão, sabemos que não deveria haver joio nenhum.

Além disso, não havia tanto joio ao ponto de destruir o trigo, mas, como Jerônimo disse, naqueles lugares o joio crescia muito semelhante ao trigo enquanto estava apenas nas folhas, sem semente, de forma que dificilmente era possível distinguir um do outro, embora houvesse pessoas capazes de distingui-lo do trigo. Por essa razão, deve-se deixar crescer aquilo que parece trigo, e unicamente nesse caso, ou seja, no caso em que estão tão juntos do trigo ao ponto de ser perigoso arrancá-los e arrancar também o trigo; nesse caso, devem ser deixados em paz.

Nota bem: primeiro, o caso aconteceu pela negligência dos trabalhadores. Eles deviam ter sido mantidos do lado de fora. Em segundo lugar, se eles entram, embora cresçam tão perto do trigo que existe o perigo de que, se os arrancares, acabes arrancando também o trigo, unicamente nesse caso devem ser tolerados. Mas isso não concede a liberdade de deixar entrar na igreja todo tipo de gente, para não haver nenhuma ordenança de expulsar as ervas venenosas que causarão estrago e prejuízo.

Mas se tu o entendes, como muitos o entendem, com respeito ao mundo, então o significado é o seguinte: a pregação do evangelho chega a certo lugar e ali é semeada unicamente a boa semente, e essa semente é um meio para a conversão de muitos. Mas junto com a conversão de alguns, existem outros que ouvem a pregação do evangelho, e a verdade é que eles, misturados entre os ouvintes da Palavra, em vez de produzirem bom fruto de acordo com a Palavra, produzem joio.

Nessas circunstâncias, diz o servo: "Senhor, como foi que aconteceu que nós pregamos verdades tão excelentes neste lugar e mesmo assim vemos tantos homens ímpios produzindo tanto fruto mau? Senhor, é tua vontade que fiquemos totalmente separados deles e não tenhamos nada a ver com eles, e que haja uma plena separação durante a nossa vida aqui neste mundo?"

"Não", diz Cristo. "Não deve ser assim." Se fosse, se os homens piedosos tivessem de retirar-se de entre os homens ímpios para não viver entre eles, os santos não poderiam nem viver neste mundo. Se pensavas que era teu dever nem mesmo viver perto de um homem ímpio, nem ter relacionamento de espécie alguma com ele, não haveria trigo crescendo no campo do mundo aqui. E por essa razão deves ficar satisfeito quando vives onde é pregado o evangelho, e a semente faz crescer bom fruto em alguns e em outros faz crescer o joio. Não deves te escandalizar com isso, que aqui neste mundo Deus não age por meio de julgamento visível que os fulmine de uma vez, ou que Deus não exige plena separação aqui, mas que eles podem viver juntos até o dia do juízo.

Aqui, afirmo de novo, não existirá essa plena separação. Assim, podes ver que parece melhor considerar o campo como sendo o mundo e o reino do céu ali ser a pregação do evangelho em qualquer lugar. E assim devemos estar satisfeitos, enquanto vivemos neste mundo, em estarmos onde estão homens ímpios e maus. Mas isso não significa que teremos familiaridade na mais íntima comunhão, na comunhão da igreja, com homens ímpios, tornando-nos um corpo ao comer o mesmo pão e beber o mesmo vinho. Não estamos falando de uma comunhão chegada como essa. Embora neste lugar não encontremos muita insistência no assunto, ainda assim é possível ver que encerra o ensinamento de que, onde quer que aconteça o sacramento da Ceia do Senhor, é preciso haver uma santa comunhão dos santos.

OBJEÇÃO: "As Escrituras dizem simplesmente: 'Cada um examine a si mesmo'."

RESPOSTA: Admito que, pelo bem da minha própria alma, preciso ser cuidadoso no exame de mim mesmo; mas no que diz respeito aos outros, sou obrigado a olhar para ele apenas o tanto necessário para manter limpo a mim mesmo. É verdade, não sou obrigado a bisbilhotar a vida dele e toda a sua maneira de agir, ao ponto de forçá-lo a prestar contas de coisas secretas, mas sou obrigado a vigiar e, se alguma coisa for feita que me escandalize ou ofenda, então sou obrigado a ir até ele de acordo com o mandamento de Cristo que já vimos. E se parecer que ele é ímpio, então sou obrigado a agir para que seja expulso da congregação. Considera este outro texto em 1Coríntios 5.6: "Não sabeis que um pouco de fermento leveda a massa toda?" Se eu não ajo de acordo com aquilo que é minha obrigação, sou poluído.

De forma que não deves pensar que não te diz respeito o fato de homens ímpios se chegarem à mesa do Senhor, e que diz respeito só aos ministros cuidar desse assunto. A verdade é que cada um neste lugar deve cuidar disso, e cada um estará poluído se não exercer esse dever exigido por Deus. Não digas: "O que é que eu tenho a ver com meu irmão? Sou, por acaso cuidador do meu irmão?" Isso foi o que Caim disse. Se vocês pertencem ao mesmo corpo, precisas expressar cuidado por teu irmão. "Não julgais vós os que são de dentro?" Existe um tipo de julgamento que todos precisam exercer para com todos os que participam no mesmo corpo. É evidente que isso me diz respeito e é importante para mim. O que estarei fazendo ao me unir com o bêbado, o devasso e o blasfemador para comer pão com eles, senão, por meio dessa atitude, professar que creio ser com eles um mesmo corpo?!

Sempre que recebes a comunhão com alguém, professas ser do mesmo corpo com essa pessoa. Unicamente no caso de eu descobrir alguém e poder especificamente professar-me contra essa pessoa, então professo não ser do mesmo corpo que ela. Mas se me achego de forma normal, e sei que a pessoa é ímpia, vil e profana, e não digo nada contra ela nem tomo alguma providência, então eu, por participar juntamente com ela, me professo como parte do mesmo corpo que ela. Tu, por assim dizer, declaras abertamente: "Senhor, aqui nos achegamos e professamos que somos todos do corpo de Jesus Cristo". Mas quando sabes que tal e tal pessoa é notoriamente ímpia e profana, e não fazes nada para ajudar a expulsá-la, não achas que o nome de Deus é tomado em vão? Não é profanado o nome de Deus aqui?

Por isso, fazer com que seja uma comunhão santa aquela em que recebemos o pão e o vinho diz, sim, muito respeito a nós. Por essa razão, lhes suplico: entendam corretamente as coisas das quais falei. Esforcei-me para convencê-los de que existe uma forma pela qual podemos participar do sacramento mesmo que haja homens ímpios misturados entre nós. Mas o que se requer de ti para cumprires o teu dever é: guarda-te limpo para não te tornares de alguma forma cúmplice de algum homem ímpio que queira participar desta santa majestade do corpo e sangue de Cristo.

Há muitas outras coisas que dizem respeito a isto, e a coisa especial que pensei fazer é mostrar-te as santas qualificações que devem existir, mas há uma que entendo como necessária, e não terei paz na consciência quanto a ser fiel a vocês naquilo que estou dizendo, sobre santificar o nome de Deus nesta ordenança, se eu não mencionar o assunto.

12

O que é Exigido Quando se Recebe o Sacramento?

"Serei santificado naqueles que se chegarem a mim" (Levítico 10.3)

Há dois erros que pretendo tratar aqui. Um deles refere-se àqueles que tranquilamente pensam que não precisam preocupar-se de forma alguma com as pessoas com quem participam do sacramento; pensam que a única coisa que precisam fazer é cuidar do próprio coração. E, por outro lado, existe o erro daqueles que pensam da seguinte forma: Eu fiz tudo o que podia para manter afastados os homens ímpios, e mesmo assim eles recebem permissão de participar; então, eu mesmo não devo participar da comunhão. É muito proveitoso sabermos o que devemos fazer nessa situação.

Se eu estivesse numa igreja onde recebesse apenas uma parte do sacramento, onde me dessem apenas o pão sem o vinho, como o fazem na igreja papista, com certeza eu não seria obrigado a ficar com eles, mas seria minha obrigação procurar um lugar onde eu recebesse o sacramento todo. Assim, se uma igreja me proporciona uma ordenança e não outra, reconheço que, enquanto ainda existe esperança de que eu possa usufruí-la e que eles estão a caminho de usufruí-la, eu acho que deve haver uma grande tolerância tanto para a igreja como para uma pessoa específica. Não devo esquivar--me de uma pessoa específica se ainda existe esperança de que ela se emende e que da minha paciência possa provir algum benefício; e muito mais isso se aplica a uma igreja toda.

Mas, repito, se não posso usufruir, nem parece haver nenhuma esperança de usufruir todas as ordenanças, com certeza seria apenas crueldade forçar os homens a permanecerem ali quando em outro lugar poderiam usufruir todas as ordenanças para o bem de sua própria alma. E sair de um lugar assim não pode ser considerado como divisão entre os irmãos. Será que a situação a seguir seria considerada como divisão? Suponhamos que alguém estivesse num lugar participando de um relacionamento que lhe trouxesse benefícios materiais. Ele poderia mudar de um lugar para outro, se conseguisse melhorar seus negócios em outro lugar. Então, com certeza, se ele pudesse receber mais ordenanças para a edificação da sua alma, da mesma forma poderia mudar de um lugar para outro como poderia mudar se os seus negócios fossem melhorar num lugar diferente do atual. Cristo quer que todo o seu povo busque a edificação da alma, e será que devo considerar isso como divisão entre os irmãos?

De forma alguma a Bíblia considera como pecado de divisão entre os irmãos quando um homem ou mulher, movidos unicamente pelo sincero desejo de usufruir Jesus Cristo em todas as suas ordenanças para o benefício de sua alma, percebe que lhes faltam todas as ordenanças para a alma, embora tenham acesso a algumas no lugar em que se encontram, e sua alma não floresce como poderia, e, movidos unicamente por isso mudam-se para um lugar onde possam receber mais edificação para a alma, onde usufruam mais plenamente as ordenanças de Cristo. Não! Divisão entre os irmãos ocorre quando acontece uma divisão motivada por má intenção, por falta de amor. Pois assim como a apostasia é um separar-se da cabeça, assim a divisão (cisma) é um separar-se do corpo, ou seja, quando provém de um espírito maldoso, de inveja ou má intenção, da falta de amor, ou procedem de quaisquer finalidades vis e desonestas e sem nenhum fundamento justo. Mas não é cisma quando a separação provém unicamente do amor a Jesus Cristo, para que eu receba mais edificação para minha alma, e ainda conservo o amor pelos santos que estão em determinada comunhão, e naquilo em que eles demonstram qualquer coisa boa em seu meio, mantenho comunhão com eles em tal assunto. A única coisa que desejo, em humildade e mansidão, é poder estar num lugar onde minha alma seja mais edificada, onde eu possa usufruir todas as ordenanças que Cristo indicou para a sua igreja.

Certamente, a pessoa que pode apresentar a Jesus Cristo essas razões por sair de um lugar para outro será eximido do pecado que o mundo chama de cisma. Mas a verdade é que essa palavra se encontra na boca de homens que não sabem o que ela significa. E o diabo sempre terá uma palavra ou outra para estigmatizar aqueles que são bons (pois até agora ele já conseguiu muita coisa usando esse artifício), por isso ele continua tirando proveito de palavras e expressões. E por essa razão os homens devem tomar cuidado com palavras e expressões que não compreendem, e o que é transmitido por essas palavras. Muito mais quando se trata do caso de uma santa comunhão. Onde quer que ocorra a Ceia do Senhor, ela deve ser recebida em uma santa comunhão.

Agora avançaremos para a coisa principal, ou seja, as santas qualificações ou disposições da alma juntamente com sua maneira de agir quando ela recebe a Ceia do Senhor. O que é preciso haver na alma para que santifique o nome de Deus neste santo sacramento? Há várias coisas que são requeridas.

1. É preciso conhecimento. Preciso saber o que estou fazendo quando venho receber este santo sacramento: conhecimento aplicado à obra que estou para realizar. Quando alguns de vocês vêm receber este sacramento, se Deus lá do céu lhes perguntasse: "O que estás fazendo agora? Qual é teu propósito?", o que vocês lhe responderiam? Precisas compreender o que estás fazendo quando vens aqui.

Tens de ser capaz de te explicar da seguinte forma a Deus: "Senhor, estou para participar de uma representação visível para mim, de forma que a posso tocar, de um dos maiores mistérios da piedade, esses grandes e profundos conselhos da tua vontade com respeito ao meu estado eterno, essas coisas tremendas que os anjos desejam conhecer, que devem ser assunto de louvores eternos dos anjos e dos santos nos mais altos céus, para que sejam colocados diante dos meus olhos. Senhor, quando vim para ouvir tua Palavra, ecoaram em meus ouvidos os grandes mistérios da piedade, as grandes coisas do pacto da graça, e agora vou vê-los representados diante dos meus olhos na ordenança que instituíste. Sim, Senhor, estou para receber os selos da tua bendita aliança, a segunda aliança, a nova aliança, os selos do teu testemunho e testamento. Estou prestes a ter confirmado à minha alma o teu amor eterno em Jesus Cristo."

"Sim, Senhor, vou participar da ordenança em que espero manter comunhão contigo e receber as tuas principais misericórdias para minha alma em Jesus Cristo. Vou comer contigo, alimentar-me do corpo e do sangue de Jesus Cristo. Sim, vou colocar o selo da aliança da minha parte, para renovar minha aliança contigo. Vou manter comunhão com os teus santos, para que o laço de comunhão com todo o teu povo seja confirmado para comigo, mais do que nunca, como o mais forte laço de união e amor entre mim e os teus santos. Esses são os meus propósitos, essa é a obra que agora vou empreender."

É com esse entendimento que precisas vir. Precisas saber o que estás para fazer. É a isso que o apóstolo se refere quando fala de "discernir o corpo do Senhor". Ele repreende os coríntios pelo pecado deles, e lhes mostra que eram culpados do corpo e sangue de Cristo porque não discerniam o corpo do Senhor. Eles olhavam apenas para os elementos exteriores, mas não discerniam o que havia de Cristo nesses elementos. Não viam como Cristo estava naqueles elementos, representado e exposto neles. De forma que é preciso haver conhecimento e entendimento.

E quanto a conhecer e entender a natureza do sacramento, é preciso haver conhecimento de outros pontos da religião, pois não podemos nunca entender a natureza deste sacramento sem conhecer a Deus e conhecer a nós mesmos, conhecer o estado em que nos encontramos por natureza, conhecendo nossa queda, conhecendo o caminho da redenção, conhecendo o que Jesus Cristo era e o que ele fez através da expiação, a necessidade de Jesus Cristo e qual é o caminho da aliança que Deus indicou para trazer a alma dos homens à vida eterna. É preciso conhecer os pontos principais da religião, mas especialmente aquilo que diz respeito à natureza de um sacramento.

Agora essa compreensão precisa ser igualmente verdadeira, não apenas um conhecimento habitual. É preciso avivar esse conhecimento por meio da meditação. Preciso meditar, cultivar vívidos pensamentos e lembranças a respeito daquilo que já conheço. Isso é o que o cristão deve fazer quando vem receber o sacramento, para reavivar seu conhecimento, ter o seu conhecimento renovado por pensamentos e meditações vívidos a respeito dos principais pontos da religião, especialmente sobre a natureza e finalidade desta santa instituição.

2. Assim como precisamos vir com entendimento, caso contrário não podemos santificar o nome de Deus, assim

precisamos vir com atitude de coração adequada à obra que estamos para realizar, ou seja, por causa da grandiosidade do que vai ocorrer no partir do corpo de Cristo e no derramar do seu sangue. Uma disposição apropriada a essa ocasião é um coração quebrantado, um senso do nosso pecado, da terrível separação que o pecado provocou entre Deus e a alma. Nosso pecado deve pesar em nosso coração de tal forma que o quebrante, mas esse quebrantamento precisa ser evangélico; precisa ocorrer por meio da aplicação do sangue de Cristo à minha alma. Preciso vir sentindo o meu pecado, mas de forma especial preciso senti-lo por causa daquilo que vejo no santo sacramento. Isso deve me fazer sensível ao pecado. Há muitas coisas que me devem tornar consciente dos meus pecados, a consideração do grande Deus contra o qual pequei e a maldição da Lei que me diz respeito, a ira de Deus que se acende contra mim por causa dos meus pecados, e as chamas eternas que estão preparadas para os pecadores, o fogo eterno.

Mas essas não são as coisas que quebrantam o coração de maneira evangélica, de maneira graciosa. A principal coisa por meio da qual a pessoa precisa quebrantar o coração é contemplar a maldade do pecado por meio do sangue de Jesus Cristo, contemplando-o quebrantado. E de fato não existe nada no mundo que tenha o poder de quebrantar o coração com relação ao pecado como contemplar aquilo que é visto no santo sacramento. O coração que consegue ver aquilo que é visto ali e não se quebranta quando percebe o pecado, esse é de fato um coração duro. Quando vejo aqui o que custou o meu pecado, o preço pago por minha alma, quando vejo a ira de Deus contra o pecado e a justiça de Deus em não poupar seu Filho, mas quebrantá-lo por causa do meu pecado, e derramar o sangue do seu Filho por meus pecados, vejo aqui que a minha paz com Deus custou mais do que dez mil mundos. Vejo que por meu pecado se abriu tal abismo entre minha alma e Deus, que todos os anjos no céu e homens na terra não poderiam jamais fechá-lo. Unicamente o Filho de Deus podia fazer isso, ele que era Deus e homem, que foi assim quebrantado pelo fardo da ira do seu Pai por meus pecados.

A verdade é que, quando nos chegamos a essa santa comunhão, devemos contemplar a Cristo como se o víssemos pendurado na cruz. Suponhamos que tivesses vivido na época quando Cristo foi crucificado e tivesses compreendido tanto a respeito da morte dele e quem ele era como o entendes agora. Talvez tivesses olhado para ele no jardim, ali suando gotas de sangue e água, prostrado em humilhação no chão, chorando: "Se possível, passa de mim este cálice", e tu o tivesses seguido até a cruz, e ali tivesses visto as suas mãos e pés furados pelos pregos e o seu lado perfurado e o sangue jorrando, e o escutado gritando: "Deus meu, Deus meu, por que me desamparaste?" — será que ver tudo isso não teria quebrantado teu coração por causa do pecado? Mas há muito mais que isso. Eu só consigo dizer isso, mas há muito mais neste sacramento para nos quebrantar o coração por causa do pecado do que existe numa visão como acabamos de descrever.

Tu dirás que, se pudesses ver Cristo sendo crucificado outra vez diante dos teus olhos, se pudesses ver o corpo de Cristo pendurando na cruz e ali contemplá-lo crucificado, ouvindo-o gritar: "Deus meu, Deus meu, por que me desamparaste?", pensarias que, se teu coração não se quebrantasse por causa do pecado, ele seria desesperadamente duro. Pois fica sabendo que, cada vez que vieste receber o sacramento, vieste ver essa mesma cena, e não é uma provocação tão grande a dureza do teu coração, se ele não se quebrantou diante dessa visão, da mesma forma que o seria se não se quebrantasse diante daquela outra visão?

Vemos, em Gálatas 3.1, Paulo falando da pregação do evangelho. Ele diz que Cristo foi crucificado diante daqueles que ouviram a Palavra: "Ó gálatas insensatos! Quem vos fascinou a vós outros, ante cujos olhos foi Jesus Cristo exposto como crucificado?" Ele não estava dizendo que Cristo foi crucificado na Galácia, mas que entre as pessoas onde a Palavra era pregada ele evidentemente era apresentado como crucificado. Mas agora, meus irmãos, a crucificação de Cristo na Palavra não é uma apresentação tão real, evidente e palpável de Cristo crucificado como quando ele é apresentado neste sacramento, e ele é o que opera com mais eficácia para quebrantar o coração do que aquela outra apresentação. E a razão que lhes apresento é a seguinte: porque Deus não separou aquela (a pregação da Palavra) como uma ordenança, uma instituição indicada com a finalidade de virem para contemplar aquilo para quebrantar-lhes o coração. É claro que existe uma naturalidade nela, que, se contemplarem a Cristo ela pode quebrantar-lhes o coração, mas isso não foi instituído como ordenança. Ela não é um sacramento como este o é. Ora, quando isso acontece de forma sacramental, no uso de uma ordenança indicada por Jesus Cristo para apresentar os seus sofrimentos e todas as riquezas da aliança da graça para a alma, pode-se esperar uma bênção adicional que não existe no outro, embora seja verdade que o outro opere poderosamente no coração. Mas este sacramento, sendo uma grande ordenança de Cristo para a igreja, uma grande instituição de Jesus Cristo para a apresentação dos seus sofrimentos, tem em si uma bênção mais especial que o acompanha.

Toda ordenança possui uma promessa e uma bênção mais especial do que qualquer outra coisa que não é uma ordenança. Assim, quando vens aqui para contemplar Cristo crucificado diante de ti, não podes ver esse Cristo crucificado naturalmente como sobre a cruz, mas tens Cristo crucificado diante de ti na forma do sacramento, na forma de uma solene instituição de Jesus Cristo, que possui uma bênção especial que a acompanha. Por essa razão, se o coração não se quebranta aqui, ocorre um agravamento da dureza do coração tão grande como se contemplássemos Jesus Cristo sobre a cruz e nosso coração não se quebrantasse ali. E, de fato, essa é a razão por que se diz que aqueles que recebem o sacramento de forma indigna são culpados do corpo e do sangue de Cristo.

É como se um homem tivesse vivido naquela época, tivesse estado diante da cruz, e ali tivesse visto como o sangue de Jesus Cristo foi derramado pelo pecado, e não se tivesse comovido com aquilo, mas considerado tudo como algo banal. Tal homem, de certa forma, pode ser acusado de culpa pela morte de Cristo, ou seja, de ter participado e consentido com aqueles que o crucificaram; pois, se um homem vê outro cometendo pecado, e não se incomoda com tal pecado, e se isso não inquieta seu coração, ele pode tornar-se participante daquele pecado. Assim, aqueles que vêm para ver Jesus Cristo crucificado e não têm seu coração perturbado com a crucificação dele, são, em certa medida, de fato culpados do corpo e sangue de Jesus Cristo. Assim, a segunda coisa é que o quebrantamento de espírito é algo apropriado à luz de um Cristo quebrantado.

3. A terceira coisa que deve ser feita aqui para santificar o nome de Deus é a purificação e limpeza do coração de todo pecado, a real limpeza e purificação de todo pecado que possa estar ali. Os judeus, na Páscoa, tinham de lançar fora todo fermento, e aqueles que escrevem sobre os costumes dos judeus dizem que eles tinham o hábito de fazer três coisas quando lançavam fora o fermento: primeiro, procuravam diligentemente qualquer fermento; acendiam candeias para verificar cada canto para não acontecer de haver qualquer pouquinho de fermento na casa. Segundo, quando o encontravam, jogavam-no fora. E, terceiro, eles pronunciavam uma

maldição. Eles amaldiçoavam a si mesmos se voluntariamente guardassem qualquer fermento na casa.

Assim, meus irmãos, quando nos achegamos para participar desta santa ordenança, é preciso fazer uma busca diligente pelo pecado, pois, nas Escrituras, o pecado é comparado ao fermento. Deves fazer uma procura diligente para ver qual pecado está ali em teu coração, em qualquer das faculdades da tua alma, qual pecado está em teus pensamentos, quais pecados estão na família, quais são teus pecados secretos. Deves fazer uma busca diligente para ver se não há algum fermento, algum mal em teu coração, e, qualquer pecado que encontres em teu coração, precisas lançá-lo fora dali. Ou seja, tua alma precisa colocar-se contra ele, opondo-se a ele com todas as tuas forças, por mais querido que seja o pecado, por mais vantajoso e lucrativo que seja. No que diz respeito a ti, tua alma precisa renunciar a esse seu pecado.

Sim, e, numa espécie de maldição contra ti mesmo, tens de dizer: "Senhor, espero receber benefício por meio do corpo e do sangue de Cristo que estou para receber, assim, Senhor, aqui me declaro contra todo pecado que encontrei em meu coração. Desejo vê-los todos expulsos, e me declaro contra todos eles, e renuncio a todos eles, e farei tudo que me for possível e o que sou capaz de fazer para ver minha alma livre de todo e qualquer pecado conhecido ou amado. Ó, que não haja mais nenhum pecado em meu coração!"

Essa precisa ser a disposição da pessoa que vem aqui, e precisa ser assim ou então não poderemos santificar o nome de Deus, porque não existe nada mais apropriado do que essa disposição para receber o sacramento. Pois chegamos aqui para reconhecer que o pecado custou tão caro, que custou o sangue do Filho de Deus. Ora, isso deve induzir o coração a renunciar ao pecado. Se de fato creio que o pecado custou o sangue de Cristo, que ele custou tanto para ele como de fato custou, que ele perturbou céu e terra, que é necessário um poderoso, maravilhoso meio para satisfazer a Deus pelo meu pecado que cometi contra ele, então com certeza o pecado é um mal terrível. Ó, que jamais me envolva com o pecado, com a causa desses sofrimentos do meu Salvador, que derramou o seu sangue!

Se visses a faca que tivesse cortado a garganta do teu filho mais querido, será que teu coração não se levantaria contra essa faca? Imagina que vens a uma mesa e ali está uma faca perto do teu prato, e te dizem que essa é a faca que cortou a garganta do teu filho. Pais, se vocês conseguissem usar essa faca do mesmo jeito que usariam qualquer outra, será que as pessoas não diriam que vocês amavam pouco o seu filho? Assim, quando vem uma tentação para cometer qualquer pecado, essa é a faca que cortou a garganta de Cristo, que transpassou o seu lado, que foi a causa de todos os seus sofrimentos, que fez de Cristo uma maldição. Agora, será que não vais olhar para essa tentação como uma coisa maldita que fez de Cristo uma maldição? Ó, com que ódio um homem ou mulher jogaria fora essa faca! E com ódio semelhante se requer de ti que renuncies ao pecado, pois ele foi a causa da morte de Cristo.

Conta-se que, quando César foi assassinado, Antônio convocou o povo contra aqueles que tinham matado o imperador. E ele tomou as roupas ensanguentadas dele e as levantou diante do povo, dizendo: "Aqui está o sangue o vosso imperador". Isso fez o povo enfurecer-se de tal forma que derrubou sobre os assassinos as casas onde estes estavam. Assim, quando vens a este sacramento, vês o sangue de Cristo jorrando em favor dos teus pecados para que cada um deles seja perdoado. Ou a tua alma é eternamente condenada por causa dos teus pecados, ou teu pecado custa o derramamento do sangue de Cristo.

Ora, ao veres isso, deve surgir uma ira santa em tua alma contra o pecado que provocou isso. É evidente que afastar o pecado, a indignação do coração contra o pecado, isso precisa ser uma disposição adequada a uma ordenança como esta. E essa é a terceira coisa requerida para santificar o nome de Deus nesta ordenança, a expurgação do pecado e a revolta do coração contra ele.

4. A quarta coisa a ser feita para santificar o nome de Deus aqui é a fome e sede da alma por Jesus Cristo. Todos os que vêm aqui vêm a um banquete, e o Senhor espera que todos os seus convidados venham com apetite a esta festa, venham com anseio e anelo por Jesus Cristo. Esta deve ser a disposição da alma: "Ó, que minha alma goze comunhão com Jesus Cristo. Este é o propósito pelo qual estou aqui. Ó, o Senhor, que conhece o que está em meu coração, sabe que esse é o grande desejo da minha alma, que eu possa gozar comunhão com Jesus Cristo! Ó, que eu receba mais de Cristo, que eu possa encontrar-me com ele, que eu receba maior manifestação de Jesus Cristo, que minha alma seja mais unida ao Senhor Jesus, e assim receba maior influência dele em minha alma! Eu tenho sede do Senhor Jesus Cristo, estou ciente da minha infinita necessidade dele, da infinita perfeição que nele existe. Minha alma, sem Cristo, passa fome e perece eternamente, mas quando usufruo Cristo existe uma plenitude que satisfaz minha alma. Recebo isso de Cristo às vezes na Palavra e às vezes na oração, mas espero mais comunhão com ele aqui, pois esta é a grande ordenança para manter comunhão com Jesus Cristo."

Na verdade, a Palavra, a esse respeito, está além desta ordenança. Ou seja, ela não se destina apenas para aumentar a graça, mas para produzi-la. Este sacramento destina-se unicamente ao aumento da graça e não foi indicado para gerá-la. Agora, a esse respeito, a Palavra está acima do sacramento, mas o sacramento é uma ordenança mais plena para a comunhão com Jesus Cristo. Ele é a comunhão do corpo de Jesus Cristo e do seu sangue, e por essa razão deve haver fome e sede intensas da alma por Jesus Cristo. Por isso, precisas tomar cuidado para que não venhas com estômago cheio de besteiras, como fazem as crianças antes de vir à mesa. Por mais balanceada e saudável que seja a comida que lhes foi preparada, o que comeram antes lhes tira todo o apetite.

Assim acontece também com os homens do mundo. Enchem o coração das besteiras deste mundo, com prazeres sensuais, e quando vêm a essa grande ordenança para gozar comunhão com Jesus Cristo, não sentem necessidade nenhuma dele. Apenas vêm e comem um pedacinho de pão e tomam um gole de vinho. Dificilmente vêm com a alma anelando por Cristo; não vêm movidos por um forte e contínuo desejo de encontrar Jesus Cristo ali na ordenança; não vêm como alguém que não sabe como viver sem Cristo assim como o faminto não pode viver sem comida nem bebida. Mas tu sabes que o nome de Deus não é santificado a não ser que venhas dessa maneira participar deste santo sacramento. A quarta coisa, então, é esse desejo faminto e sedento por Cristo, vindo de um profundo senso de precisar dele e da percepção da perfeição que existe nele.

5. Para que o nome de Deus seja santificado aqui é preciso exercitar a fé. A fé é a mão e a boca que recebem esse alimento e bebida espirituais. Quando vens ao banquete do Senhor, a fé é, em primeiro lugar, os olhos e então a mão e a boca. São os olhos da alma que proporcionam uma real visão do que está acontecendo aqui. Não tens condições de discernir o corpo do Senhor senão por meio dos olhos da fé. Se vens unicamente com os olhos do teu corpo para ver o que está acontecendo aqui, verás apenas um pedacinho de pão e um pouco de vinho. Mas onde estiverem os olhos

da fé, ali de fato se apresenta Jesus Cristo à alma, como se Cristo estivesse fisicamente presente. E não é preciso que o pão se transforme em seu corpo, uma vez que a fé consegue ver o corpo de Cristo por meio do pão e o sangue de Cristo jorrando no vinho. E é algo imenso que Cristo e essas coisas espirituais se tornem reais e não imaginárias.

Se uma pessoa contempla a figura de um fogo numa época de frio, ela não conseguirá aquecer-se com essa mera figura. Essa pessoa precisa de fogo que de fato queima aqui na terra. Assim acontece também com aqueles que vêm receber o sacramento e não vêm com fé, que olham apenas com os olhos do corpo. Eles enxergam, por assim dizer, uma figura de Cristo. Na verdade, não veem a Cristo. O seu corpo e sangue e os grandes mistérios do evangelho não se apresentam à alma como reais, e isso faz com que voltem para casa sem conseguir nada. Mas quando a pessoa vem com os olhos da fé, ela vê as coisas maravilhosas de Deus. Essa é a visão mais gloriosa do mundo. Toda a glória de Deus nos céus e na terra não se compara com essa visão de Jesus Cristo e dos mistérios do evangelho que os olhos da fé veem.

Por meio disso, então, podes saber se vieste ou não com fé ao sacramento, se recebeste a mais gloriosa visão que jamais teus olhos naturais contemplaram. Vemos um ministro vindo com um pedaço de pão e um pouco de vinho, mas, quando os olhos da fé nos são abertos, contemplamos as coisas gloriosas do evangelho. Muitas vezes, quando vens ouvir a Palavra, teu coração queima em teu peito, como aconteceu com aqueles dois que iam para Emaús. Mas quando estás partindo o pão, os olhos da fé precisam olhar para Jesus Cristo, e, nesse sentido, aqueles que traspassaram a Cristo precisam olhar para ele. Assim se cumpre a citação bíblica de Zacarias 12.10: "Olharão para aquele a quem traspassaram; pranteá-lo-ão como quem pranteia por um unigênito". Os olhos da fé provocarão pranto e lamentação por causa do pecado.

E da mesma forma que a fé são os olhos para tornar real aquilo que temos aqui, assim ela é a mão para recebê-lo. Quando compareces a um banquete, precisas de alguma coisa para pegar o alimento. É isso o que Cristo diz. Ele partiu o pão e o deu aos discípulos, dizendo: "Tomai, comei". Tomar? Como é que vamos tomar? Estendendo a mão. Se santificas o nome de Deus nesta ordenança, assim como estendes a mão para tomar o pão e o vinho, assim precisas de verdade estender a alma pela fé, exercendo um ato de fé para receberes Jesus Cristo em tua alma, para aplicares o Senhor Jesus Cristo à tua alma com todos os seus méritos e boas coisas que ele comprou.

Quando o ministro distribui esta ordenança, deves olhar para Deus o Pai distribuindo seu Filho como se contigo estivesse acontecendo o seguinte: "Estou, agora, na presença do Pai eterno que verdadeiramente está distribuindo seu Filho à minha alma, dizendo: 'Alma, recebe outra vez aqui neste dia o meu Filho com tudo o que ele comprou para o teu bem'." Quando a alma age com base nisso e, exercendo um ato de fé, vem e recebe essa dádiva do Pai e se lança sobre Jesus Cristo e diz, por assim dizer, "Amém" ao que o Pai está dando, ela na verdade está dizendo: "Ó, Senhor, venho aqui e recebo teu Filho como minha vida, como meu Salvador, como a Fonte de todo bem, em quem espero todo o bem que eu possa possuir, tanto aqui como por toda a eternidade". Assim, se és um crente, precisas exercer um ato de fé que realmente recebe a Cristo.

Será que consegues lembrar o que fizeste quando pela primeira vez recebeste Jesus Cristo, quando o Senhor, na pregação da sua Palavra, revelou Jesus Cristo à tua alma? O que é que tua alma fez naquela ocasião? Como tua alma agiu ao unir-se a Cristo? Assim como tua alma fez naquela ocasião ao unir-se a Cristo, assim ela precisa fazer agora. É preciso renovar o que fizeste naquela ocasião. De forma que, quando vens ao sacramento, não deves pensar que essa é uma ocasião para dar ouvidos a dúvidas, medos e hesitações; não, esta é uma ocasião em que Deus chama ao exercício da fé, que a alma se lance sobre Cristo e seus méritos para a vida e salvação, caso contrário o nome de Deus não é santificado como deve ser. Não santificas o nome de Deus quando ocupas tua alma com dúvidas e hesitações ao receber o sacramento.

E a fé é também a boca. Quando vens comer e beber, como é que podes fazê-lo se não tens boca? Teu corpo tem uma boca para ingerir pão e vinho, mas fica sabendo que sem fé a tua alma não consegue ingerir Cristo. A fé, por assim dizer, é a boca. Ou seja, por um ato de fé a alma se abre para Jesus Cristo, e não apenas se abre, mas ingere Cristo para si e faz com que Cristo e a alma se tornem como um só. Assim como o pão e o vinho se tornam um com nosso corpo, assim a fé ingere Cristo e o torna um contigo e transforma Cristo em alimento da tua alma. E tu e Cristo, pela fé, sois verdadeiramente feitos um, exatamente como o pão e o vinho colocados em teu corpo são feitos um com teu corpo. Essa é a obra da fé, sem a qual não temos condições de santificar o nome de Deus.

6. É preciso haver alegria espiritual. É preciso exercê-la aqui, pois é um banquete. Chegamos aqui para sentar com Cristo à sua mesa. Chegamos como filhos à mesa de nosso Pai, e nos sentamos ali com Jesus Cristo, nosso irmão mais velho. Ora, nenhum pai gosta que seus filhos fiquem sentados à sua mesa tristes e aborrecidos ou chorando. Em vez disso, prefere vê-los sentados satisfeitos, com santa alegria, com santa liberdade de espírito, não aborrecidos, mas como um filho na presença de seu pai, e não como um servo diante do seu senhor.

OBJEÇÃO: "Tu nos disseste anteriormente que é preciso haver quebrantamento de espírito e um senso de nosso pecado."

RESPOSTA: Isso deve existir, sim, mas também deve haver alegria. Nos regozijamos com tremor. Por isso, esse quebrantamento de espírito que mencionei não deve ser um horror e medo escravizante, mas um delicado derreter da alma, que vem da percepção do amor de Deus por ela em Jesus Cristo, que se dispôs a pagar preço tão elevado para comprar o perdão do pecado. Um lamento tão gracioso assim pode conviver com a alegria! E a verdade é que a tristeza pelo pecado durante o sacramento que não é misturada com alegria é uma tristeza que não santifica o nome de Deus. Tristeza piedosa e alegria evangélica podem conviver muito bem.

E, por essa razão, fica sabendo que nesta hora não deves permitir que teu coração se afunde. Não; não se deve permitir que o coração se entristeça demais; mas a tristeza de coração deve ser tal que, ainda que a sintas, sejas capaz de olhar para Deus como um Pai reconciliado contigo, e que tenhas um espírito alegre por estares na presença de Deus. Precisas olhar para ti mesmo como convidado de Deus, para te alegrares à sua mesa. Ora, este é um grande mistério da piedade, que ao mesmo tempo deve ocorrer a visão do Cristo crucificado e uma alegria espiritual na certeza do amor de Deus em Jesus Cristo. Digo que é um mistério, e somente os crentes são capazes de entendê-lo, como seu coração pode estar quebrantado e ao mesmo tempo regozijar-se no indizível amor de Deus que aqui lhes é apresentado neste sacramento.

7. É preciso haver gratidão. Por essa razão, este sacramento é chamado de "eucaristia". Onde um dos evangelistas diz: "Cristo abençoou o pão", outro diz: "Cristo deu graças". Quando Cristo instituiu este sacramento, ele deu graças. Ele deu graças? Pelo quê? Ele deu graças a Deus Pai por ter se

agradado em enviá-lo ao mundo para morrer pelas pobres almas. Agora, será que Jesus Cristo deu graças ao Pai por aquilo que lhe custou a vida? "Sim", disse Cristo, "Eu vejo que aqui existe uma forma de salvar almas, e, mesmo que me custe a vida, eu te bendigo, ó Pai, se as almas puderem ser salvas, embora isso me custe a vida". Cristo regozijou-se no espírito ao agradecer a seu Pai por isso. À vista disso, como nosso coração deveria alargar-se com gratidão quando chegamos a isto que os antigos costumavam chamar de "eucaristia", ou seja, "ações de graças"! Devemos dar graças a Deus por cada misericórdia.

Não comerás tuas refeições normais sem dar graças, mas quando nos chegamos para receber este pão, este pão da vida, eis aqui um motivo de ações de graças, aqui está uma razão para alargar a alma. Vocês que têm a alma mais morta e embotada, ou o espírito mais correto, quando vêm aqui e entendem o que estão fazendo, não têm como não ver razão para o alargamento do seu coração e desejar que tivessem dez mil vezes mais força para expressar os louvores do Senhor. Eis aqui uma coisa que precisa ser alvo das aleluias e louvores que anjos e santos haverão de entoar nos mais altos céus.

Será que sabes o que o Senhor te apresenta aqui? É mais do que se o Senhor dissesse: "Farei dez mil mundos por causa desta criatura, e lhe darei todos esses mundos". Se isso acontecesse, te sentirias obrigado a bendizer ao Senhor. Quando Deus, no pão e no vinho, te estende o corpo e o sangue do seu Filho, somente aqui já tens mais razões de louvor do que em dez mil mundos que te fossem presenteados. E por essa razão Deus espera que digas à tua alma: "Bendize, ó minha alma, ao Senhor, e tudo o que há em mim bendiga ao seu santo nome. Bendize, ó minha alma, ao Senhor, e não te esqueças de nem um só de seus benefícios. Ele é quem perdoa todas as tuas iniquidades; quem sara todas as tuas enfermidades" (Sl 103.1-3).

Ó pobre alma, eis aqui o fundamento de todas as misericórdias. Será que louvas a Deus pela justificação? Pela santificação? Eis aqui uma gloriosa aplicação da misericórdia de Deus à alma dos pecadores, e, por essa razão, se em alguma ocasião já te sentiste agradecida, sê agradecida aqui. O Dia de Descanso, meus irmãos, é indicado para ser o constante dia de ações de graças pelas grandes misericórdias de Deus em Cristo, e existem outros dias para agradecer as misericórdias que a nação recebeu. Ora, uma obra especial do Dia do Senhor é a celebração deste santo sacramento. E os cristãos, antigamente, costumavam fazer isso em cada Dia do Senhor, por ser este o dia indicado por Deus para ser o dia de ações de graças por esta grande misericórdia, o Senhor Jesus Cristo. E essa é a razão por que o sábado foi mudado. O último dia da semana era o sábado judeu, e se destinava a celebrar o memorial da criação do mundo. E o primeiro dia agora é para ser o dia das ações de graças por toda a obra de Deus na redenção do homem.

8. Se quiseres santificar o nome de Deus, precisas renovar tua aliança, essa é a finalidade deste sacramento. Precisa acontecer uma verdadeira renovação da tua aliança com Deus. "Eu venho receber o pão e o vinho, e isso serve de selo da aliança por parte de Deus. Agora, se aceito esses selos, pela própria natureza da coisa fica implícito que estou disposto a colocar também o meu selo nessa aliança para a qual Deus me chama, renovando-a".

Os homens e mulheres que são salvos são salvos pela eficácia da aliança da graça, e ali Deus, por sua parte, faz uma aliança e promete que dará vida e salvação por meio do seu Filho, e tu precisas, igualmente, por tua parte, vir e crer em seu Filho e arrepender-te, o que é o teor do evangelho.

Toda vez que vens receber este sacramento, vens para renovar essa aliança. É como se dissesses: "Senhor, te agradaste em fazer a aliança da graça. Uma vez que a primeira aliança foi quebrada e todos os homens caíram por meio daquela aliança, agora fizeste uma aliança com base na graça e chamaste teus servos, a quem pretendes salvar, que renovem a sua aliança contigo neste teu sacramento. Senhor, aqui venho eu; e, Senhor, aqui renovo esta aliança e coloco meu selo nela, empenhando-me contigo, assim como espero receber qualquer bem da parte de Cristo, assim, Senhor, me declaro teu. Entrego-me para sempre a ti, assim como me deste o corpo e o sangue de Cristo para minha salvação. Assim, Senhor, aqui consagro meu corpo e sangue a ti; até a última gota do sangue do meu coração te dou. E assim também declaro teus a minha força, meus bens, meu nome, e tudo o que sou ou ainda virei a ser".

Será que foi isso que fizeste quando vieste receber o sacramento? Será que de verdade renovaste a tua aliança com Deus? Tu que tomaste o corpo de Cristo, apresentaste o teu corpo a ele? Por que razão, então, pecas tanto com teu corpo? Por que maltratas teu corpo com impureza? E bebedeira? E outras impiedades mais? Ó, profanas o nome de Deus e o próprio corpo e sangue de Cristo neste sacramento, se não entregas teu corpo e alma a Deus nessa forma de aliança.

9. Em último lugar, para santificar o nome de Deus neste sacramento é preciso renovar o amor, é preciso vir com disposições amorosas e renovar a graça do amor, não apenas para com Deus, mas também para com nossos irmãos. Pois este é o banquete do Senhor, e é um ato de comunhão, não apenas com Cristo, mas com as suas igrejas, com os seus santos. Como já lhes disse que existe da nossa parte uma profissão de que somos do mesmo corpo com Jesus Cristo, então o Senhor exige que não briguem os seus filhos que vêm à mesa, mas que ali haja amor e paz. Quando vens ao sacramento, existe

sobre ti um poderoso compromisso, e, por isso, antes de vir, é preciso deixar de lado toda indisposição e rancor de coração. Depois, precisas vir com uma disposição de desconsiderar todas as fraquezas de teus irmãos.

Neste sacramento, recebo o selo da disposição de Deus de desconsiderar todos os meus pecados, e, por isso, preciso estar disposto a desconsiderar todas as fraquezas dos meus irmãos. Preciso agora lançar fora toda a má vontade para com os outros e chegar-me com um desejo de todo o bem para com eles, com um coração pronto a aproveitar qualquer oportunidade de lhes fazer o bem. Mentes a Deus se não vens com um coração assim: "Senhor, sabes que estou disposto a aproveitar todas as oportunidades de fazer o bem àqueles com quem agora comungo, pois esta é a comunhão mais chegada que pode existir neste mundo entre duas criaturas". E essa é a razão por que essa ordenança de Cristo deve ser instituída em todo lugar para expulsar os indignos, porque ela é a maior união e comunhão que é possível existir. Os que dela participam são todos igualmente membros de Cristo.

Agora, se pensas que determinada pessoa não é membro de Cristo, por que então não fazes o possível para vê-la expulsa? Mas enquanto não conversares em particular com ela, nem o disseres à igreja, tu a consideras como membro de Jesus Cristo. Se fazes isso, toma cuidado com a maneira que teu coração está afastado dela; cuidado como te comportas com essa pessoa. Toma cuidado com a forma controversa e contenciosa com que te comportas com ela e dela te afastas ou te manténs afastado. Por pior que ela seja, fica sabendo que profanas esta santa ordenança toda vez que vens participar dela com esse tipo de atitude no coração.

"Senhor, se não encontras esse amor renovado, então já começou uma estranheza entre mim e aqueles que comungam comigo. Mas, Senhor, tu nos permitiste vir uma vez mais a esta ordenança que deve unir nosso coração mais do que jamais estiveram. Quero esforçar-me para fazer o bem que me for possível fazer ao meu irmão, de tal forma que, assim como nos unimos aqui para o banquete do Senhor para nosso bem-estar, assim possamos viver juntos em paz e amor como convém aos santos de Deus e membros do corpo de Jesus Cristo." Oh! Como estão longe as pessoas de uma obra de Deus como esta! O Senhor espera que essa seja tua atitude toda vez que vieres à santa comunhão.

Mencionamos, então, nove itens para santificar o nome de Deus quando vimos participar do sacramento, mas, ó Senhor, como temos motivo para bater no peito arrependidos! Pois se santificar o teu nome é isso, então tudo tem sido um enigma, um mistério para nós.

Certamente, meus irmãos, essas coisas apresentadas são a verdade de Deus, e se vocês têm sido faltosos em qualquer delas, saibam que têm tomado o nome de Deus em vão nesta santa ordenança. Vocês não têm recebido este sacramento de maneira digna. É preciso que considerem os caminhos em que têm andado e se humilhem por causa dos seus pecados, e não se mostrem insolentes como alguns o fazem. Eles têm necessidade de participar da comunhão, mas apelo à consciência: será que vocês têm se arrependido de profanar o nome de Deus? E é disso que deveríamos ter falado anteriormente, que Deus haverá de ser santificado. A verdade é que, se não santificarmos o nome de Deus, tudo isso operará de forma contrária.

A finalidade original do sacramento é selar nossa salvação, mas, se não santificarmos o nome de Deus, ele selará a nossa condenação. Se o teu empenho não tem sido santificar o nome de Deus toda vez que tens recebido o sacramento, tens sido selado para tua condenação. Muitos homens e mulheres têm sido selados com, talvez, trezentos ou quatrocentos selos para sua condenação — tantas vezes quantas têm participado do sacramento sem santificar o nome de Deus.

Mas, para teu consolo, digo isto: enquanto estás vivo, é possível, ainda, que esses selos sejam quebrados. Lemos, no livro do Apocalipse, que João viu o livro que tinha sete selos, e não se achava ninguém que fosse capaz de abri-los. Por fim, o Cordeiro que foi morto foi achado digno de abrir o livro. De forma que te digo: tua condenação está selada com muitos selos, e não existe criatura capaz de cancelar esses selos; somente o Cordeiro, Jesus Cristo. Sim o Cristo cujo sangue tu derramaste e do qual és culpado, unicamente ele é digno; e ele está disposto a abrir esses selos, assim como aconteceu com aqueles que crucificaram a Cristo, mas foram salvos pelo mesmo sangue que haviam derramado, conforme se lê em Atos 2.

Assim, embora tenhas sido culpado de derramar o sangue de Cristo repetidas vezes por chegar de maneira profana ao sacramento, sabe, contudo, uma vez que existe vida em ti e pelo fato de se estender o dia da graça, que é possível que tua alma seja salva por esse sangue que crucificaste. Ó, quantos não são cortados, pessoas que dessa forma profanaram o nome de Deus neste sacramento e nunca chegaram a compreender como isso é perigoso! Foram eliminados e agora estão arruinados para sempre. Então, bendize a Deus porque estás vivo para ouvir mais a respeito deste sacramento e como o nome de Deus deve ser santificado, agradece que estás vivo e tens tempo para te arrependeres desse grande mal de profanar o nome de Deus neste santo sacramento.

13

Celebrar o Sacramento Conforme Foi Instituído

"Serei santificado naqueles que se chegarem a mim" (Levítico 10.3)

Há mais uma coisa a respeito da santificação do nome de Deus no sacramento que claramente nos diz respeito. É celebrar o sacramento da mesma forma que foi instituído, pois essa forma de adorar a Deus depende unicamente da instituição, ou seja, de uma lei declarada, a vontade de Deus. Existem alguns deveres de adoração que são naturais, que, pela luz da natureza, conseguimos entender que são devidos a Deus; mas o sacramento é um dever de adoração a que só chegamos pela instituição, e, se Deus não o tivesse revelado, não seríamos obrigados a celebrá-lo. Por essa razão, com respeito a esses deveres instituídos, Deus é muito criterioso. Precisamos ser muito exatos, sem errar nem para a direita nem para a esquerda, não fazer nenhuma alteração nos pontos que foram instituídos.

1. Com respeito à instituição deste sacramento, nós a encontramos em mais de um evangelista. Em Mateus 26.26, encontramos que Cristo e seus discípulos comeram juntos o sacramento. Eles estavam juntos sentados à mesma mesa, por isso é chamada de mesa do Senhor em alguns lugares da

Escritura. Por isso, esta é a primeira coisa que está de acordo com a instituição, que os participantes da comunhão precisam vir à mesa o mais perto que puderem, tantos quantos puderem sentar-se a ela, e todos devem chegar o mais perto possível, porque de outra forma vocês não serão capazes de alcançar a finalidade pela qual Deus quer que venham para receber.

A finalidade é lembrar a morte de Cristo. Ora, a não ser que vocês sejam capazes de enxergar isso, de ver o que está sendo feito, de ver e ouvir o que está acontecendo, não há como alcançarem plenamente a finalidade indicada, pois este é um sacramento que apresenta aos seus olhos a morte de Cristo e os grandes mistérios da salvação, e por isso, está de acordo com a instituição, que cada comungante deve estar onde consiga ver o que está sendo feito. Ele precisa encontrar-se onde consiga ver o partir do pão e o derramar do vinho. Com certeza, tem sido irregular a maneira de o povo ficar sentado nos bancos aqui e acolá em todo lugar da congregação, e o ministro ir para cá e para lá onde eles estão, de forma que não conseguem ver nem ouvir coisa alguma.

É muito importante, para alcançar a finalidade da instituição, que todos os comungantes contemplem o partir do pão e o derramar do vinho no sacramento, e por isso todos deveriam vir juntos ali, quantos puderem sentar à mesa do Senhor, ou os que não puderem pelo menos chegar perto dela. E isso é importante não somente por causa do exemplo de Cristo, por ele ter feito isso, mas porque isso tem um significado espiritual, e essa é a razão por que deve ser feito assim.

Encontramos em Lucas 22.22 a instituição do sacramento. A respeito de eles virem e estarem com Cristo à mesa, ele mesmo diz nos versículos 29 e 30: "E eu vos destino o Reino, como meu Pai mo destinou, para que comais e bebais à minha mesa no meu Reino e vos assenteis sobre tronos, julgando as doze tribos de Israel". Ele disse isso a respeito da ocasião em que os discípulos estavam sentados com ele à mesa, quando comeram o pão e tomaram o cálice. A respeito dessa ocasião, Cristo disse aos seus discípulos: "E eu vos destino o Reino, como meu Pai mo destinou, para que comais e bebais à minha mesa no meu Reino e vos assenteis sobre tronos, julgando as doze tribos de Israel".

É como se Cristo dissesse: "Vocês podem sentar-se à minha mesa aqui, e saber que esse sentar-se comigo à minha mesa é apenas um prelúdio, uma antecipação da comunhão que terão comigo em meu reino. Vocês gozarão esta comunhão familiar comigo quando eu vier em meu reino, para sentarem-se, por assim dizer, comigo, para se regozijarem comigo em meu reino julgando as doze tribos de Israel, assim como vocês fazem agora nesta santa comunhão alegrando-se comigo sentados à minha mesa". Essa é a avaliação de Cristo, de forma que a postura no sacramento não é uma coisa sem importância. Até o presente momento, pensava-se que não era razoável questionar a respeito da postura que se deve ter durante o sacramento.

Ora, isto que foi instituição de Cristo, e que traz em si um significado espiritual, não é algo indiferente, pois não somente comer o pão e beber o vinho têm significado, mas também a maneira como nos portamos para termos comunhão com Jesus Cristo aqui para demonstrar a comunhão que teremos com ele no reino do céu. Assim, o povo de Deus seria privado de um grande conforto, e de um benefício especial deste santo sacramento, se não pudessem recebê-lo sentados.

Cristo disse que o nosso sentar com ele aqui é uma expressão do nosso sentar com ele quando vier no reino do céu; por essa razão alguns querem ajoelhar-se porque desejam receber o sacramento com mais reverência. Com certeza, se fosse um assunto indiferente, como alguns dizem ser, seria outra coisa; mas dizer que sentar-se não é reverente é acusar o próprio Cristo de falta de reverência, como se ele tivesse indicado uma forma ou quisesse que seus discípulos se portassem de forma não reverente.

Cristo diz: "Minha intenção, com a sua postura, é expressar o seguinte: embora vocês sejam pobres e miseráveis vermes, o meu amor por vocês é tanto que podem sentar-se comigo quando eu vier em meu reino, e podem julgar as doze tribos de Israel". E toda vez que vocês vierem à sua mesa e ali sentarem ou chegarem perto, tenham em mente que existe um momento em que, embora vocês sejam criaturas pobres e indignas, dignas apenas de ficar entre os cães, a misericórdia de Deus é tanta para conosco que ele determinou que tenhamos uma comunhão familiar com o Senhor Jesus Cristo quando entrarmos em seu reino para sentar com ele, e até julgarmos as doze tribos de Israel, sim, julgaremos o mundo todo. Assim diz a Escritura: "Não julgarão os santos o mundo?" Essas coisas atrapalham a meditação espiritual e o conforto que os santos têm. Por isso, precisamos olhar para a instituição e segui-la. Essa é a primeira coisa a respeito de sentar com Cristo à sua mesa.

2. O pão, sendo tomado pelo ministro, deve ser abençoado, partido e então distribuído. Cristo o tomou, abençoou e partiu, e o entregou; e o povo que estiver ali deve ver tudo isso, deve ver o ministro tomar, abençoar, partir e dar, e depois o cálice também. Vemos Cristo, em Mateus 26.27, primeiro abençoando o pão, e então ele abençoou o cálice de modo distinto, dizendo: "porque este é o meu sangue, o sangue da aliança, que é derramado por muitos para remissão de pecados".

Vocês podem observar que o texto diz: "Ele tomou o cálice e disse: Bebei dele todos". De forma que não está de acordo com a instituição que um ministro vá daqui para ali dando-o na mão de cada pessoa. Certamente, não era assim desde o princípio. Isso é invenção do homem, o ministro dar o pão e o cálice na mão de cada um. Cristo o deu de uma vez, ele o deu a eles e disse: "Bebei dele todos". Foi assim que fez.

Pergunta: "Não é melhor que seja dado na mão de cada um?"

Resposta: Não, porque dá-lo a todos de uma vez expressa mais plenamente a comunhão e ligação que existe entre os comungantes. Numa mesa, seria estranho se cada pedaço de comida fosse dado a cada um em particular. Não, os pratos têm de ser colocados diante dos participantes e eles mesmos devem tomar o alimento. De fato, quando são crianças, cortamos cada pedaço de alimento e lhes damos nas mãos ou na boca. Mas para uma comunhão à mesa o modo apropriado é colocar o alimento diante dos participantes, abençoá-lo e deixar que todos participem dele.

E, além disso, o costume de dá-lo na mão de cada um com certeza nos veio dos papistas, de um conceito papista supersticioso, pois eles o dão na boca de cada comungante para que o povo não o suje com as mãos, e tinha o objetivo de trazer mais reverência ao sacramento. Ora, é um grande perigo aceitar as invenções humanas para produzir mais reverência. Precisamos olhar para a ordenança de Cristo. Ele a deu de uma vez e disse: "Bebei dele todos"; deu de forma geral a eles todos, e assim os ministros também devem fazer.

Além disso, seria de admirar que os ministros o dessem em particular e não em geral à igreja, pois por esta forma os ministros se livram eles mesmos de um grande fardo de culpa. Se o distribuírem eles mesmos, parecerá que o ministro é que deve examinar a congregação para ver se estão prontos para receberem o sacramento; mas a verdade é que ver quem está ali para participar é uma tarefa que cabe também à igreja, além do ministro, para não acontecer que ele diga: "O corpo do Senhor Jesus Cristo te foi entregue a ti", quando ele sabe que as pessoas são profanas e ímpias.

Cabe ao ministro cuidar para não mentir; mas quando o ministro distribui o sacramento de forma geral à igreja e diz: "Tomai, comei" e "Tomai, bebei", ele não o está dando a ninguém em particular. Agora, então, a sua responsabilidade é dividida com a igreja, e, se há alguém indigno, que a igreja cuide disso tanto quanto ele. Sendo ministro designado, o dever diz mais respeito particularmente a ele do que a quaisquer outras pessoas. Até aqui, o encargo repousava muito sobre o ministro, mas ele, de acordo com a instituição, não deve dar o sacramento a ninguém em particular, mas em geral a toda a igreja. E, por essa razão, se houver alguma pessoa em particular que o ministro, por informação específica, sabe que é ímpia, ele pode em grande parte livrar-se protestando contra essa pessoa, pois não recai somente sobre ele impedir que alguém participe do sacramento. Mas se ele se manifestar contra determinado homem, a igreja precisa unir-se com ele para fazer com que essa pessoa não participe do sacramento. E essa é a próxima coisa com respeito à instituição. Cristo não a deu especificamente na mão de ninguém, mas a deu a todos, dizendo: "Bebei e comei dele todos vós".

3. No momento em que os comungantes estão tomando, comendo e bebendo o pão e o vinho, eles devem todos conduzir os pensamentos para a morte de Jesus Cristo, pois esta foi a instituição: "Fazei isto em memória de mim". Não se deve fazer nada no espaço de tempo entre o receber do sacramento, nada além de pensar naquilo que se está fazendo, ou seja, lembrar a morte de Jesus Cristo e discernir o corpo do Senhor. Não apenas quando vocês tomam o pão e o vinho por si mesmos, mas quando veem o pão sendo partido e o vinho derramado e veem os outros tomando o pão e o vinho,

todo esse tempo vocês devem pensar na morte de Cristo e discernir o corpo do Senhor.

E considerem que esses elementos visíveis significam e selam o grande benefício da aliança da graça. Por isso, não está de acordo com a instituição cantar salmos enquanto se está recebendo o sacramento, fazendo que os seus pensamentos se desviem para outras coisas. Cantar salmos em seu devido tempo é algo bom, mas fazer isso no momento em que a morte de Cristo é apresentada diante de vocês, e Cristo os chama para contemplarem seu corpo e pensar naquilo que ele fez e sofreu, isso não é momento apropriado para cantar. Se vocês lerem como foi feita a instituição, verão que Cristo, depois de tudo terminado, então, sim, cantou um salmo. Assim, de acordo com essa instituição, é depois de comer e beber que a igreja deve unir-se e cantar um salmo de louvor a Deus.

E então é preciso que todos pensem juntos a mesma coisa, pois é isso que deve acontecer no sacramento. Aquilo que um faz, todos devem fazer igualmente, pois quando uma parte canta e a outra espera pelo pão e vinho, isso não é apropriado para a santa mesa e a comunhão que Deus requer de nós. Embora essas duas coisas em si mesmas sejam coisas boas para fazer, quando estamos no meio desta santa ordenança, visto que é uma ordenança que visa à comunhão, todos devem fazer a mesma coisa ao mesmo tempo. E assim, quando todos tiverem terminado de comer e beber, então todos se unem para cantar em louvor a Deus.

Ora, à primeira vista, isso pode parecer estranho a muita gente, mas reparem nisto: atenham-se à instituição enquanto celebram o sacramento. Embora vocês pensem que é um modo mais simples, haverão de encontrar maior beleza nesta ordenança do que jamais encontraram em sua vida, pois quanto mais nos atemos à instituição de Cristo, e não misturamos nada que venha de nós mesmos, mais glória, beleza, e excelência aparecerão nas ordenanças de Jesus Cristo.

Mas quando alguém mistura alguma de suas próprias invenções, embora o faça com boas intenções, e pense estar acrescentando maior brilho ao sacramento, a verdade é que aquilo que ele pensa ser maior brilho, reverência ou honra, na verdade tira o brilho e a glória do sacramento. As instituições de Cristo são gloriosas quando não existe nenhuma mistura que lhes tenha sido acrescentada.

Assim, precisamos santificar o nome de Deus ao receber este santo sacramento. Já lhes foram apresentadas diversas coisas pelas quais vocês podem facilmente perceber que muito tem sido desonrado este sacramento, e que a beleza da sua glória tem sido ofuscada, e os santos têm sido estorvados em muito, não recebendo o benefício que deveriam receber participando dele.

Há mais uma coisa que preciso apresentar-lhes: as várias coisas em que devemos meditar enquanto recebemos o sacramento. Para a santa comunhão, recomendam-se as mais importantes reflexões, mais importantes, mais eficazes, mais variadas do que quaisquer meditações que tenhamos sugerido a respeito de qualquer outro assunto; e é um grande sinal de que homens e mulheres não discernem o corpo do Senhor se as suas meditações, nessa ocasião, são infrutíferas, estéreis. Por essa razão, pretendo sugerir algumas coisas em que meditar, de forma que a ordenança de Deus seja clara e familiar a cada comungante enquanto dela participa.

MEDITAÇÃO 1: A salvação é efetuada por meio de um Mediador. Não é apenas a misericórdia de Deus, Deus dizendo que está ofendido pelo pecado, mas que se satisfará em deixar isso de lado; não, isso acontece por meio de um Mediador. Sugerimos que se faça esta meditação da seguinte forma: Quando vejo o pão e o vinho, se consigo discernir o que significam, isso me lembrará de que o caminho da salvação do homem não vem unicamente do fato de Deus ter dito: "Bem, eu vou perdoá-los e acabou", mas há uma grande obra exigida por Deus para fazer expiação entre os pecadores e ele mesmo. Este sacramento nos apresenta isso muito bem. Por qual outra razão temos aqui pão e vinho, senão para indicar que o caminho da nossa reconciliação precisa ser por meio de um Mediador?

MEDITAÇÃO 2: Esse Mediador que se coloca entre Deus e nós é de fato e de verdade um homem. Ele assumiu nossa natureza. O pão nos lembra do corpo e o vinho, do sangue de Cristo; por isso, devemos meditar na natureza humana de Jesus Cristo. E essa meditação é extremamente poderosa. O quê? O Filho de Deus assumiu a nossa natureza humana? Ó, como Deus concedeu honra à natureza humana! Que eu, então, não abuse do meu corpo com as paixões, com a impiedade, uma vez que Jesus Cristo adotou um corpo humano, assumiu a natureza humana. Que eu dê honra à natureza humana que está tão estreitamente unida à natureza divina.

MEDITAÇÃO 3: Aqui se nos apresenta aquilo que esse Mediador fez para nos reconciliar com Deus. O seu corpo foi moído. Ele se sujeitou à moedura do seu corpo e ao derramamento do seu sangue para obter nossa reconciliação. Não é apenas, como já mencionei anteriormente, que Deus disse: "Eu vou perdoá-los", mas isso custou a Cristo estabelecer a paz entre o seu Pai e nós, quebrantar seu corpo e derramar seu sangue. Esta é uma meditação muito proveitosa. Ó, quanto deveríamos estar disposto a sofrer por Jesus Cristo em nosso corpo, resistir até ao sangue, uma vez que Cristo se dispôs a quebrantar seu precioso corpo e derramar seu sangue em nosso favor!

MEDITAÇÃO 4: Aqui temos oportunidade de meditar naquilo que a Escritura diz, que fomos salvos pelo sangue de Deus. É o sangue de Deus. "Eles crucificaram o Senhor da glória", é isso que diz a Escritura. Devemos considerar de quem é o corpo e o sangue, quando vemos o vinho derramado e somos lembrados do sangue. Não é outro senão o corpo e o sangue daquele que era verdadeiramente Deus, a segunda Pessoa da Trindade. Esse é o grande mistério do evangelho, e é muito necessário que pensemos a respeito disso quando vemos o corpo partido e o sangue derramado.

O quê? Será que partir o corpo e derramar o sangue de uma simples criatura será suficiente para restabelecer a paz entre Deus e o homem? É evidente que não. Por isso, vocês precisam meditar na Pessoa a quem pertence esse corpo. É o corpo e o sangue daquele que era Deus. É verdade, Deus não possui corpo nem sangue, mas a mesma pessoa que era Deus tinha corpo e sangue. Esse corpo e sangue estavam unidos com a divina natureza em uma união hipostática, e por isso possuía condições de satisfazer a Deus — pois nos reconciliar outra vez com Deus é o grande mistério da piedade.

MEDITAÇÃO 5: Quando vocês virem o pão partido e o vinho derramado, pensem assim: "Ó, o infinito horror da justiça de Deus! Como é terrível a justiça de Deus que, descarregada sobre seu próprio Filho, precisando ser cumprida por ele, teve de esmagá-lo e quebrá-lo, precisou derramar-lhe o sangue, exigiu tal sofrimento do seu Filho! A justiça de Deus é terrível. É preciso temer e tremer diante dela. Aqui vemos o que é exigido por causa do pecado do homem, e

Jesus Cristo mesmo teve de pagar tudo integralmente, sem misericórdia nenhuma".

MEDITAÇÃO 6: Aqui me é apresentado o que custou cada alma que será salva. Todo aquele que tiver sua alma salva a terá salva por meio de um resgate, por um preço pago que é mais digno do que dez milhões de mundos. Vocês consideram de pouco valor sua própria alma, mas se tiverem consciência de que estão salvos, ela custou mais do que se milhares de mundos tivessem sido dados a vocês, custou o derramamento do sangue de Cristo, cada gota do qual era mais preciosa do que dez mil mundos.

MEDITAÇÃO 7: Disso tudo vemos a maldade do pecado. "Como isso é terrível que fez tão grande separação entre Deus e minha alma, para que só um caminho desses e um meio desses pudesse limpar meu pecado! Eu teria de sofrer eternamente debaixo do peso do meu pecado, se Jesus Cristo, que é Deus e homem, não sofresse esse tanto por ele". Ó, essas meditações devem elevar o coração das pessoas!

MEDITAÇÃO 8: Contempla o infinito amor de Deus para com a humanidade, e o amor de Jesus Cristo, que, para Deus não ver os filhos dos homens perecendo eternamente, enviou seu Filho para assumir nossa natureza e assim sofrer essas coisas terríveis. É nisso que Deus mostra o seu amor. O amor de Deus não se mostra tanto em dar a vocês uma boa jornada e prosperidade material aqui neste mundo, mas "Deus amou ao mundo de tal maneira, que deu seu Filho Unigênito". E o Pai se agradou em moer seu Filho e derramar-lhe o sangue. Aqui está o amor de Deus e de Jesus Cristo. Ó, como essa meditação deve exercer sobre nós uma influência poderosa, vigorosa, atraente e eficaz!

MEDITAÇÃO 9: O crente é nutrido para a vida eterna, de forma que não existe o medo de que vá afastar-se totalmente de Deus e morrer em seu pecado. Por quê? Porque o corpo e o sangue de Cristo são dados para ele como sua nutrição espiritual. Por mais fraco que seja o crente, uma vez que Deus indicou o corpo e o sangue do seu Filho para que se alimente e beba num sentido espiritual, então com certeza o mais fraco do mundo será fortalecido para passar por todos os riscos e perigos que existem neste mundo. É isso que fortalece os crentes para encarar todo tipo de perigo. É isso que preserva a mais débil graça no crente, ou seja, o alimento espiritual que Deus o Pai indicou para eles, o alimentar-se do corpo e o beber do sangue do seu Filho. Esse é o alimento de fato e a bebida verdadeira que alimentam para a vida eterna.

MEDITAÇÃO 10: Quando vocês vêm ao sacramento, vendo o pão partido e o vinho derramado, têm oportunidade de meditar na Nova Aliança, a aliança da graça que Deus estabeleceu com os pecadores. Pois são estas as palavras da instituição: "Este é o cálice do Novo Testamento". O Novo Testamento, que é o Novo Pacto, difere apenas num particular. Ele contém a essência do Novo Pacto, mas é chamado de "testamento" no sentido que mostra que o Senhor faz tudo no Novo Pacto. Ou seja, ele não apenas promete tais misericórdias mediante a condição de crermos e nos arrependermos, mas opera a fé e o arrependimento, e opera a graça, e por isso a mesma coisa que às vezes é chamada de aliança é chamada também de testamento. Essa é a vontade de Deus na qual o Senhor transmite em herança os seus ricos legados aos seus filhos, àqueles que serão eternamente salvos, de forma que todas as boas coisas da aliança da graça são concedidas em herança por meio de testamento bem como por aliança. E essa é uma situação que produz tremendo conforto para os santos.

Na verdade, quando eles olham para o evangelho como uma aliança, pensam o seguinte: "Isso requer que façamos alguma coisa, e de fato Deus cumprirá a aliança da sua parte, mas pode ser que não cumpramos a nossa parte da aliança, e talvez acabaremos falhando afinal". Mas se vocês olharem todas as boas coisas do evangelho que são dispensadas na forma de testamento, ou seja, a determinação de Deus, os legados que ele transmite em herança aos seus servos, é um tremendo conforto para a alma que todas as coisas preciosas do evangelho me vêm a mim na forma de um testamento. E esse é o significado do Novo Testamento, ou seja, as misericórdias de Deus em Cristo vindo agora na forma de uma administração diferente da anterior. Não é nova somente com respeito à aliança das obras que Deus fez com Adão, mas nova em respeito à administração. Nossos antepassados, os patriarcas, receberam a mesma coisa em essência, mas administrada de forma diferente, e as diferenças são muitas. Mas quando ouvimos do Novo Testamento, ali nos são apresentadas as riquezas do pacto da graça na forma de herança e na administração dele com clareza e com imensa misericórdia e bondade da parte de Deus; são removidos o terror e a dureza da antiga administração.

Essas são, então, as meditações por meio das quais devemos esforçar-nos para santificar nosso coração quando estamos recebendo o sacramento. E trazendo essas meditações em nosso coração, com certeza santificaremos o nome de Deus quando estivermos nos achegando a ele nesta santa ordenança sua.

Depois, precisamos incitar as santas disposições de que falamos anteriormente. Não basta ao cristão trazer graça ao sacramento; precisa haver um despertar dessa graça naquele momento, de outra forma o nome de Deus não é santificado quando se recebe o sacramento. E acima de todas as graças está o exercício da graça da fé. Não basta que vocês sejam crentes, é preciso que sua fé seja exercitada naquele exato momento.

Primeiro, quando ouves o ministro dizer, em nome de Cristo: "Este é o corpo de Jesus Cristo, que foi dado por vós. Tomai, comei", é preciso que exerças tua fé de tal maneira na misericórdia de Deus em dar Jesus Cristo para nutrir tua alma para a vida eterna, que seja como se ouvisses uma voz do céu dizendo: "Aqui está o corpo do meu Filho dado especificamente por ti. Toma e come-o, aplica-o a ti mesmo, e assim faze de Cristo um contigo mesmo pela fé, assim como o pão se torna um com teu corpo quando o comes".

E quando vens pegar o pão, deves apresentar e pôr em ação tua fé, essa fé que é a mão da alma. E no instante em que tomas o pão e o pões na boca para comer, deves exercer novo ato de fé, apropriando-te mais ainda de Cristo. Lembra-te de como fizeste no início da tua conversão, quando Cristo te foi apresentado na Palavra ou de alguma outra forma. Ali houve o exercer de um ato de fé, por meio do qual tua alma se lançou e se apoiou em Jesus Cristo. Assim deves renová-lo. Renova a mesma obra da fé que exerceste na tua primeira conversão, e por meio dela terás renovado conforto.

Eu poderia citar outras graças e disposições para vocês, como elas devem ser despertadas e como agir com base nelas, lembrando apenas que paro por aqui com este lembrete: não é suficiente possuir a graça para participar do sacramento da Ceia do Senhor; é preciso agir com base nela e despertá-la. Muitos cristãos são cuidadosos na preparação e no exame prévio para ver se possuem graça ou não, mas na hora quando vêm receber o sacramento, não fazem com que atue essa graça nem a despertam. E assim perdem o conforto e o benefício desta ordenança. O que dissemos até aqui deve ser o bastante para o assunto de santificar o nome de Deus no receber da santa comunhão.

14

SANTIFICAR O NOME DE DEUS NA ORAÇÃO

"Serei santificado naqueles que se chegarem a mim" (Levítico 10.3)

Chegamos, agora, ao último ponto: santificar o nome de Deus na oração. Em primeiro lugar, falemos da oração. Nela, nos aproximamos de Deus, e ela é um dever na adoração a ele. Acredito que todos vocês reconhecem isso, que essa é uma obrigação natural da adoração. O outro sacramento foi instituído, mas a oração é natural. É natural que a criatura se aproxime de Deus em oração, por meio da qual a criatura apresenta seu respeito a Deus, manifesta que depende dele em tudo o que tem, e reconhece Deus como o Autor de todo o bem. Por isso, a oração é adoração, e é uma parte importante da adoração.

A oração é tão importante na adoração, que, às vezes, nas Escrituras, ela é apresentada como se fosse toda a adoração. "Aquele que invocar o nome de Deus será salvo", ou seja, aquele que adora a Deus de forma correta. Jeremias 10.25: "Derrama a tua indignação sobre as nações que não te conhecem e sobre os povos que não invocam o teu nome;", que não oram, ou seja, que não te adoram. Ali uma parte da adoração é apresentada em lugar do todo, como sendo a parte principal da adoração a Deus.

É evidente que devemos santificar o nome de Deus na oração, pois é ela que santifica todas as coisas para nós. 1Timóteo 4.5: "porque [tudo], pela palavra de Deus e pela oração, é santificado". E, se o argumento de Cristo estava certo (como sem dúvida estava), que o altar era maior do que o ouro colocado sobre o altar (porque o altar santificava o ouro), então o altar era maior do que a oferta que era feita sobre ele (porque ele santificava a oferta), então a oração deve ser uma importantíssima ordenança, maior do que qualquer outra porque ela santifica todas as coisas. A Palavra santifica a criatura, mas a oração santifica a própria Palavra para nosso uso, por isso, quando lemos a Palavra, devemos orar para a usarmos de forma santificada.

A oração é uma importante ordenança, um grande dever de adoração que a tudo santifica. A oração tem uma voz operante em todas as grandes obras de Deus no mundo, os grandes assuntos do reino de Cristo. Torno a repetir: a oração tem uma espécie de voz que modela e ordena, em sujeição a Deus, as grandes coisas deste mundo. Elas acontecem de acordo com as orações dos santos. As orações fazem descer bênçãos sobre os piedosos; e juízos sobre os ímpios. As orações dos santos são os frascos derramados de maneira especial sobre a cabeça dos ímpios. Por essa razão, o nome de Deus deve ser santificado em oração.

Ele deve ser santificado, primeiro, na preparação. Salmo 10.17: "Tens ouvido, Senhor, o desejo dos humildes; tu lhes fortalecerás o coração e lhes acudirás".[6] É o Senhor que prepara o coração, e então é ele que faz os teus ouvidos ouvirem. Por isso, em 1Pedro 4.7, recebemos ordem de "vigiar em oração". Homens e mulheres devem vigiar cuidadosamente

---

6 N. do T.: A tradução do autor diz: "Tu prepararás o seu coração. Farás com que eles ouçam".

o coração e a mente de forma que não sejam atrapalhados em suas orações; se fizerem isso, estarão sempre prontos e preparados para orar.

A oração é o que nos ajuda contra as tentações para o mal. Se eu der lugar a tais e tais tentações, isso atrapalhará minhas orações. Não terei a liberdade em oração que de outra forma teria, se eu der lugar a tais e tais coisas. Por isso, devo ser cuidadoso quanto a esse assunto, ou serei atrapalhado em minhas orações.

É como se o apóstolo tivesse dito: "Esta deve ser a preocupação dos cristãos. Então eles devem santificar o nome de Deus em oração, se essa deve ser a sua grande preocupação, para nada neste mundo lhes atrapalhar as orações".

Ó, que eu seja cuidadoso para nada atrapalhar minhas orações! Se eu sair de casa com meus amigos, me divertir e me alegrar, brincar e beber, será que isso não vai atrapalhar minhas orações? Será que isso não atrapalhará a espiritualidade do meu coração em comunhão com Deus em oração quando eu voltar para casa à noite? Pergunto a ti: tens tido essa liberdade em oração depois de agir dessa forma? É evidente que não; por isso, vigia em oração.

A preparação do coração para orar

Precisamos primeiro compreender qual é o propósito da nossa vida e, depois, o que precisa ser feito quando vamos orar.

Em primeiro lugar, qual é o propósito da nossa vida? Esforçar-nos para manter todas as coisas justas e puras entre Deus e nossa alma, de forma que possamos vir sem algemas nos pés, sem culpa na consciência. As pessoas que, quando vêm orar, são acusadas pela própria consciência de que deram lugar a caminhos indignos e pecaminosos, essas naufragam pela culpa do próprio coração. Mas aqueles que mantêm a paz com Deus em sua maneira de viver possuem outro tipo de liberdade na oração, diferente daqueles que andam relaxadamente e se tornam culpados em seu espírito.

A segunda coisa é conservar o coração sensível à nossa contínua dependência de Deus, sensível a como dependemos de Deus para tudo que somos, tudo que temos e tudo que fazemos. Toda bênção procede de Deus. Os raios do sol não dependem tanto do sol como nós dependemos de Deus. Se ele se afastar só um pouquinho de nós, todos afundaremos no vazio e pereceremos eternamente. A pessoa que a cada dia e hora percebe a sua infinita dependência de Deus para sua situação presente e eterna está pronta para orar. E essa deve ser nossa preocupação, conduzir-nos de tal forma a cada hora do dia, em cada minuto de cada hora, que estejamos prontos para a oração.

Esse é um dos significados de 1Tessalonicenses 5.17: "Orai sem cessar". Não é que precisamos orar a cada momento, mas devemos guardar o coração numa atitude de oração. Consegues orar quando dás lugar a tuas paixões e te destemperas? Tua consciência te dirá que não estás pronto para orar naquela hora. Certamente, se não estás pronto para orar, não estás pronto para viver! Estás numa péssima condição toda vez que não estás pronto para orar, e não há desculpa aceitável em teu favor para justificar o fato de não estares pronto para orar a qualquer hora.

Devemos depender de Deus continuamente para tudo, e precisamos da bênção dele para todas as coisas. Essa é a razão por que deves estar numa condição adequada para orar a todo tempo, mas quando vens orar numa hora estabelecida para isso precisa haver uma preparação especial. Em primeiro lugar, deves preparar-te obtendo novas e poderosas percepções da glória de Deus, diante de quem estás te apresentando. Prepara-te através de meditações a respeito da glória do Deus infinito a quem vais te dirigir agora. Enche teu coração de pensamentos e meditações a respeito da glória desse grande Deus. Em segundo lugar, esforça-te para teu coração ficar sensível para o que estás para fazer. Estou, agora, dirigindo-me a Deus. Para quê? Para o perdão dos meus pecados, para assegurar-me do seu amor, para obter poder contra o pecado, ou para tais e tais misericórdias. Por meio da meditação, vou preparar meu coração, tornandoo sensível para as coisas para as quais estou indo a Deus, avaliando corretamente o valor das misericórdias pelas quais estou orando, e para meu coração ser influenciado por elas. Em terceiro lugar, esforça-te para teu coração separar-se do mundo e de todas as coisas que estão aqui embaixo no mundo. Essa deve ser a terceira coisa no curso da sua vida. Não deves nunca entregar teu coração a nenhuma criatura, nem aos negócios ou prazeres do mundo, mas deves ser tal que possas ordenar a teu coração, quando quiseres, convocando-o para apresentar-se a Deus em oração. E então, quando vieres orar, deve haver uma real separação do teu coração de todas as coisas do mundo, uma dedicação de ti mesmo a Deus nesse tempo como alguém que não tem nada a ver com o mundo, nada a ver com coisa alguma além do dever ao qual te estás dedicando agora. Essa é a preparação do teu coração para a oração no curso da tua vida.

A oração

Precisamos primeiro considerar o assunto da oração e depois a maneira de orar. Quanto ao assunto, precisamos nos certificar de que seja de acordo com a vontade de Deus. 1João 5.14: "Esta é a confiança que temos para com ele, que se lhe pedirmos alguma coisa conforme a sua vontade, ele nos ouve". Por essa razão, quanto ao assunto da oração, precisamos certificar-nos de que é bom aquilo por que oramos. Deve ser algo para a glória de Deus, para o nosso próprio bem, e para o bem dos nossos irmãos.

1. A glória de Deus deve ser o assunto principal das nossas orações. Assim, quando Cristo nos ensina a orar, ele começa com a primeira petição em Mateus 6.9,10: "santificado seja o teu nome; venha o teu reino; seja feita a tua vontade". Começa com a glória de Deus. Coloca isso no lugar principal, acima de todas as outras coisas. Deus permite que ores pelas coisas materiais, mas primeiro pela glória dele, ocupando-te disso antes do teu próprio bem-estar, antes do perdão dos pecados e do teu pão diário. Como são poucos os que santificam o nome de Deus nisso!

As pessoas têm pouca disposição de orar se não estiverem sofrendo alguma aflição ou se não estão doentes e acamadas. Aí, sim, vão orar. Quando estiverem no meio das tormentas, aí, então, vão apelar para a oração. Parece que o assunto principal das suas orações é unicamente em seu próprio favor. Mas que lugar ocupa esse tempo todo em teu coração o assunto da glória do grande Deus e o bem-estar das igrejas? Como é que o teu coração tem sido influenciado com isso, que o nome de Deus tem sido tão pouco santificado no mundo, que o reino de Deus não tem vindo, e que a vontade de Deus não tem sido feita? Será que essas coisas têm despertado teu coração para a oração, os assuntos da glória de Deus e o bem-estar das igrejas, mesmo que não tenhas nenhum interesse particular nelas? Se essas coisas têm despertado teu coração para orar, então, quando estiveres atribulado, haverás de lembrar a causa das igrejas tanto quanto as tuas próprias necessidades.

A igreja se encontra, por assim dizer, no meio do mar, jogada para lá e para cá numa grande tormenta. E por que não oras tão fervorosamente pelo reino de Cristo entre as suas igrejas como por ti mesmo quando estás num mar tempestuoso? As coisas espirituais devem ser o assunto principal das tuas orações, pois elas estão mais próximas da glória de Deus. Embora a glória de Deus venha de outras coisas, as coisas espirituais estão mais perto da glória dele. Nesses dias especiais de oração, muita gente vem orar para que se veja livre do perigo, para ter paz exterior. Isso é bom, mas as coisas espirituais são as mais importantes, e por isso a força do teu espírito deve derramar-se da seguinte forma diante de Deus: "Ó, que eu possa trazer a Deus meu coração para obter a segurança do amor dele! Ó, que eu obtenha a luz do seu rosto! Ó, que eu consiga poder para vencer tais e tais pecados!"

E eu suplico que prestes atenção ao seguinte: Podemos orar pelas coisas espirituais de forma absoluta, sem condição nenhuma, ao passo que pelas coisas materiais devemos orar interpondo uma condição. Posso orar (e jamais colocar alguma condição) pedindo que o Senhor perdoe meus pecados e me ajude contra minha depravação. Mas quando oro pela saúde do meu corpo, devo acrescentar: "Se estiver de acordo com a tua vontade, então restaura a saúde do meu corpo, ou a saúde do meu marido, ou a saúde da minha esposa". Mas quando oras assim: "Senhor, converte a alma do meu marido ou a alma da minha esposa", podes orar sem interpor nenhuma condição.

Quando teus bens materiais se encontram em perigo, ao orar por eles, precisas fazê-lo interpondo condições: "Senhor, conforme tu vês que é melhor para mim, assim age para comigo". Isso mostra quanto maior valor as coisas espirituais têm do que as materiais. Com toda certeza as coisas espirituais devem ser mais desejadas, pois por elas se deve orar de forma absoluta, ao passo que pelas outras se deve orar sempre de forma condicional.

2. Devemos orar em favor do nosso próprio bem-estar. Deus nos dá permissão para fazê-lo; mas aqui surge uma pergunta.

PERGUNTA: "É pecado orar pedindo aflições, como algumas pessoas o fazem?"

RESPOSTA: Não devemos orar pedindo que Deus nos aflija, porque a aflição é, por si mesma, uma coisa ruim e é fruto da maldição. Por essa razão, não devemos orar por aflições de forma absoluta. Podemos orar por aflições das seguintes formas: alternativamente, condicionalmente, ou comparativamente.

Alternativamente: "Senhor, concede-me um proveito santificado desta misericórdia, ou então deixa-me sem ela. Concede que esta doença tenha um proveito santificado, ou então permite que esta doença permaneça em mim." Dessa forma, podes agora orar pedindo que permaneças na enfermidade.

Condicionalmente: "Senhor, se tu vês que meu coração é tão vil e miserável que vou abusar (por meio da minha depravação) de tais e tais misericórdias, Senhor, em vez de acontecer isso, tira-as de mim e permite-me ficar sem elas. Se vês que não há outra forma de quebrar este meu coração orgulhoso a não ser dessa forma, Senhor, que seja essa a tua maneira de quebrá-lo, se vês que isso está de acordo com tua vontade como a maneira mais apropriada."

Comparativamente: "Senhor, que me sobrevenha qualquer tipo de aflição, mas que eu não peque. Permite-me perder meus bens, mas que eu não peque contra ti. Qualquer coisa, Senhor, exceto o pecado."

Dessa forma, podes orar por aflições, mas não de forma absoluta. Não deves orar pedindo que Deus te envie aflições, porque tu não conheces o teu coração. Se te sobrevier a aflição, pode acontecer que teu coração se mostre tão teimoso debaixo dela quanto o é agora, pois as aflições, por si mesmas, não têm poder nenhum de nos fazer bem.

3. Devemos orar pelo bem-estar dos outros, pois Cristo nos ensina a orar dizendo: "Pai nosso".

Aqui temos uma repreensão contra a prática perversa de algumas pessoas que amaldiçoam, e então uma pergunta a esse respeito. É uma coisa perversa fazer uso de maldições, mas é mais perverso ainda desejar o mal aos outros por meio da oração. Mas quanta gente não faz isso? Pode ser que essas pessoas não queiram isso, mas estão falando com Deus e querendo que ele traga este e aquele mal aos seus vizinhos, sim, às vezes pais desejam isso aos seus filhos. Essa é uma prática perversa. Ou seja, já não é perversidade suficiente que queiras que aconteça algum mal ao teu irmão, mas te atreves a pedir que Deus seja o instrumento da execução da tua raiva vil e pecaminosa? Que Deus seja, por assim dizer, um empregado que execute a tua ira e tuas paixões? Isso é abominável impiedade!

Se algum de vocês se fez culpado desse pecado de amaldiçoar os outros, esposa, filhos, empregados ou amigos, o Senhor os repreenda por esse pecado. Como vocês têm estado longe de santificar o nome de Deus na oração! Em vez de santificarem o santo nome de Deus, vocês têm convocado Deus para ser servo e escravo das suas paixões. Ó, lembrem-se disso, vocês que têm sido atribulados e têm ficado com raiva, e, quando as coisas não andam de acordo com suas ideias, têm lançado maldições e desejado que tais e tais males aconteçam sobre aqueles contra quem estão irados. Essa é uma forma de orar, mas é algo terrível tomar o nome de Deus em vão no mais alto grau, e certamente Deus não deixará impune aquele que tomar seu nome em vão. Por isso, humilhem-se por esse pecado.

OBJEÇÃO: "Mas não lemos no livro dos Salmos, onde muitas vezes o profeta Davi amaldiçoou os inimigos de Deus e desejou que o mal lhes sobreviesse?"

RESPOSTA: Os profetas e aqueles que escreveram os salmos tinham um espírito profético, e as passagens em forma de maldição são mais predições proféticas do mal do que maldições terríveis. Eles estão mais predizendo aquilo que acontecerá, do que desejando aquilo que deve ser.

Se estão desejando aquilo que deve acontecer, então lhes digo que aqueles que estavam imbuídos desse espírito profético não tinham a mínima noção de quem eram os inimigos implacáveis de Deus, uma vez que Davi orou contra Judas tantas centenas de anos antes que este tivesse nascido. Por meio de um espírito profético, ele sabia que Judas era o filho da perdição. Na verdade, se pudéssemos com certeza saber que uma pessoa tivesse sido reprovada eternamente por Deus, seria outra coisa. Isso foi determinado quase de forma geral pela igreja nos tempos de Juliano, porque a sua apostasia foi tão abominável que ele tinha cometido o pecado contra o Espírito Santo, e com base nisso eles o amaldiçoaram. Quanto a mim, digo que aqueles que tinham um discernimento extraordinário, que sabiam quem eram esses, puderam fazê-lo, mas isso não serve de exemplo para nós nas coisas comuns, desejar o mal aos outros e amaldiçoá-los.

Contudo, no trato com os inimigos da igreja, podemos fazer o seguinte: Em primeiro lugar, podemos amaldiçoá-los de forma conjunta: "Senhor, tira-os do caminho, ou refreia-os para não trazerem prejuízo para a igreja". Podemos amaldiçoá-los de forma condicional: "Se vês, Senhor, que são inflexíveis, tu os conheces. Se for assim, que a tua ira e maldição os persiga. Senhor, tu vês o mal que estão fazendo, e, por isso, em vez de atingirem seus propósitos perversos, que a tua ira e maldição os importune".

Isso podemos fazer, mas não devemos amaldiçoar ninguém de forma absoluta. Por mais que nos façam mal, somos chamados a abençoá-los. Mas em nosso zelo para com Deus, tomemos cuidado que não sejamos dominados por nossos próprios sentimentos. Porém, uma vez certos de que o fazemos por zelo a Deus, podemos desejar que as maldições dele importunem aqueles a quem ele sabe que são implacáveis. Isso é recorrer a Deus, sem associar o assunto a nenhuma pessoa específica que conhecemos, mas deixando tudo com Deus para que ele o execute.

E assim, com zelo pela glória de Deus, podemos fazer isso, e somos autorizados a fazê-lo através da segunda petição: "Venha o teu reino". Pois essa petição que exige que oremos pela vinda do reino de Jesus Cristo também requer que oremos contra todos os meios que atrapalham a vinda do seu reino. De forma que, toda vez que a igreja ora: "Venha o teu reino", ela precisa dizer assim: "Ó Senhor, levanta-te contra todos os inimigos do teu reino. Se eles fazem parte dos teus eleitos, Senhor, converte-os, mas se não fazem, confunde-os".

É assim que devemos santificar o nome de Deus na oração com respeito ao tema da oração. Mas quanto à maneira de orar, digo-lhes que a maioria dos pontos relativos ao assunto estão adiante.

A maneira de orar

1. Quando vamos orar, precisamos estar certos de orar com entendimento. 1Coríntios 14.15: "Que farei, pois? Orarei com o espírito, mas também orarei com a mente; cantarei com o espírito, mas também cantarei com a mente". Deus não se agrada do sacrifício dos tolos. Não devemos falar confusamente com Deus em oração, falando o que não entendemos, e multiplicando palavras que não conhecemos.

Deus requer que aqueles que vêm orar venham com entendimento, para oferecerem a Deus um sacrifício racional, sensato e inteligível. Deus é Espírito, e ele precisa ser adorado em espírito e em verdade. Assim como com todos os outros deveres referentes à adoração, assim de forma especial importa saber o que estamos fazendo quando oramos, não achando que vamos convencer a Deus mediante sons vazios.

2. Devemos empenhar todas as faculdades da nossa alma na oração. Já falei disso quando tratamos da adoração de Deus em geral. Devemos agora aplicar isso de forma especial na oração, lançando mão não apenas do nosso entendimento, mas também da nossa vontade, pensamentos, sentimentos e da nossa força na oração. Em 2Crônicas 20.3, lemos o seguinte a respeito de Josafá: "(ele) se pôs a buscar ao Senhor". Ele dedicou todo o seu ser, não ficou dividido enquanto orava. Devemos nos entregar totalmente à oração, sem ficarmos divididos.

Ora, esse é um assunto que na verdade exigiria todo um sermão, mostrando a desgraça que é deixar nosso espírito divagar durante a oração. Devemos tomar cuidado para não deixar nosso espírito divagar quando ouvimos a Palavra e quando recebemos os sacramentos, e o mesmo devemos fazer quando oramos. O povo de Deus é muito perturbado com pensamentos errantes tanto quando ouve a Palavra como quando participa dos sacramentos. É o seu grande fardo, e assim deve ser. Mas nunca ouvi mais queixas a respeito das divagações do seu espírito do que na hora da oração. O povo de Deus é muito importunado em seu espírito através desse mal. Isso o entristece muito, e muitos deles estão debaixo desse fardo penoso todos os dias da sua vida. O principal fardo sobre o seu espírito são as suas divagações enquanto oram, de forma que, se Deus lhes falasse como falou com Salomão perguntando-lhe o que gostaria que Deus lhe desse, eu de fato creio que muitos desta congregação que possuem segurança do amor de Deus em Cristo (se não tivessem isso, essa seria a principal coisa que pediriam), mas já que a possuem, se Deus lhes falasse do céu, dizendo: "O que vocês querem que eu lhes dê?", se ele lhes perguntasse algo de forma geral, talvez acontecesse de vocês pedirem alguma coisa em favor das igrejas. Mas se fosse alguma coisa para vocês pessoalmente, apresentariam a seguinte petição: "Ó, Senhor, que eu seja liberto do espírito divagador quando cumpro os deveres santos, especialmente o dever da oração; que eu por meio dela chegue a usufruir mais santa comunhão contigo do que jamais usufruí". E eles considerariam isso como uma bênção maior do que se Deus lhes desse a oportunidade de serem reis ou rainhas do mundo inteiro.

Se Deus pusesse essas duas coisas na balança, possuir o mundo todo ou ter o coração livre ao vir a Deus em oração, e ser liberto daquilo que tanto tem atrapalhado a sua comunhão com Deus em oração, eles desprezariam o mundo e dele zombariam em comparação com uma bênção como esta. Os corações carnais fazem pouco disso, mas os que são servos de Deus julgam a situação muito aflitiva para si. Mas, por contarmos com pouco tempo, devo reservá-lo para falar mais amplamente de forma a ajudar aqueles que se encontram debaixo desse fardo.

Vou mencionar mais uma coisa agora, e isso é para aqueles que são ímpios e vis, que não apenas abrigam pensamentos vãos e divagantes durante a oração, mas que na própria execução do dever da oração muitas vezes abrigam pensamentos ímpios e profanos. Isso é horrível! Pensamentos impuros, pensamentos homicidas até, e piores do que isso. Reconheço que até mesmo os piedosos podem, às vezes, se ver assaltados por pensamentos blasfemos, pois o diabo não está nunca tão ocupado como quando estamos orando. Mas esses pensamentos vêm do diabo e não da fonte e corrupção do seu próprio coração, assunto que esclareceremos melhor mais adiante. Mas agora me dirijo àqueles em cujo coração surgem pensamentos ímpios e abomináveis, fluindo da fonte e corrupção do seu coração, pensamentos com os quais se enche o seu coração quando estão em oração. E eles conseguem saborear esses pensamentos na mente da mesma forma que uma criança saboreia uma bala na boca. E essa é a perversidade do coração de muitos homens e mulheres.

Presta bem atenção à seguinte advertência: todos os seus pensamentos terríveis, vis, impuros, cobiçosos durante a oração são para Deus como se vocês os tivessem expressado em palavras. Os pensamentos, para Deus, são a mesma coisa que as palavras são para os homens, pois Deus é Espírito, e o espírito conversa com Deus por meio dos pensamentos da mesma forma que os homens conversam entre si por meio das palavras. E que culpa terrível paira sobre vocês, se tem acontecido de terem falado tais coisas vis e perversas com os homens assim como tem acontecido às vezes em sua mente quando estão orando a Deus! Seus companheiros já teriam cuspido em seu rosto e os teriam expulsado do seu meio! Ninguém que tenha um mínimo de temor de Deus os admitiria em sua companhia, e aqui está o mal de tudo isso: o seu coração não está perturbado, pelo contrário, vocês se levantam do lugar onde estavam ajoelhados e saem como se nada ruim tivesse acontecido! A consciência de vocês está tão cauterizada, endurecida, que consegue abrigar esses pensamentos vis a qualquer hora sem que seu espírito se perturbe, afastando-se com vergonha e confusão como se tivesse vindo sobre vocês o pior mal. Por essa razão, tomem cuidado com isso. Deus espera que nossos pensamentos, vontade e sentimentos, nossa alma toda se lance nele durante a execução do dever de orar; caso contrário, não estaremos orando a Deus como Deus.

Os pensamentos vãos durante a oração roubam o sacrifício da mesma forma que as aves tentavam roubar o sacrifício que Abraão oferecera, as quais ele enxotou para que não o roubassem. Os sentimentos ímpios no coração dos homens são como porcos que comem o alimento e o enchem de sujeira. Assim as suas orações estão imundas e sujas por causa das suas paixões. Mas aqueles que são piedosos, seus pensamentos vãos fazem com que percam a beleza e excelência das suas orações. Assim como o vinho e a cerveja, sem álcool, não mais têm espírito, assim a vida e o espírito dos nossos deveres evaporam por causa dos nossos pensamentos vãos; por isso, os pensamentos vãos prejudicam grandemente o coração.

Assim disse Davi no Salmo 119.37: "Desvia os meus olhos de verem a vaidade, e vivifica-me nos teus caminhos". Enquanto nossos olhos miram a vaidade, não haverá despertamento em nosso coração em nenhum serviço que apresentarmos a Deus. Muitos do povo de Deus têm experimentado esse mal e gemem sob o fardo dele. E, como eu disse, se o Senhor lhes falasse do céu e perguntasse o que gostariam de receber, já seguros do seu amor em Cristo, pediriam a libertação de um espírito vão na execução dos deveres santos.

"Não continueis a trazer ofertas vãs", disse Deus em Isaías 1.13. Ó, como são vãs as ofertas que trazemos por meio da vaidade dos nossos pensamentos durante as orações! É verdade, mesmo o melhor de todos terá, às vezes, pensamentos vãos, mas podemos comparar os pensamentos vãos dos homens durante a oração a um cão que acompanha um homem. Ele talvez caminhe uns mil metros, mas o cão estará correndo para cima e para baixo, para cá e para lá, e se fôssemos medir a distância percorrida pelo cão e por você, pode ser que ele tenha andado uns seis quilômetros enquanto você andou apenas um. Assim nossas imaginações são como um cão que anda para cá e para lá em milhares de pensamentos vãos.

Mas com o homem piedoso é diferente. Mesmo que o cão se afaste do seu senhor, se este o chamar, ele fará com que o cão volte para ele imediatamente. E estará tudo bem se acontecer assim também conosco. Embora nossos pensamentos sejam selvagens, se formos capazes de chamá-los de volta e os mantivermos debaixo do nosso comando, tudo estará bem conosco.

Tenho percebido que os novatos reclamam muito por causa da futilidade dos seus pensamentos. Eles costumavam orar antes e nunca haviam tido esses pensamentos vãos como lhes acontece agora. A razão por que há tanta futilidade de pensamentos, ou pelo menos a razão por que estão percebendo isso tanto é que existe bem pouca graça em meio a uma grande corrupção nos recém-convertidos. Comparo isso a uma fagulha no meio de uma grande quantidade de cinza. Ora, se temos uma grande quantidade de cinza e nada mais, não há como atiçar fogo nelas. Mas se existe no meio das cinzas um pouco de fogo, então podemos atiçá-lo e fazer com que essas fagulhas acendam um fogo maior. Mas, nesse processo todo, as cinzas voarão para todo lado antes de se assentarem. Assim é o caso aqui.

Antes de Deus agir em teu coração, não havia mais do que cinzas em tua alma e ali estavam quietas. Mas agora Deus acendeu algumas fagulhas da graça em teu coração, e Deus as está soprando para acender um fogo e calor maiores para que cheguem a ser uma chama. Por causa dessa movimentação que está acontecendo em teu coração, devido ao estímulo para acender mais essas fagulhas do teu coração é que as cinzas da tua corrupção voam, por assim dizer, para todo lado. E o fato de aparecerem mais dessas corrupções não se deve ao fato de haver mais corrupção agora do que havia anteriormente; o que acontece é que, antes, como a única coisa que existia eram as corrupções, elas estavam quietas. E agora, pelo fato de haver algo mais, é que as corrupções se manifestam dessa maneira.

Além disso, sabemos que, se uma pessoa que andava em más companhias se volta para Deus, ela não vai mais andar com esses maus companheiros. A princípio, essa pessoa será mais perturbada por seus antigos companheiros, e eles baterão à sua porta com mais frequência e se esforçarão para ganhá-la de volta. É isso que acontece aqui. Quando a alma, as vaidades e as paixões eram amigas, não havia perturbação e não se percebia a presença de nenhuma delas. Mas agora, quando a alma está expulsando esses excessos pecaminosos e não quer mais saber deles, eles, por sua parte, serão mais importunos, ativos e insistentes do que eram antigamente.

Ainda mais, o Senhor faz isso para humilhar mais o teu coração, para que assim possas ver a grande corrupção que havia em tua alma anteriormente. A ação das tuas depravações vai revelar muito mal em teu coração, mal que nem pensavas que havia ali anteriormente. Quando as depravações do homem e da mulher estão quietas, eles pensam que não existe nada disso dentro deles. Pensa numa pessoa qualquer. Por que razão ela se abençoa e pensa que está tudo bem com ela? É porque a sua depravação se encontra quieta dentro dela e não é agitada. Essa pessoa não consegue crer no tanto de perversidade que existe em seu coração se Deus abrisse a perversidade que por natureza existe no coração dos homens. E dessa forma todo homem não regenerado pensará que estás falando alguma língua estranha, e quando falas com ele sobre o assunto, ele se abençoa a si mesmo, dando graças a Deus por não ter nada dessas coisas em seu próprio coração.

Mas essas coisas estão ali, só não estão sendo agitadas; jazem quietas como lama no fundo de um lago. Está ali, mas não consegues vê-la até que seja mexida. No princípio da conversão, o Senhor permite que tua perversão seja agitada, para ele te revelar o coração perverso que tens, a abundância de pecado que existe em teu coração. E por isso alguns recém-convertidos olham para si mesmos como se fossem agora mais repugnantes do que pensavam que jamais fossem.

Além disso, o diabo sabe que é inútil tentar um recém-convertido para que cometa algum pecado grosseiro. Quando a consciência possui vida e poder, ele não consegue nunca prevalecer dessa forma. Mas ele tenta impor-se na situação perturbando os recém-convertidos com pensamentos vãos, e por isso insiste tanto nessa direção. Por isso, que não se desanimem aqueles que têm seu espírito perturbado e amolado com esses pensamentos. Se abominarem esses pensamentos como um fardo para sua alma, apesar da muita vaidade desses pensamentos, o Senhor aceitará todo e qualquer desejo que têm de santificar o seu nome na execução dos deveres santos.

Vou dar-lhes algumas regras para ajudá-los contra esses devaneios e pensamentos vãos enquanto desempenham os deveres santos, especialmente a oração:

REGRA 1. Quando fores orar, considera isso como uma grande tarefa. Dá muito valor à tua oração, não que ela tenha valor pelo fato de proceder de ti, mas dá-lhe grande valor porque é uma grande ordenança de Deus, por meio da qual manténs e usufruis comunhão com Deus, e a influência de Deus é transmitida por meio da oração. Toda vez que vais orar, então, considera como algo de grande valor aquilo que estás para fazer.

"Senhor, vou agora dedicar-me a um trabalho que é de grande importância, e muita coisa depende dele. E eu consideraria uma grande tristeza e um grande mal para mim se eu perdesse esta ocasião." Esse será um meio especial de preparar teu espírito e de te guardar de divagações assim como fez Neemias (Ne 6.3). Às vezes cito esse texto para esse tipo de ocasião, quando os inimigos de Neemias, que pretendiam atrapalhar a reconstrução do templo, lhe mandaram mensagem dizendo que queriam reunir-se com ele. "Não", disse ele, "eu estou no meio de uma grande obra, de forma que não tenho como descer até vocês".

Dessa forma, quando o diabo e a vaidade do teu coração quiserem conferenciar contigo, dá-lhes esta resposta: "Não posso conferenciar sobre essas coisas. A obra que estou para fazer é uma obra muito grande". Há muito pouca gente que considera o trabalho da oração como uma grande obra. Se o considerares assim, isso vai te ajudar grandemente contra a vaidade dos teus pensamentos.

Regra 2. Toda vez que vais orar, se és perturbado com esse tipo de pensamentos vãos, renova tua resolução contra eles. "Eu tenho sido atribulado com pensamentos vãos até agora, e temo que, se eu não cuidar disso, acabarei perdendo também esta oração. Daqui em diante, ó Senhor, renovo minha resolução de me colocar contra esses pensamentos nesta oração com todas as minhas forças."

Novas resoluções bem tomadas têm muito valor, pois as resoluções, com o tempo, começam a perder a força. A pessoa que tomou certa resolução bastante tempo atrás começa a perceber que ela exerce pouca influência sobre si. Mas se tomou uma resolução hoje de manhã, no momento em que está para fazer alguma coisa, se se propõe a fazê-la, e resolve pela graça de Deus que, quaisquer que sejam as dificuldades com que se depare, qualquer que seja o custo, ela conseguirá levar a cabo a tarefa que resolveu fazer.

Afirmo que as resoluções renovadas trazem consigo uma grande força, e nem consegues imaginar o poder que te será concedido contra os pensamentos vãos se renovares tuas resoluções contra eles toda vez em que fores orar, até conseguires dominá-los. Faze prova disso. Tens perdido muita oração por causa dos teus pensamentos vãos e tens sido atribulado por eles, e eles sempre voltam. Mas põe em prática o que te digo, faze uma prova disso esta semana.

Eu disse, com respeito a nossos sentimentos e quanto à ira, que devemos tomar a seguinte resolução: "Muito bem, o que quer que me aconteça esta manhã, estou resolvido a lidar com isso". Lembra, então, quantas orações tens perdido por causa dos pensamentos vãos, e agora renova tua resolução e tua aliança com Deus para a oração que estás para fazer, que vais te opor a esses pensamentos. Qualquer esforço que seja necessário, buscarás a graça de Deus para que te assista. Ficarás seguro de que essa oração conservará teu coração firme no que estás para fazer. E talvez isso te ajude só um pouco, e mesmo assim alguns pensamentos vãos ainda apareçam. Mas na próxima noite renova tua resolução outra vez, e na manhã seguinte faze-o novamente, e vai fazendo isso até que adquiras o hábito de guardar teu coração firme nesse dever. Mesmo que percebas teu coração tão rebelde que aches impossível trazê-lo à obediência, com certeza por meio dessas coisas teu coração haverá de ser trazido à ordem.

REGRA 3. Assegura-te de perceber que estás na presença de Deus durante a oração. Adquire uma real visão da infinita grandeza, majestade e glória daquele a quem te apresentas quando o estás invocando. Se tiveres uma real visão de Deus em sua glória, isso guardará teu coração firme no dever. Se um homem está olhando à volta, sem prestar atenção em nada, e o rei ou alguma outra pessoa importante entrar na sala, todos os seus pensamentos se voltarão para o rei ou para aquela pessoa importante que acabou de entrar.

Assim, se tiveres diante de ti o Senhor em sua glória e grandeza, excelência, majestade e poder, se contemplares o

Deus misericordioso que ele é para nós em seu Filho, isso haverá de compor poderosamente o teu coração. Com certeza, homens e mulheres vagueiam tanto em seus pensamentos porque seus olhos não estão abertos para contemplar Deus em sua glória. Estão, por assim dizer, sonhando, e não percebem que Deus está ali com eles, olha para eles e os observa, e que ele conhece todo pensamento que procede do seu coração. Eles não consideram que Deus sonda os pensamentos dos homens e os ouve tão bem como os homens ouvem as palavras dos outros homens.

Regra 4. Toma cuidado para não seres enganado pelo fato de esses pensamentos que te ocorrem na oração não parecerem tão maus. Esse é um grande engano, e atrapalha muitos na santificação do nome de Deus em oração. Às vezes, pensamentos vãos se insinuam. Mas pelo fato de o pensamento não apresentar grande mal em si, as pessoas pensam que podem entreter-se com ele e o seu coração o admite. Fazem com o pensamento o que o peixe faz com a isca. Se o diabo joga um pensamento blasfemo, isso te faz tremer e recuar; mas se teus pensamentos não apresentam um grande mal, mas são coisas leves, assuntos sem importância, teu coração, com base neles, começa a mimá-los e a brincar com eles. Por isso, lembra-te desta regra: durante o tempo de oração, quaisquer pensamentos que se apresentem a tua mente, que não dizem respeito ao presente dever, são pecado diante de Deus. Ainda que os pensamentos sejam bons e os assuntos apresentados sejam muito bons, ainda assim precisas abandoná-los como pecaminosos naquela hora. Por isso, não te deixes enganar nunca pelo fato de os pensamentos não parecerem pecaminosos.

Regra 5. Se Deus alguma vez já te ajudou em tuas orações, de forma que teu coração tenha sido guardado firme no dever e tiveste comunhão com ele, dá-lhe graças por isso. Dá graças a Deus por essa ajuda. Uma regra de grande valor para nós é que sempre recebemos mais ajuda da parte de Deus em qualquer coisa quando nosso coração se alarga para bendizê-lo por qualquer assistência que tenhamos recebido até o momento. E a razão por que prosperamos tão pouco em nossa caminhada cristã é que não prestamos atenção naquilo que Deus tem feito por nós, para dar a ele glória por suas bênçãos já recebidas. Por causa disso é que Deus tem pouco ou nenhum prazer em mandar mais bênçãos para nós.

Suponhamos que tens um cultivo de árvores frutíferas e elas comecem a desenvolver-se muito bem. Mas aparece uma praga de lagartas e danifica quase todas as árvores, exceto duas ou três que elas não conseguem estragar. Se chegasses ao teu pomar e constatasses o grande dano causado a quase todas as árvores e visses que duas ou três continuam floridas e cheias de botões parecendo que vão vingar, te regozijarias imensamente nessas que foram salvas quando tantas outras foram arruinadas.

É assim que deves encarar tuas orações. Considera quantas foram destruídas, por assim dizer, por essas lagartas, pois estou comparando os pensamentos vãos que divagam durante a oração às lagartas que avançam contra as árvores frutíferas. Se vier uma tempestade, as lagartas cairão das árvores. E devemos reconhecer que as tempestades violentas e a mão de Deus têm se levantado contra nós para limpar nossos pensamentos e alma dessas lagartas que se intrometem em nossos deveres. Mas muitos deveres foram danificados, embora talvez possas dizer: "Pela misericórdia de Deus, esta manhã em meu lugar de oração, o Senhor preservou uma oração a si mesmo, e eu recebi poder para subjugar este meu coração vil". Graças a Deus por isso, e que o Espírito de Deus venha mais vezes para ajudar-te novamente. Mas o que já dissemos basta sobre este assunto.

Essa é a segunda coisa que devemos fazer, devemos dedicar-nos totalmente à execução deste dever.

3. Precisamos da intercessão do Espírito de Deus, senão o nome de Deus não será santificado. O texto de Romanos 8.26 é bem claro a esse respeito: "Do mesmo modo também o Espírito ajuda a nossa fraqueza; porque não sabemos o que havemos de pedir como convém, mas o Espírito mesmo intercede por nós com gemidos inexprimíveis".

Alguns de vocês talvez perguntem: "Como é que podemos santificar o nome de Deus? Somos pobres e fracos; o que fazemos é insuficiente!" Reparem bem, nesse texto lemos que o Espírito ajuda a nossa fraqueza para orarmos. A palavra é muito enfática no original. A sua tradução aparece apenas como "ajuda a nossa fraqueza", mas o significado da palavra é que o Espírito nos ajuda nessas duas coisas. Suponhamos que um homem queira levantar um pesado tronco e o agarra de um lado. Aí outro homem aparece e o agarra na outra ponta e assim o ajuda. A palavra significa esse tipo de ajuda, quando alguém agarra a coisa na outra ponta ou do outro lado, um de um lado e o outro do outro lado; um levantando uma ponta e o outro levantando a outra. Esse é o sentido da frase "ele ajuda a nossa fraqueza". A pobre alma está arrastando e puxando o seu próprio coração, e o considera inerte e pesado como um enorme tronco num fosso. E não há vários de vocês que percebem seu coração assim? Mas nessa hora, quando estão arrastando seu coração e gostariam de elevá-lo a Deus em oração, o Espírito de Deus vem e ergue o lado mais pesado do fardo, e os ajuda a levantá-lo. Se uma criança estiver segurando o lado mais leve de uma viga e o outro lado for muito pesado, se alguém levantar o lado pesado, pouco esforço se fará necessário para levantar o lado mais leve. É assim que o Espírito vem e levanta o lado pesado do dever, e dessa forma ajuda nossa fraqueza, Ele junta-se ao nosso esforço.

E a outra palavra é "o Espírito". Juntamente com as operações das bênçãos do Espírito em nosso coração, não deves exclamar: "Ai de mim! O que é que eu posso fazer? Quem precisa fazer tudo é o Espírito de Deus!" É verdade, ele opera todas as coisas. Ele concede a graça inicial da conversão, a graça comum, e também a graça que nos assiste e em nós opera. Mas depois que o Espírito operou a graça para converter o teu coração, e te concedeu graça diária ao coração, quando ele vem dar assistência a essa graça, esperas que tu mesmo devas despertar todos os dons e graças do Espírito e a própria força do teu corpo? O Espírito de Deus espera que faças o melhor que és capaz de fazer. Qual é a capacidade que te tem sido concedida por Deus? E quando estás agindo, o Espírito vem e se une a nós para nos ajudar, lembrando que devemos colocar em prática a força que temos.

Assim, o nome de Deus será santificado quando pusermos em prática as graças do Espírito em nós e o Espírito vem e nos ajuda. E aquilo que procede de nós agora procede das operações do Espírito Santo em nós, e então Deus, que sabe o que o Espírito quer dizer, conhecerá o sentido dos nossos suspiros e gemidos. Por isso, quando vais orar, tens de olhar para o Espírito de Deus. Deves olhar, com os olhos da fé, para o Espírito de Deus e lançar tua alma sobre a assistência do Espírito de Deus. Precisas olhar para o Espírito Santo como aquele que foi indicado pelo Pai e pelo Filho para o ofício de ajudador dos seus pobres servos nos deveres referentes à adoração, e especialmente no grande dever da oração.

Essa é uma grande ajuda para tua oração. Lê o seguinte texto e exercita tua fé nele: "Senhor, não disseste que o teu Espírito ajuda nossa fraqueza quando não sabemos pelo que orar, nem como orar como convém? Mas disseste que o

Espírito virá; então, agora, Senhor, cumpre a tua Palavra em minha alma neste momento e permite-me provar as operações do Espírito de Deus em mim. Ai de mim! Os esforços do homem, quando vêm dos seus próprios dons e capacidades, eu sei que tu não os considerarás se não forem as operações do Espírito Santo em minha oração".

Agora, saberás se o Espírito de Deus vem ou não, por meio disto: o Espírito de Deus nos conduz a Deus e isso faz com que a oração seja suave e agradável. Quando o Espírito de Deus se manifesta, ele o faz socorrendo a alma em seu dever e deixa após si um aroma agradável. Um aroma gracioso sempre se percebe quando o Espírito de Deus opera. Ó, a operação do Espírito de Deus é um aroma agradável, e faz das orações algo agradável! Esse aroma não se manifesta à alma senão depois de ter executado a tarefa para a qual foi designado. Ele deixa uma fragrância agradável. Depois disso, a alma descobre uma suavidade naquela oração.

Muitos de vocês têm se dedicado à oração pela manhã, mas eu pergunto: Vocês têm sentido um perfume agradável do Espírito depois dessas orações? Com certeza, se o Espírito esteve ali, a impressão é a de um perfume que se colocou numa pequena caixa. Embora se retire dali o perfume, ficará ainda um agradável aroma na caixa. Assim, embora o Espírito de Deus, com respeito à presente assistência, se retire, ainda deixa após si um suave aroma.

4. Também é preciso haver pureza de coração e mãos limpas (Hb 10.22). Apocalipse 5.8: "tendo cada um deles uma harpa e taças de ouro cheias de incenso, que são as orações dos santos". Nota bem, as orações dos santos são incenso em taças de ouro. As taças de ouro são o coração. O coração dos santos precisa ser como taça de ouro; aí, então, as orações serão como incenso. Em 1Timóteo 2.8, o Espírito Santo dá orientação sobre como devemos orar, e é com este requisito:

"Quero, portanto, que os varões orem em todo lugar, levantando mãos santas, sem ira e sem animosidade".

5. A conversação precisa ser pura e bem assim o coração. Em Jó 22.26, repara bem no que é dito a respeito desse homem santo. É feita uma promessa para ele para que levante o rosto a Deus, afastando o mal da sua tenda. Assim, afastando o mal das nossas tendas e do nosso coração, estaremos aptos a levantar nosso coração com alegria.

6. É preciso haver verdade. Quando nos chegamos para clamar a Deus, precisamos fazê-lo em verdade. Salmo 145.18: "Perto está o Senhor de todos os que o invocam, de todos os que o invocam em verdade".

Pergunta: "O que significa isso?"

Resposta: Em primeiro lugar, é preciso haver disposições interiores que estejam produzindo as expressões exteriores. Por exemplo, quando venho para expressar a grandeza da majestade de Deus, preciso ter uma disposição interior adequada a essa expressão. Tenho de possuir um temor e reverência pela infinita majestade de Deus.

Em segundo lugar, quando venho confessar meu pecado, quando me julgo a mim mesmo pelo meu pecado, é necessário haver uma disposição interior condizente com essa confissão. Ó, quantos homens e mulheres vêm e falam coisas tremendas contra si mesmos por causa dos seus pecados, e se julgam a si mesmos por causa dos seus pecados, mas não existe uma disposição em seu coração condizente com as palavras que proferem! Existem pessoas que, quando oram com os outros, servem até de instrumento para quebrantar o coração alheio. Listam os próprios pecados e se declaram tão envergonhados e confusos com seus pecados, mas Deus sabe que o coração deles nem comovido está. E então clamam a Deus suplicando perdão pelo pecado e pedem que lhes conceda poder contra o pecado, mas Deus sabe que o coração deles continua comprometido com o pecado e que não gostam da ideia de se apartar do pecado nem estão dispostos a fazê-lo agora. Quando a disposição interior não corresponde às expressões exteriores, visíveis, isso é falsidade de coração.

Suplico-lhes, meus irmãos: considerem as orações que têm feito, especialmente vocês que oram muito com os outros. Vejam quais expressões têm usado e vejam se existem disposições correspondentes às expressões que vocês têm usado, e saibam que o Senhor se lembra de cada expressão que vocês têm usado.

Em terceiro lugar, precisamos clamar a Deus em verdade. Ou seja, precisamos executar de forma conscienciosa as obrigações referentes à oração. A oração traz obrigações ao coração. Aqueles que clamam a ele em verdade executam de forma conscienciosa essas obrigações. Por exemplo: Estou orando por alguma coisa boa? Então me esforço para usar todos os meios a fim de alcançar essa boa coisa. Quando confessas um pecado, tu te empenhas por meio disso, esforçando-te com todo o teu ser contra esse pecado. E quando oras suplicando graça, te empenhas no uso de todos os meios a que tens acesso para obter essa graça.

Além disso, na oração fazemos muitas declarações a Deus a respeito da nossa sinceridade e retidão, e da nossa prontidão de estarmos à sua disposição para executar os compromissos que assumimos com ele em oração. Se Deus nos apresentasse todos os compromissos que assumimos com ele em oração e nos mostrasse como deixamos de cumpri-los, isso nos faria corar de vergonha e confusão em nossos próprios pensamentos.

Precisamos mencionar outra coisa a respeito da oração. Orar sem duvidar, como no texto bíblico anterior. "Muito pode, por sua eficácia, a súplica do justo." (Tg 5.16). O homem que hesita e duvida não deve nem pensar que conseguirá alguma coisa de Deus. Vou esclarecer o que é essa fé que devemos exercitar quando oramos. Devemos ter fé para crer que aquilo que estamos fazendo agrada a Deus. Quando oramos, devemos exercer fé tanto nas promessas de Deus como na sua providência; por essa razão, depois de termos orado, devemos sair crendo. Foi assim que Ana fez em 1Samuel 1.18. Lemos que, depois de ter orado, ela saiu e sua tristeza havia sumido. O texto diz isso significando que, depois de derramarmos nossa alma diante de Deus, devemos crer e exercer fé, e não prosseguir no mesmo caminho desanimado de sempre.

Objeção: "Sim, podemos fazer assim, mas só se tivermos absoluta certeza de que Deus nos ouvirá."

Resposta: A maneira de saber com segurança se Deus vai te ouvir é te lançares em Deus. Como é que podes saber se ele vai ouvir, senão descansando nele? "Tenho estado com Deus, fazendo a obrigação de uma pobre criatura; quanto a acontecer ou não o que lhe apresentei, deixo isso com Deus". E, dessa forma, tudo precisa acontecer com fé.

Pergunta: "Mas há tantos pecados misturados com minhas orações; como é que eu posso crer?"

Resposta: Encontramos uma excelente passagem bíblica referente a isso, para ajudar-nos a exercer fé durante a oração, apesar de se manifestarem ali muitas fraquezas. Salmo 65.2-3: "Ó tu que escutas a oração, a ti virão todos os homens, por causa de suas iniquidades. Se prevalecem as nossas transgressões, tu no-las perdoas". Tu dizes: "Deus ouve as orações, mas eu tenho um monte de pecados que me atrapalham". Presta atenção, não digas isso.

PERGUNTA: "E se a iniquidade prevalecer contra mim, será que Deus ainda assim vai purificar minhas transgressões?"

RESPOSTA: Ó, façam uso desse texto bíblico, mesmo que vocês não consigam lembrar nada mais. Vocês, de coração desanimado e que temem que Deus não ouvirá suas orações, vejam o que diz esse texto: "Tu escutas a oração, Senhor".

PERGUNTA: "Mas será que os meus pecados atrapalham?"

RESPOSTA: Não, diz Davi. "Iniquidades prevalecem contra mim; mas as nossas transgressões, tu as expiarás". Exerce fé nisso, e sabe que Deus ouve tua oração não porque não tens pecado, porque és indigno, mas unicamente por causa da sua livre graça.

Outra santa disposição durante a oração deve ser a seguinte: a pessoa deve aproximar-se com uma santa liberdade, com o espírito de filho adotado por Deus, clamando: "Abba, Pai". Se te aproximas de Deus unicamente como de um Juiz, embora seja verdade que aqueles que não sabem que Deus os ama precisam mesmo assim, como criaturas, orar, tu jamais conseguirás santificar o nome de Deus enquanto não tiveres um espírito semelhante ao de filho, o espírito de adoção. O Senhor gosta que seus filhos venham com liberdade de espírito até ele em oração, que venham como filhos e não com rosto triste e coração desanimado. Venham com liberdade para abrir o coração para Deus, como qualquer filho abre o coração a um pai gracioso e amoroso.

Outra disposição é o fervor na oração. A oração efetiva e fervorosa de um justo pode muito em seus efeitos, e isso será também uma forma de ajudar contra os pensamentos vãos. Quando o mel começa a ferver, as moscas nem chegam perto. Se o teu coração estiver, por assim dizer, fervendo em oração, esses pensamentos não chegarão perto de ti.

Em seguida, é preciso haver constância na oração (1Ts 5.17). Com isso quero dizer que não devemos parar enquanto não tivermos obtido aquilo pelo que oramos, ou alguma coisa em lugar daquilo. Pode acontecer de teres orado e nada ter acontecido. Não fiques desanimado pelo fato de teres de lidar com um grande Deus. Ora de novo, e de novo, e outra vez, e ora com a seguinte resolução: "Muito bem, que Deus faça comigo como quiser, eu vou clamar a ele enquanto viver. E, se ele me lançar fora, terá de me lançar fora clamando a ele".

Considera a pobre mulher cananeia. Quando Cristo a chamou de cachorra e a desanimou, mesmo assim ela continuou clamando: "Sim, Senhor, mas os cachorrinhos comem as migalhas". Toma cuidado com a ideia de que, porque não conseguiste alguma coisa em oração deves por isso desistir e parar de orar; pensar assim é sinal de um coração que não sabe orar.

Além disso, se teu propósito é orar a Deus de fato para santificar o seu nome na oração, precisa haver humildade em teu coração, para seres sensível à tua própria indignidade. Já mencionei alguma coisa a respeito de sermos sensíveis quanto à distância entre Deus e nós, quando falei de forma geral a respeito de santificar o nome de Deus.

A última coisa que devo mencionar é a seguinte: quando tiveres feito tudo isso, essas qualificações não vão santificar o nome de Deus a não ser que tudo seja apresentado em nome de Jesus Cristo e no poder dos seus méritos. Homem e mulher devem orar com muito fervor, zelo, constância, pureza quanto for possível, em verdade e sinceridade, mas a não ser que apresentem tudo em nome de Cristo, repito: eles não podem ser aceitos. Nossas ofertas espirituais precisam ser apresentadas em nome dele. Mas eu já preguei bastante sobre isso.

Agora coloca junto tudo o que foi dito, e isso é o que significa orar. Ou seja, quando oro de forma inteligível, quando me dedico à oração, quando o Espírito Santo opera em minha oração, quando há pureza de coração como uma taça de ouro, quando a oração é sincera, quando é feita em verdade de coração, quando é feita com fé, quando procede de uma adoção espiritual, quando é fervorosa, quando é feita com constância, reverência, humildade, e tudo isso apresentado em nome de Jesus Cristo — aí, então, o homem ora.

Como foi dito a respeito de Saulo: "Eis que ele está orando", assim posso dizer a respeito daqueles que são instruídos nesta arte: "Eis que eles estão orando". Consegues ver, agora, que a oração é mais do que ler em um livro, mais do que dizer algumas palavras. Podes ver que orar é uma coisa difícil, um trabalho bastante difícil, e não admira que temos feito em vão tantas das nossas orações. Não devemos colocar a culpa na oração e em Deus, mas temos de olhar para nós mesmos. O que quero dizer é que não devemos colocar a culpa na ordenança da oração, mas na miserabilidade das nossas orações.

Entendamos o que significa a vida cristã. Em Lucas 9.29, lemos a respeito de Cristo: "E, estando ele orando, transfigurou-se a aparência do seu rosto". Ó, isso é algo maravilhoso, depois de termos estado em nosso lugar de oração, sairmos com nosso rosto brilhando! Meus irmãos, se orássemos dessa forma, nosso rosto seria mudado, assim como Moisés, quando saiu da presença de Deus no monte, ou como Cristo, que teve o rosto transfigurado. A oração é o doce consolo do espírito; é a ajuda para a falta de ânimo; é a grande ordenança da comunhão com Deus neste mundo, e por isso devemos aprender a arte de santificar o nome de Deus na oração.

Concluo, agora, tudo o que ouvimos a respeito do mistério de santificar o nome de Deus quando o adoramos. Agora lhes suplico, a vocês que há longo tempo têm estado na escola de Cristo, que são, por assim dizer, aprendizes de Cristo para aprender o que é o cristianismo. Envergonhem-se por entenderem tão pouco desta arte de santificar o nome de Deus na oração. Essa é uma arte e um mistério em que vocês precisam ser bem instruídos, e vocês não serão cristãos enquanto não os aprenderem bem. E o homem ou mulher que for instruído de fato nesta arte e mistério de santificar o nome de Deus ao adorá-lo, haverá de santificar-lhe o nome por toda a eternidade em louvor a ele. Chegará uma hora em que todos os santos estarão na presença de Deus e o louvarão em todo o tempo, e então santificarão o nome de Deus para sempre. Aprendamos agora esta arte de santificar o nome de Deus em oração, para que eternamente santifiquemos o seu nome em louvor a ele.

ÍNDICE DE ESCRITURAS

Jó 11.13 — *77*
Jó 11.13-14 — *74*
Jó 11.15 — *77*
Jo 12.48 — *231*
Jó 22.26 — *328*
Jó 34.32 — *180*
Jó 42.5,6 — *121*
Jr 4.3 — *178*
Jr 8.2 — *120*
Jr 10.25 — *303*
Js 10.12 — *17*
Js 24.16-19 — *154*
Jz 13.20 — *130*

L
Lc 8.15 — *202*
Lc 8.18 — *170, 232*
Lc 9.29 — *333*
Lc 10.16 — *223*
Lc 10.41-42 — *186*
Lc 11.27-28 — *239*
Lc 14 — *227*
Lc 14.18 — *219*
Lc 16.31 — *224*
Lc 22.22 — *290*
Lc 22.29,30 — *290*
Lv 6.13 — *11*
Lv 8 — *10*
Lv 9 — *11*
Lv 10.3 — *9, 35, 61, 83, 103, 133, 147, 169, 193, 215, 243, 265, 289, 303*
Lv 10.4,5 — *12*
Lv 16.3 — *129*
Lv 16.14-16 — *156*
Lv 21.21 — *44*

M
Mc 16.15,16 — *217*
Ml 1 — *55*
Ml 1.8 — *93*
Ml 1.14 — *97*
Mt 6.9,10 — *308*
Mt 10.14-15 — *222*
Mt 13 — *178, 201*
Mt 15.9 — *21*

Mt 26 — *247*
Mt 26.26 — *289*
Mt 26.27 — *292*
Mt 28.18-19 — *223*

N
Ne 6.3 — *320*
Nm 16.9 — *62*

O
Os 7.14 — *109*
Os 10 — *178*

P
1Pe 2.2 — *181*
1Pe 3.15 — *14*
1Pe 4.7 — *304*
1Pe 18.19 — *184*
2Pe 1.18 — *184*
Pv 2.1 — *187, 208*
Pv 2.1-2 — *183*
Pv 2.2 — *188*
Pv 2.10 — *187*
Pv 2.10-11 — *200*
Pv 10.29 — *127*
Pv 15.24 — *105*
Pv 18.10 — *139*

R
1Rs 19 — *115*
1Rs 19.13 — *115*
Rm 1.2 — *92*
Rm 1.23 — *92*
Rm 2.3 — *211*
Rm 8.26 — *325*
Rm 10.5-8 — *235*
Rm 10.9 — *238*

S
1Sm 1.18 — *330*
1Sm 7.3 — *72*
1Sm 16.5 — *65*
Sf 3.2 — *46*
Sl 2.11 — *113*
Sl 4.3 — *63*
Sl 5.7 — *114*
Sl 10.17 — *78, 79, 304*
Sl 22.11 — *58*
Sl 24.9 — *188*

Sl 25.6 — *43*
Sl 34.6 — *121*
Sl 48.1 — *97*
Sl 52.9 — *107*
Sl 63.8 — *97*
Sl 65.2-3 — *330*
Sl 66.2 — *92*
Sl 68.35 — *31*
Sl 73.27 — *63*
Sl 73.28 — *63*
Sl 89.7 — *113*
Sl 93.5 — *98*
Sl 95.2 — *43*
Sl 100.2 — *43*
Sl 103.1 — *134*
Sl 103.1-3 — *283*
Sl 119.11 — *208*
Sl 119.37 — *139, 317*
Sl 138.2 — *196, 215*
Sl 145.18 — *328*
Sl 148.14 — *43*

T
1 Tm 2.8 — *33*
1Tm 2.8 — *327*
1Tm 4.5 — *304*
1Tm 4.8 — *134*
1Ts 1.3-5 — *238*
1Ts 2.13 — *175*
1Ts 5.17 — *306, 332*
2Ts 2.10 — *200*
2Ts 3.1 — *211, 233*
2Ts 3.14 — *258*
Tg 1.21 — *33, 193, 203*
Tg 1.22 — *210*
Tg 4.8 — *42*
Tg 5.16 — *329*
Tt 1.9 — *210*
Tt 1.25 — *210*
Tt 2.5 — *234*

Z
Zc 7.5 — *110*
Zc 12.10 — *278*